夢と爆弾　サバルタンの表現と闘争

友常勉

航思社

夢と爆弾

目次

はじめに

流動的下層労働者

東アジア反日武装戦線

表現と革命

夢と爆弾

サバルタンの表現と闘争

はじめに

ヘテロな空間をつくりだせ

——戦後都市開発とアンダークラスのプロレタリア化

はじめに

本稿は、メガイベントであり、国家的な開発プロジェクトであるオリンピックと、都市アンダークラスの「プロレタリア化」の関係について、とりわけ建設産業に従事する寄せ場労働者の対抗的な実践を描きながら論じることを目的とする。都市開発プロジェクトは、それに対抗する実践とともに、歴史的に性格づけられた東京という場における都市開発および資本の動向によって規定されている。

町村敬志は、現代オリンピックを「グローバルシティのコンテストの場」「競争力の祝祭」と位置付ける（町村、二〇〇七年、一二頁）。町村によれば、「場所のセールス（化）」は、一九八〇年代に、内需拡大を目的とした都市開発政策によってはじまった（町村、一九九四年）。町村の議論は、「開発のための開発」を繰り返す自己撞着的な都市開発の性格を的確に把握している。

オリンピックとそれに関係する巨大プロジェクトがともなう問題は、リオやロンドンで起きたことであり、二〇二〇年の東京オリンピックでも同じことが予想される。しかし、それぞれは歴史的なバックグラウンドを有している。本稿はその歴史的な条件の相違を意識しながら、二つのアプローチからオリンピックと都市開発を検討する。第一のアプローチは、三井不動産グループ（以下、MFG）に焦点をあてて、明治神宮とその周辺における都市開発を扱うことである。明治天皇の名を冠している一連の場所と施設である、新国立競技場、明治公園、明治神宮の開発は、東京2020の「レガシー」をよく表している。その観点からいえば、MFGは、天皇と帝国のレガシーを再開発＝再領有することと、天皇とスポーツの聖地としてのそれを維持するという、二つの異なった課題を遂行しなければならない。

一般的にいって都市開発は、ジェントリフィケーションを通して、そこに住む住民、アンダークラスの排除をともなう。しかも近代日本の歴史的文脈からいえば、日本の建設産業は、寄せ場の労働力と重層的下請け構造をその本体として形成されてきた。これはMFGのような代表的な都市デベロッパーにとっても、変えることのできない構造的条件である。この条件を見極めることが第二のアプローチである。もちろんMFGは都市デベロッパーであり、建設会社そのものとは区別される。建設産業そのものを構成しているという点で両者の利害が一致しているとしても、である。ただし下請けの日雇い労働者の立場からみれば、都市開発業者はジェントリフィケーションや再開発をとおして労働者から生活の条件を収奪し、建設会社は労働者の搾取によって、労働者の生存を支配している。

二つの世界戦争のあいだには、現業労働力は植民地台湾、朝鮮、そして中国北東部から供給されていた。これに対して戦後は、国内の寄せ場を構成しているアンダークラス、旧植民地出身者のエスニック・マイノリティから労働者が供給されてきた。

戦後、建設産業は高度経済成長期にあたる一九五〇年代半ばから一九七〇年代初頭にかけての基幹産業であり、今日においてもGDPの一〇%を占める。そしてそれは重層的下請け構造によって支えられている。日本建設業連合会によれば、二〇〇八年には、建設労働者の一〇%が非正規あるいは日雇い労働者である（日本建設業連合会、二〇一六年）。建設産業の現業労働は高度な技術を必要とするにもかかわらず、しばしばそれは建設産業のなかで単純な不熟練労働とみなされ、労働者のなかでの下位に位置づけられてきた。そのため、雇用者は現業の労働者に対して低劣な雇用保険で済ませてきた。三次下請けの労働者の場合には、日雇い労働者に対する雇用保険は全体平均の五〇%の労働者しかカバーしておらず（東京においては約三〇%である）、他の都市ではもっと低いパーセンテージである。[*1] 日本の建設産業の特異性によって——それは都市開発を請け負う下請け業者によって支えられてきたが——、今日まで日雇い労働者の待遇はまったく改善されていない。ところで、非正規あるいは日雇い労働者の不安定な状況は、一九六〇年代からの産業構造のダイナミックな変化の結果とみなすこともできる。たとえばある労働者はもともと農民であったが、一九六一年の農業基本法によって土地を失ったことで、日雇い労働者となった。あるいは、沖縄や奄美の南西諸島出身の労働者もいる（与州奥津城会、一九六六年）。彼らの多くはまず炭鉱夫か建設労働者となり、やがて日雇い労働市場に投入された。いいかえれば、都市開発の戦後史は、排除と収奪のレジームの累積をともなってきたのである。本稿が立脚している視点である「プロレタリア化［proletarianization］」は――このタームはポール・ヴィリリオに由来するが――このレジームと呼応するものである。[*2] 本稿では、そうしたプロレタリア化した日雇い労働者によって遂行される、対抗的実践としての暴動あるいはモラル・エコノミーの創出を記述しよう。

以下で示すように、一九六〇年代以降、日雇い労働市場――寄せ場――で幾度もの日雇い労働者の暴動が、東京の山谷や大阪の釜ヶ崎で繰り返されてきた。寄せ場はまたヤクザが支配する手配師と労働者との争闘の場であった。それはこの労働市場におけるパトロン－クライアント関係（恩頼関係）の結果でもある。建設産業におけるこの構造は、また東日本大震災後の福島第一原発事故にともなう除染・収束労働にかかわっても、重大な問題となった。政府も東京電力のような責任企業も、こうし

＊1　なお、日雇い労働者の雇用保険としては、「白手帳」＝雇用保険日雇労働被保険者手帳があり、日雇い労働者は、この手帳を持つことで、雇用保険適用事務所で、二ヶ月で二六日以上働き、印紙を貼ってもらえれば、最高で一日七五〇〇円の失業手当を受給できる。ただしこの手帳を所持しているのは、全国で一〇四万人いる日雇い労働者のうちわずか二万四〇〇〇人にすぎない（二〇〇九年度調査。原口・白波瀬、二一七頁）。

＊2　ポール・ヴィリリオによる「プロレタリア化 proletarianization」とは、近代ヨーロッパにおける軍事化と資本主義における、戦争、交易、土地開発などの活動を通した、産業プロレタリア化と軍事的プロレタリア化の一連のプロセスを指す。

た産業の歴史的構造を理解しているとは到底言い難い。それゆえ大規模な国家プロジェクトが増えることとは、この産業構造が内包している対立の増大と深刻化を意味しているのである。

こうした産業構造のなかの利害、交渉、闘争、強制、そしてさまざまな実践は異種混淆的な空間を作り出すことになる。それはオリンピックのような国家プロジェクトがつくりだす時間と空間によって規定されている。本稿はこうした異種的な空間の記述をめざすことになるだろう。

都市開発、オリンピック、三井不動産グループ

日本はもちろん、多くの国家が何らかの戦略的な特区を設定している。管轄の行政府は資本と人間を世界中から集めるために、国際的なビジネス基盤を形成し、その地域のイノベーションと開発を促進している。この国家戦略において、結節点としての二〇二〇年東京オリンピックに向かう大規模プロジェクトを位置付けながら、大阪などの大都市とともに、東京にも一〇の戦略特区が設定されている。この戦略特区では、皇居に隣接する地域もまた例外ではない。世界の不動産情報を提供しているジョーンズ・ラング・ラサール（JLL）の二〇一五年のレポートにもとづけば、日本の投資価値は二〇一四年と比較して、二三%の上昇を記録している。いくつかの都市プロジェクトのなかで、MFGは東京駅前の千代田区内に、小学校、オフィス、国際ホテルを併合した二四五メートルの高さの多目的ビルの建設を計画している（東洋経済新報社、二〇一五）。皇居の西の大手町では、東京駅と丸の内のあいだの千代田区のビジネス街に、MFGと並ぶ代表的な都市デベロッパーである三菱地所は、サービス部門のためのビル建設と、皇居外堀の浄化装置の設置を計画している。ヘドロと汚物が堆積している外堀の浄化は二六年ぶりのことであるが、これも二〇二〇年オリンピックのために特別におこなわれる。高級リゾート開発会社として知られている星野リゾートは、大手町の金融街に隣接して伝統的な日本様式のホテル建設を計画している。このように都市デベロッパーは、オリンピック・ブームが終わった後に空き家となることが想定されるこれらのビルを、金融・証券などの企業のために供与することを意図している。つまり、予想される損失を補填するために、多くの海外企業をこのエリアに引き付けようとしているのである。グローバル・シティとしての都市東京は、こうしてセールスの対象となっている。

ここで、都市再開発の代表的なエージェントとしてのMFGの歴史的な性格を述べておこう。三井財閥の系列会社としてのMFGは、一九四一年の独立以来、グループの土地とビルディング資産の管理を主な業務とし、戦後は不動産リース会社へと移行した。一九五〇年代半ばから六〇年代にかけての高度経済成長期には、MFGの主要なビジネスは、①経済成長を見計らった土地拡張にともなう浚渫事業、②宅地利用のための土地開発と売買、③グループが保有するビル管理、であった（植竹・坂口）。MFGはこうして戦後不動産ビジネス業者としての性格を形成していった。一九七〇年代以降は土地再開発事業の縮小と東京湾岸、千葉県、神奈川県などの産業目的の不動産需要の減少から、浚渫事業は閉鎖された。その一方で、MFGは東京ディズニーランド（TDL）生みの親として、レジャー開発に乗り出した。TDLはオリエンタルランドが経営しているが、それはMFGの持ち株会社として出発した。TDLの開発プロセスは、系列企業以外の参入を排除した、典型的な大手不動産業の業態を示している。

ＭＦＧは、一九六九年から七〇年にかけて、浚渫とレジャー施設の建設という二つの目的から、千葉県の浦安市の土地を、京成電鉄およびオリエンタルランドとともに購入した（ＭＦＧと京成電鉄はオリエンタルランドの親企業である）。その開発過程で、オリエンタルランドはまず土地を開拓し、その開発・建築費用の代替としてその土地を取得した。建設費用の代替として土地を取得することは、当然ながら低価格での取得を可能とする。ＴＤＬのための用地とは別に、それ以外の土地をＭＦＧと京成電鉄、オリエンタルランドは三井パークシティという宅地として開発した。千葉県はこの宅地をまとめて販売した。こうして三社による親子－系列企業と千葉県は、このプロジェクトの利益をたがいに分配し、共有したのである。千葉県が主導したこの方式は「千葉方式」と呼ばれ、マスメディアによる批判の対象となった。実際、建設会社と行政はこの方式によって、資本の循環率を下げることで生産コストを減らすように操作しており、それ自体はきわめて合理的な手法だといえる。だが、その合法性はきわめて疑わしい。

行政府によってオーソライズされたＭＦＧのこのプロジェクトは、東京・渋谷区の宮下公園の再開発プロジェクトでふたたび繰り返された。渋谷区は二〇二〇年東京オリンピックに的を絞り、入札によってこのプロジェクトを開始し、二〇一四年にＭＦＧが選ばれた。これは、宮下公園を、二四三台収容の駐車場、商業施設、二〇〇室からなるホテルを備えた多目的ビルに組み込み、立体公園化する計画である。

行政財産の柔軟な活用という名目で、渋谷区はＭＦＧとのあいだで、三〇年間の宮下公園使用のリース契約を結んでいる。区はこれによって新宮下公園建設の費用が抑えられることを期待している。ただしこの方式は渋谷区議会で大きな争点となった。なぜなら行政財産をMFGに貸し出すことで、たとえそれが期限付きのリースであるとしても、行政が私企業の利益取得に協力しているからである。渋谷区行政は、この新宮下公園計画に先立って、公園をスポーツ用品の国際的メーカーであるナイキに、命名権協約（ネーミング・ライツ）による、「宮下NIKEパーク」としての公園利用を許可していた。悪名高いこのナイキと渋谷区の再開発計画は、公園の野宿者たちの排除をともなった。実際、性急な野宿者排除は、この公園開発の真の目的がそこにあったのではないかと思わざるをえないほどであった。

これらの事例が示すように、MFGのような大手不動産デベロッパーは、行政府との強いつながりによって保護されている。これに加えて注意喚起しておきたいことは、土地の所有権移動ではなく、長期ローンによる土地開発という手法である。それは国際的な傾向である。それはジョン・ロックが定義した近代的所有権概念の重大な変更でさえある（ロック）。これにかかわるもっとも有名な事例のひとつは、二〇〇九年のマダガスカルの政治的危機であろう。この事件は、韓国の旧財閥の系列会社である大宇ロジスティックスが、マダガスカル政府と土地のリース契約を結んだことに端を発する。この用益権の合意によれば、大宇はマダガスカルの国土の半分を九九年間、バイオ燃料製造に用いるトウモロコシ生産のために使用できるというものであった。国家資源の大半を海外の私企業が取得するというこの理不尽な契約は、ただちにクーデターを引き起こした（Randriana）。興味深い偶然は、同年の二〇〇九年に、日本では農地法の改正が行われたことである。それによれば、農地を私企業に最長五〇年でリースすることが可能となるが、これは土地所有者と土地の利用者の分離を意味している（石原）。こうした近年の土地開発の傾向は、土地の自然的歴史的条件やその土地の住民の生存権の破壊に結果する。二〇一八年の韓国・平昌の冬季オリンピックにおけるカリワン山破壊もまたこの傾向に連なるものとして加えることができるだろう。カリワン山は、日本の植民統治時代と朝鮮戦争を経て、奇跡的に生き残った五〇〇年の歴史を有する原生林である（McCurry）。

日本の建設産業に話を戻そう。それは対外的には閉鎖的な構造のもとで形成され、さらに海外展開よりも国内需要に支えられて成長してきた。二〇一〇年のENR（エンジニアリング・ニュース・レコード）のレポートによれば、世界トップの二二五企業のうち、日本の建設会社は四・一％を占めるにすぎない（ENR.COM）。さらに日本企業の売り上げの半分はアジア諸国でのそれに集中している（大竹）。他方、建設部門の投資総額は五一兆円で、二〇一五年のGDPの一〇・一％を占めている。

日本の建設産業の際立った特徴は重層的下請け構造にある。建設産業において、労働力あるいは原材料の部分は、仕事の発注や分類にもとづいて常に変動している。そのため建設会社は、労働力と原材料の配置を常にアウトソーシング化している。これによって、大手ゼネコンなど本体には経営安定という効果がもたらされるが、他方で熟練したスキルをもたない中小の下請け業者は、契約を結ばないかぎり、何の保証もなく不安定な経営・待遇状態のままに置かれることになる。重層的下請け構造によって支えられている建設産業は、日雇いの労働力資源をプールしておかなければならないが、それはコスト削減を可能にする一方で、労働者の暴力的な支配や非合法的手段を通じた労務管理を必須とする。こうした事情から、この構造は歴史的に、日雇い労働者とその労働市場に対するヤクザの支配によって条件づけられてきたのである。

二〇一一年三月の東日本大震災と福島第一原発事故のあと、事故処理のための除染・収束労働に巨額の予算が投下され、数万の労働力が動員されてきた。その労働には特別なスキルは必要ないとみなされ、一般的な労働市場から集められてきた。その主要な供給源は釜ヶ崎の日雇い労働市場であった。不当労働行為と暴力的な労務管理をともなう労働市場において、除染労働に従事する労働者たちが放射能にさらされていることが報告されている（被ばく労働を考えるネットワーク、二〇一二年）。これは建設産業の下請け構造がもたらした必然的な結果である。除染に従事する労働者を募集し、東北地域に送り出しているのは、とりわけ〝人夫出し業者〟であり、彼らこそが寄せ場の労働市場を長期にわたって支配してきた（被ばく労働を考えるネットワーク、二〇一四年）。同時に下請け業者と労働者とのあいだの恩頼的なパトロン－クライアント関係についても考慮しなければならない。それはまた戦前日本帝国主義の植民地主義の帰結として、アンダークラスの労働市場の慣習でもある（外村）。

一九七〇年代の寄せ場での労働争議を組織したのは、新左翼のグループや労働組合であるが、それはしばしば労働者自身による暴動に発展した。不当労働行為や争議に対する暴力的な弾圧を繰り返してきた多くの人夫出し業者や手配師は、ヤクザと組織的な関係を有しているか、その上部組織がヤクザであった。この権力関係は今日にいたるまで継続している。今日のアンダークラスの労働市場の増大という傾向は、こうして重層的下請け構造の拡大を意味し、非人間的な労働状況を再生産しているのである。

ただし次のことも強調しておかなければならない。それは、近年の寄せ場は都市開発がともなうジェントリフィケーションによる縮小、さらに住人たちの高齢化によって、労働市場としての役割がより限定されているということである（スミス）。その代わりに、インターネットや携帯電話という手段を通じた不可視のアンダークラスの労働市場が形成され、拡大している。そのことは、寄せ場やスラムといった可視的な場を形成することなく、きわめて脆弱な状態におかれたアンダークラスの労働市場が生まれているということを意味している。

聖なる中心の形成——ヤクザと天皇

戦後、寄せ場と日雇い労働者の労務管理、下請けの産業構造に関与してきたヤクザは、戦前から、民族主義的な右翼の全国組織のもとに組織されていた。そこで組織されていたものには、賭博ビジネスを収入源とするヤクザも含まれる。ところで、国家プロジェクトであった明治神宮と関連施設の建設は、ヤクザの国家主義的な統合とパラレルな発展過程を遂げている。オリンピックの歴史が示すところだが、日本のナショナリズムと帝国主義はスペクタクルなプロジェクトの発展によって促されてきた。そこでは草の根の運動が組織化され、それにもとづいて（未完の）オリンピックが帝国国家への想像力の拡張を担ったのである。ここでは明治神宮に焦点をあてながら、明治神宮、都市デベロッパー、そしてヤクザのそれぞれの役割を論じておきたい。

二〇一八年二月に財界誌である『財展』（財界展望社）は「明治神宮は神社か不動産会社か」という特集を組んだ。明治神宮は一九一二年、明治天皇の死去のあと、その功績を讃えて建設された神社である。その遺体は京都の伏見桃山陵に埋葬されたが、渋沢栄一のような著名人たちが、東京にも記念施設を建設したいとの声をあげたことに由来する。渋沢たちにとって、皇居が東京に移転されたのは、明治維新の象徴的な出来事であり、その記憶を東京に刻印する必要があったのである。明治神宮内苑は一九二〇年に建設され、外苑は一九二二年に完成した。その建設にあたっては、多額の寄付、一万一〇〇〇人のボランティア、そして一〇万本の植樹キャンペーンが展開された。明治神宮は、渋谷区に位置し、七二万六〇〇〇平米の面積を有し、結婚式、新年の賽銭収入、そして不動産業から年間一〇〇億円を超える収入を得ているといわれる。二〇二〇年に向かう建設ブームのなかで、明治神宮に隣接する都営霞ヶ丘アパートは取り壊されて公園に、また「日本体育協会・日本オリンピック委員会新会館」建設が予定されている。また隣接する「外苑ハウス」——一九六四年東京オリンピックの際にジャーナリストの宿泊施設として建設された——は二二階建てのタワーマンションに建て替えられる。MFGはここでは「神宮外苑ホテル」を建設する予定で、そのために明治神宮と三〇年間のリース契約を結んでいる。もともとこの地域は景観保存地域で建築制限があったが、それは新国立競技場の建設にともなって有名無実化した。

明治公園に位置する新国立競技場の建設は、二〇二〇年に向けて現在進行中である。明治天皇の名を冠したこの地域は、東京における三つのオリンピック（一九四〇年オリンピックは中止だったが）が、天皇のレガシーの活用と不即不離であり、同時に災害と国土の荒廃からの復興という組み合わせに条件づけられてきたことを、よく表している。中止となった一九四〇年の東京オリンピックは、一九二三年の関東大震災からの復興のための国家プロジェクトとみなされ、さらに神代神話にもとづく皇紀二六〇〇年の奉祝という位置づけだった。一九四〇年東京オリンピック計画は一九六四年オリンピックに持ち越されたが、これは日本資本主義が戦後復興を遂げたシグナルであり、一九五九年の皇太子（当時）アキヒトの婚礼というスペクタクルと抱き合わせで実現した。まったく同様のイデオロギー的な組み合わせは二〇二〇年オリンピックにも埋め込まれている。

この歴史から明らかになることは、日本におけるオリンピックとは例外なく国家プロジェクト成功のため、天皇（たち）を称揚する国家セレモニーのコピーであり、繰り返しだということである。政界と経済界のリーダーたち、そして官僚たちにとって、国家運営において、天皇制はすぐれた機能を有してきたのである。しかもそれは、明治神宮完成にあわせた一九二〇年の明治天皇の二度目の葬儀といっていい鎮座祭、草の根のパワーを動員した、明治神宮と外苑の建設というプロジェクトをもってはじまったといっていいだろう。なぜならそれが明治維新以来、初めての国民動員と都市計画の同時的な実施という国家プロジェクトだったからである。いいかえれば、人々はつねに明治天皇と明治時代という記憶に取り憑かれてきたのである。そしてまた二〇二〇年の新国立競技場の会場として明治公園の利用にいたった政治的な決定も、この政治社会的な共同の記憶（commemoration）の働きを証明するものだといっていいだろう。そしてこの記憶のうえに、町村敬志がいう「都市間競争」「（グローバルシティの）競争力の祝祭」という、グローバル資本からの要請が重ねて書き込まれるのである（町村、二〇〇七年、一二頁）。

明治神宮とは以上のような意味でナショナリズムと草の根動員の成功例である。そこには多くの英雄譚が残されている。『明治神宮外苑志』（明治神宮奉賛会、一九三六年）は内地日本はもとより、植民地朝鮮、台湾、「満洲国」からの、そして多様な世代からの多くの寄付が集められたことを記録している。ボランティアの活用という最初のアイディアは、内務省明治神宮造営局課長の田澤義鋪《たざわよしはる》の発案による。それは第一次大戦後の戦後好況が終わって生じた労働力不足と資金不足への対策であった。田澤は青年団に労働奉仕を依頼した。ただしこの動員が国家と天皇への純粋な忠誠心から可能となったという通説は誤りである。山口輝臣によれば、これらのボランティアにはさまざまな特典が与えられた。すなわち皇室・皇居の訪問、無料での施設利用、新聞社主催の著名人の講演会への参加などである。地方から東京に来た青年団メンバーたちは、奉仕と引き換えに都市文化を享受する機会を得たのである。そしてまた少額ではあったが彼らには労賃も支払われた（山口、一九〇–一九一頁）。

ボランティアたちが純粋な愛国主義的忠誠心よりも合理的な理由で奉仕を選んだとはいえ、公式の記録に集められた歴史はもうひとつの効果をもたらした。ボランティアの労働奉仕によって建設された明治神宮は、スポーツの聖地というイメージと結びついたのである。外苑には神宮球場、相撲場、スイミングプールが建設された。これが一九四〇年オリンピックの中心としての明治神宮というイメージの構築へと拡張されることになった。つまり、天皇制とナショナリズムにもとづくポピュリズムに支えられて、自己犠牲と禁欲主義によって構成されたスポーツ・イデオロギーが実現したのである（Brohm）。

この時期の動員主義的なナショナリズムについていえば、まさしくその同時代的な気運のなかで、全国的な右翼の運動が組織されたことが重要である。一九一九年に大日本国粋会が、下請けの土建業者や博徒組織などの代表的なヤクザ組織によって結成された。発起人は原敬内閣の内務大臣だった床次竹次郎、顧問はよく知られた右翼の頭目であった頭山満であった。この国家主義的な右翼組織の創立は、直後の一九二二年に創立されることになる日本共産党や全国水平社などに至る、当時の左翼運動の急進に対する対抗を、直接的な目的としていた。こうして、明治神宮建設とは二つの極を有していたといえる――ボランティアによる純粋な愛国主義的忠誠心の発露と、暴力的なショーヴィニズムである。そして国家的イベントとしてのオリンピックはこれらのレガシーをエネルギーの源泉としていたのである。

天皇制とその受容について、ここで理論的な整理をしておこう。安丸良夫は、近代天皇制の歴史的理論的な構造を論じるにあたって、マックス・ヴェーバーによる、カリスマ・リーダーの理論と近代資本主義形成におけるプロテスタンティズム論を参照している（安丸）。安丸良夫は民衆を「生活の専門家」と呼んだことでも知られているが、その民衆とは農民であり、小商品生産者であり、アンダークラスである。彼ら・彼女らは主流の文化資本から疎外されているが、自身の知恵と、自己産出的だが独自のネットワークを有している。しかしながら国家的な政策にアクセスする手段を持たないがゆえに、不可避的に、国家的な権威に意思の実現を委ねるしかない。それはとりわけ国民国家の初期の段階、西洋にキャッチアップすることで、国家形成を図ろうとしていた明治維新期には特にそうである。そのとき天皇制は権力と民衆をつなぐ媒介者の役割として必要となる。民衆とは、マックス・ヴェーバーが描いたように、近代の競争的社会において、節制、勤勉、禁欲などの規律にもとづいた生を維持することを期待されている。そして天皇の禁欲主義的なパフォーマンスは、民衆にとっての恰好のロール・モデルとなる。同時に天皇は国民統合のために、民衆を政治制度と権力機構とに結び付ける、カリスマ的で宗教的な媒介者である。安丸良夫の議論は、神道の祭祀者であり、媒介者であり、カリスマ的なモデルである天皇の重層的な意味を理解するのに役立つ。天皇アキヒト（二〇一九年四月現在）が、二〇一六年八月八日に国民に向けた退位の意志表明のなかで、象徴としての役割を強調したとき、彼はこのような複合的な役割を説明しようとしていた（宮内庁）。こうして国民主義のエネルギーは、天皇のパフォーマンスによって備給され、宗教的シンボリズムあるいは禁欲主義によって担保されている。そのエネルギーは優越意識を求める国民的な意思に、国家主義へと向かうモチベーションを与えるのである。

二〇一六年八月のメッセージで、アキヒトは直接的には国家的プロジェクトとしてのオリンピックの成否についていっさい言及しなかったが、天皇の意思とそれとは常に結合している。天皇制とオリンピックとのあいだには明らかな回路が存在する。それは、近代都市東京の歴史的形成に由来する、戦後憲法体制に内包されている天皇制の機能である。翻って、一連の国家プロジェクトの連関のなかで理解される東京の近代都市開発もまた、天皇制ナショナリズムの備給をともなってきた。この条件のもとで、日本の建設産業は、その本質的な要件としての重層的下請け構造とともに、帝国的な労務管理システムを保持してきたのである。

日雇い労働者というアンダークラス

戦後、建設産業から絶えることなく生み出された日雇い労働者という階級は、国家プロジェクトの拡大に抗して、ルサンチマンを募らせてきた。一九七二年に、日雇い労働者の組合のリーダーの一人であった船本洲治は――一九七五年六月二五日に皇太子アキヒト（当時）の沖縄訪問に抗議して、沖縄の嘉手納基地前で焼身決起した――、オリンピックと一九七〇年の大阪万博の終わりは、日雇い労働者にとっての「冬」あるいは地獄を意味していると、怒りをこめて書きつけている。ここで「冬」とは、社会的困窮と抑圧を指している。しかしまた船本は次のようにも書いている。「抑圧が拡大すれば反撃も拡大する」（船本、一四二頁）。実際、国家プロジェクトの軌跡は、支配的空間と、アンダークラスの人々が「やりかえす」空間とのあいだの抗争へと転じてきた。そのダイナミクスを描くことで、本稿の結論を導くこととしよう。

図Iは、東京の主要な寄せ場である山谷において活動していた、悪質業者追放現場闘争委員会（現闘委）が、一九七三年一二月二七日に発行したビラである。この縦128×横182ミリのビラのタイトルは、「ヒモつき野郎は能書をたれるな！」である。それは次のように主張する。

この不況の仕事がないおり、米騒動ばりの労働者の叛乱が起きたら一大事と下ッぱのチンピラポリ公のいきすぎやりすぎに上官は「手を出すな！」と青くなって止めていたものだ！　ダハハハハッ

山の仲間たち！
川崎の労働者も仕事がなく、どうしようもなくアブレている。
玉姫に来たら一緒に助け合い越冬闘争をやり抜こう。

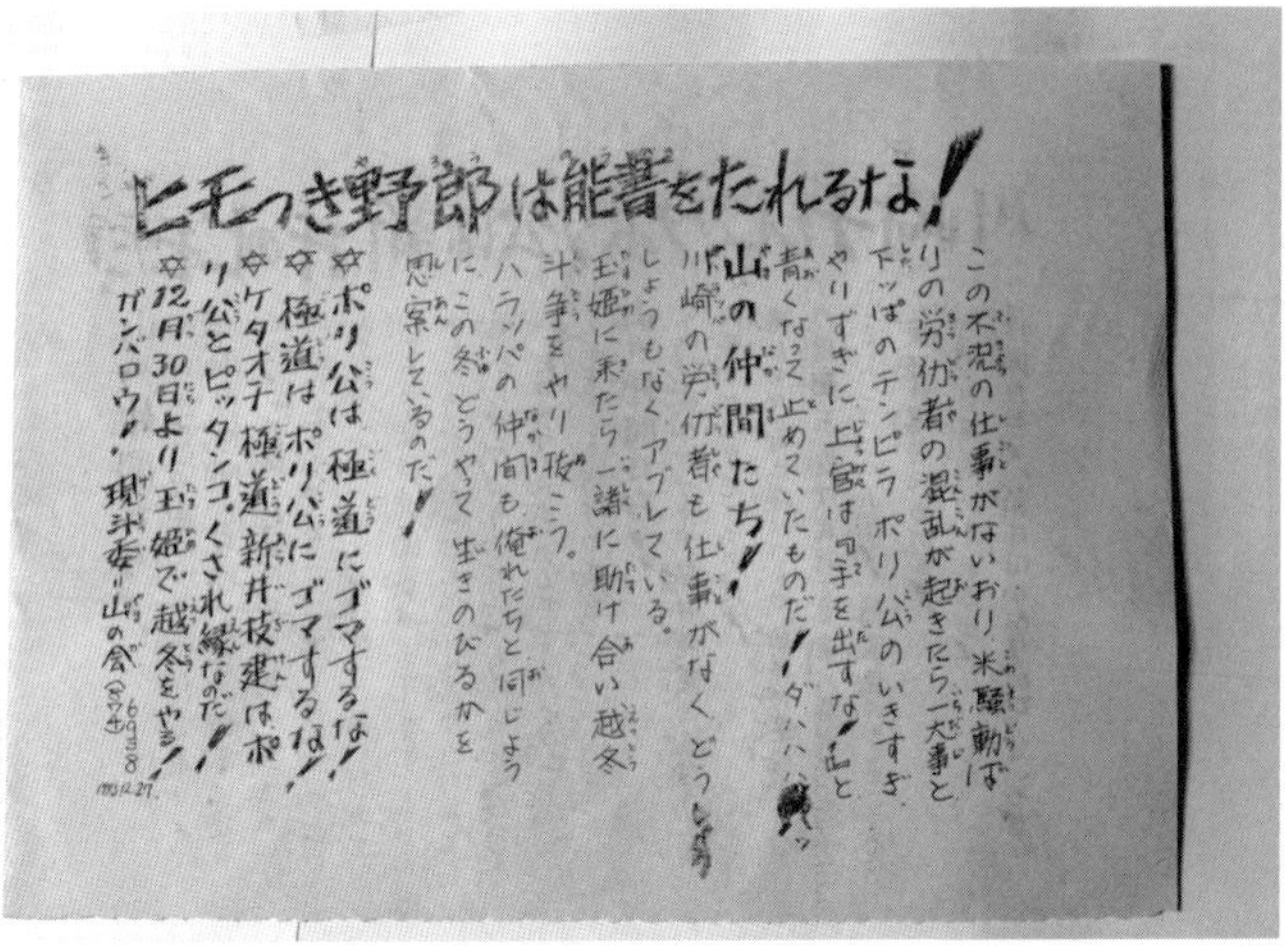

図1

ハラッパの仲間も俺れたちと同じように　この冬　どうやって生きのびるかを思案しているのだ！

☆ポリ公は極道にゴマするな！
☆極道はポリ公にゴマするな！
☆ケタオチ極道新井技建はポリ公とピッタンコ。くされ縁なのだ！
☆12月30日より玉姫で越冬をやる！
ガンバロウ！　現闘委＝山の会（以下略）

現闘委は一九七二年に、大阪・釜ヶ崎の悪質手配師追放釜ヶ崎共闘会議（釜共闘）と連携して組織された。釜ヶ崎は大阪に位置するもうひとつの巨大寄せ場である。現闘委と釜共闘は、船本洲治のように広島大学を中退した新左翼の活動家や、東京日雇労働組合のメンバーであった山岡強一らによって結成された。ビラのなかの「新井技建」は、ヤクザ（松友会）による支配で知られていた下請け業者で、飯場から脱走しようとした労働者をリンチで殺害して摘発されており、当時は成田新国際空港建設の行政代執行に労働者を派遣していたことでも知られていた。越冬闘争は、現闘委と山谷闘争支援の「底辺委員会」とが中心になって組織され、一九七二年から始まった。一九七三年はその第二回にあたる。「ヒモつき野郎は能書をたれるな!」「ポリ公は極道にゴマするな!」などの強い口調によって、現闘委は警察とヤクザの癒着だけでなく、彼らの主体性の欠如を批判している。警察もヤクザもただ上からの命令に従っているだけである。たとえ警官が日雇い労働者を気にかけているようにみえても、それは結局のところ他のヤクザたちの代わりでしかないし、その言葉も尊大な優越感以外のなにものでもない。これに対して、日雇い労働者たちは暴動を通して自らの意思を実現している。暴動はそれが直接行動であるがゆえに、何かの身代わりでも代理でもない。労働者たちは自らがコントロールする領域を有している。

寄せ場で日雇い労働者の暴動は自然発生的に生じる。それ自体何か組織されたものではない。ビラはその性格について、「米騒動ばりの労働者の叛乱」と、全国的な叛乱に一挙に転じた、一九一九年富山県魚津での米騒動になぞらえている。一般的に、日雇い労働者の身体は市場において商品化された労働力とみなされる。これに対して現闘委のビラは、労働力商品化との闘いの文脈で、労働者/暴動/米騒動の三つの言葉を連関させることによって、労働者の身体を自立的な主体性においてラディカルかつ直観的に把握する。それは労働者が労働力のエージェントでしかない状態の克服を企図している。

現闘委のビラはまた労働者とその代理人である現闘委が、オリンピックのような国家プロジェクトによって規定された時間および空間といかに抗争し、交渉するかを示している。現闘委は労働者の代理として、労働者が自らの意思で立ち上がることを促すが、同時に、現闘委自身が、前衛ではなく、自らが日雇い労働者の真正の代理者として変容することへと、身を投じているのである。「ヒモ」「ゴマすり」「アブレ」などのスラングを用いるビラの戦略は、実際に労働者が権力や当局に対して直接的に話しているかのようにみせるものだ。アンダークラスは権力や当局と直接的に交渉する権利から、あらかじめ疎外されている。だからこそ、これらの言葉は、日雇い労働者がルサンチマンの罠にとらわれないように、その代わりに警察や雇用者に対して、自己を肯定して立ち向かうように働きかけているのである。現闘委の目的は、日雇い労働者が寄せ場での主導権を握ることと、失業状態に起因する疎外状態から、自らを取り戻せると確信させることにある。寄せ場の人間の尊厳を回復することとは、国家プロジェクトである一九六四年東京オリンピックの「世界はひとつ」や、一九七〇年大阪万博の「人類の調和と進歩」といったスローガンに表現されている理念の領有＝奪取にほかならない。

ここで当時の寄せ場のアンダークラスの状況を把握しておこう。表1（次頁）は、一九五九年から一九七五年まで、国家プロジェクトと山谷、釜ヶ崎、寿（横浜）の三つの寄せ場での暴動との相関関係を示したものである。この時期は一九六四年東京オリンピック直前から第一次オイル・ショックまでの期間を表している。一九六一年、高度経済成長の只中に農業基本法が施行された。これによって地方から都市への労働力の集中が促進され、建設産業への十分な労働者の供給が可能となった。日雇い労働市場の発展は暴動の条件を拡大したが、表1が示すように、暴動と国家プロジェクトとのあいだに直接的な対応が確認できるわけではない。暴動は、たとえば警官や手配師・人夫出し業者などに

表1　寄せ場における暴動

年	社会	〈暴動〉山谷	〈暴動〉釜ヶ崎	〈暴動〉寿町
1959		第1次暴動（10・22）		
1960	山谷にマンモス交番できる（1月）	第2次暴動（1・1） 第3次暴動（7・26、8・1、8・3－8）		
1961			第1次暴動（8・1－4）	
1962		第4次暴動（11・23、24）		
1963			第2次暴動（5・17） 第3次暴動（12・31）	
1964	北爆はじまる（8月～） 東京オリンピック（10月）	第5次暴動（6・16） 第6次暴動（8・14）		
1965	日韓条約（6・22） 「山谷」の名称消える			
1966		第7次暴動（8・27－30）	第4次暴動（3・15） 第5次暴動（5・28） 第6次暴動（6・21） 第7次暴動（8・26）	
1967	美濃部都政開始（4月～）	第8次暴動（8・17－19）	第8次暴動（6・2－5）	第1次暴動（8・31）

1968	万博の求人始まる	第9次暴動（6・15） 第10次暴動（6・17） 第11次暴動（6・20） 第12次暴動（7・9） 第13次暴動（11・5）		
1969				
1970	大阪万博（3〜9月）		第9次暴動（12・30）	
1971			第10次暴動（5・25） 第11次暴動（6・13） 第12次暴動（9・11）	
1972	沖縄返還（5・15）	第14次暴動（12・3） 第15次暴動（12・30）	第13次暴動（5・1） 第14次暴動（5・28－30） 第15次暴動（6・28） 第16次暴動（8・13） 第17次暴動（9・11） 第18次暴動（10・3） 第19次暴動（10・10）	
1973		第16次暴動（9・11、12）	第20次暴動（4・30） 第21次暴動（6・14）	第2次暴動（7・19）
1974				
1975	沖縄海洋博（7月〜）			

よる差別や、労働者との衝突など、もっと直接な出来事をきっかけとして始まるからである。

一九六一年六月一日の釜ヶ崎での暴動がどのように起きたかを、例としてとりあげよう。車に轢かれて死亡した労働者の遺体に、警察はムシロをかけただけで一〇分以上放置した。この処置に対する労働者の怒りが暴動の発火点となった。一九七二年五月の暴動の場合には、ヤクザによる経営で、暴力手配師として知られていた鈴木組の契約内容と異なる仕事あっせん——これは労基法違反である——に抗議した労働者が、逆にリンチされるという事件が発端であった。労働者の抗議はここでも暴動に発展し、それは同年の釜共闘の結成につながった。二〇〇八年までに、釜ヶ崎では二四度の暴動を経験している。山谷の場合も同様である。一九六六年八月二七日午後七時半に、山谷で沖仲仕のひとりがライトバンにはねられた。交番の警察官は被害者をタクシーで病院に運んだが、これに対して「ケガ人をどうしてタクシーで運ぶんだ。国の予算を使って救急車で運べ」と、事故処理を見ていた約五〇人の人だかりのなかから叫び声があがったとたん、暴動がはじまった（朝日新聞一九六六年八月二八日）。夜八時には約六〇〇人、八時二〇分には約一五〇〇人、さらに二〇〇〇人が交番前を埋めつくした。この間、都電と都電通りと交差する環状五号線の交通はストップし、乗用車一台がひっくり返された。

こうした自然発生的な暴動を止めるのは不可能である。しかし、寄せ場の社会経済的な条件は、一九六〇年代・七〇年代から八〇年代にかけて大きく変化した。一九八〇年代の日雇い労働市場としての山谷は、映画『山谷——やられたらやりかえせ』（佐藤満夫、一九八五年）に映像化されているが、それは現闘委が活動していた一九七〇年代初頭と比べて様変わりしている。一九七〇年代初頭には建設産業における国内投資は、第一次オイル・ショックによって激減し、それが当時の下請け業者の専制的で非人間的な搾取・収奪を規定していた。これに対して、一九八〇年代にはアメリカの市場開放要求にもとづく新たな圧力が、日本の建設産業を覆っていた。

山谷では、一九八一年に山谷争議団が結成された（八二年に全国日雇労働組合協議会〔日雇全協〕結成）。これに対して、一九八三年一一月三日、日本国粋会金町一家の西戸組が「皇誠会」を名乗って山谷に、街宣車と迷彩服、ナチス棒で武装して登場し、山谷は一夜にして戦場と化した。山谷争議団の反撃のあと、金町一家は手配師を組織するため互助組合を作って敵対を続けるが、山谷争議団によって包囲され追い込まれていった。しかし一九八四年一二月二二日、映画監督・佐藤満夫が金町一家西戸組の組員に刺殺される。さらに一九八六年一月一三日には、殺された佐藤満夫のあとを受け継いで映画撮影を続けていた、争議団のリーダー・山岡強一が、金町一家金竜組の組員に射殺された。

もともと賭博やノミ行為がシノギの中心だった金町一家の日雇い労働市場への暴力的な参入は、一九七九年の建設市場での劇的な変化と寄せ場の勢力再編に条件づけられている。一九八〇年代初頭に日本の建設産業はアメリカからの圧力を受け、市場を対外的な競争関係に開くことを迫られていた。アメリカでは、一九七九年のスリーマイル島原子力発電所事故のあと、建設産業はプラント建設の激減によって深刻なダメージを受けていたのである。大成建設経営企画部の馬場敬三はこの経緯について以下のように分析している。

アメリカの大手建設企業の業態は、日本の場合と少々異なり、プラント・メーカー、ゼネコン、大手コンサルタント等の機能をまとめて行うものが多い。そして、これらの企業の主要市場の一つはプラント建設である。それゆえ、80年代に入っての石油産業の低迷は、石油関連産業の投資の世界的な減少となり、アメリカ大手建設企業の海外受注量（金額）および、その占有率を低下させていったのである（…）。

さらに、1979年に発生した有名なスリーマイル島の原子力発電所の事故によって、アメリカ国内の原子力発電所の建設が中止されたり延期されたりした。（…）このことがアメリカの建設業に大きな痛手となった。特に、それまでの原子力発電所の建設が繁忙であっただけに深刻なものであった。（…）（そのような状況下で――引用者）貿易の相互乗り入れを標榜するアメリカは日本の建設市場にアメリカの企業が参入できないことは不合理であるとして、その改善を日本政府に強く要求した。（馬場、一一〇－一一一頁）

アメリカと比較したとき、日本の建設産業は、海外からの技術導入には消極的で、労働集約型であり、非装置産業である（アメリカのようにプラント建設中心ではない）。さらに製造工程の加工度が低く、運搬輸送業と組み立て業を一体化したような業態である。こうしたことが、アメリカからの市場開放圧力に対して、日本の建設産業が保守的な態度を取った理由であった。

一九八〇年代の建設産業を規定していたもうひとつの条件は、一九八〇年までに、政府統計にもとづいて、建設労働者の高齢化と景況の好転によって、労働力不足が来ることが予想されていたことである（馬場、同前）。すなわち、市場開放圧力と労働力不足から、従来の手配業者はより効率的な労働力

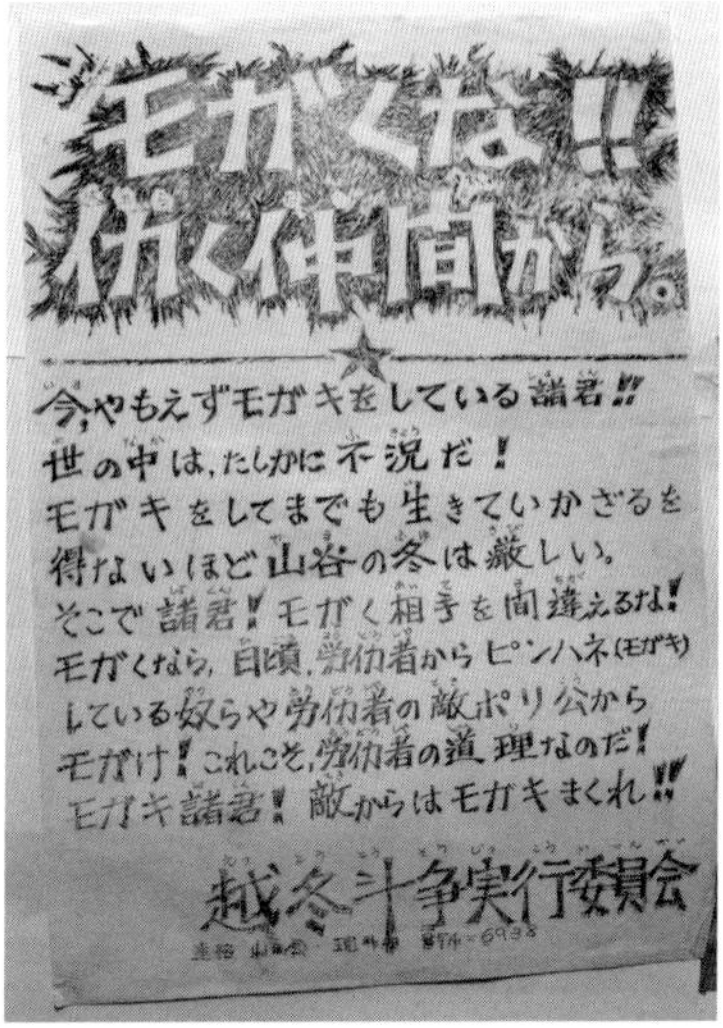

図2

確保をめざして寄せ場から飯場経営に転じ、代わって金町一家が寄せ場支配を狙って乗りこんだ。しかし山谷争議団の存在は従来の労務管理を不可能にした。こうしたことが背景となって、日本国粋会金町一家が山谷に武装して登場し、二人の活動家の暗殺を謀ったといえよう。

ところで、寄せ場の歴史では、活動家たちと建設業者たちの熾烈な闘争が、常に強調される。ただし、現闘委や争議団の活動は闘争や暴動の組織化にばかり集中していたのではなかった。これらのエージェントたちは、労働者の自立と自律的な文化の創出を試みていた。図2は現闘委によるもうひとつのビラである。ここで現闘委は、労働者たちが望む方向へと、時間と空間を差し向けるための固有の領域を創り出そうとしている。これはまたポスト－オリンピック状況をいかに生き延びるかについての、すぐれた実践でもある。

この縦364×横257ミリのビラのタイトルは、「モガくな!!　働く仲間から。」である。

今やもえず《（ママ）》モガキをしている諸君!!
世の中は、たしかに不況だ！

モガキをしてまでも生きていかざるを
得ないほど山谷の冬は厳しい。
そこで諸君！　モガく相手を間違えるな！
モガくなら、日頃、労働者からピンハネ（モガキ）
している奴らや労働者の敵ポリ公から
モガけ！　これこそ、労働者の道理なのだ！
モガキ諸君！　敵からはモガキまくれ！

越冬闘争実行委員会

「モガキ」とはここでは酔って眠り込んでいる相手から、介抱するふりをして金銭や財産を掠め取ることを意味している。ビラは労働者たちにそうした掠取を止めるように説得しながら、味方からの収奪そのものを止めることを呼びかけている。その代わりに、「敵」から、たとえば資本家や権力を振るうものからの掠取を勧めるのである。現闘委は日雇い労働者たちに、自立的で自律的な自己救済のネットワークを形成することを呼びかける。このレガシー——階級的な——は、映画『山谷——やられたらやりかえせ』が描きだすように、一九八〇年代に、夏祭り、越冬、そして炊き出しの組織化として実践されることになる。

都市の土地開発は国内的かつ国際的な労働移動をもたらしてきた。それは日本においては、二〇一八年の入管法「改正」がそうであるように、一九四五年以前の日本帝国主義と植民地主義が実施した、労務供給体制の再現を通して実現される。オリンピックはその傾向を増進させながら、日雇い労働者や非正規労働者を非人間的な状況に追いやっていくのである。

結論

本稿において、三井不動産グループおよびその千葉県行政との関係、あるいは明治神宮をめぐる事例を通して論じたように、日本の建設産業では、伝統的かつ保守的な慣行が常に支配的な力を振るっている。同時に、そのもとでの国家プロジェクトは――それは閉鎖的な市場と重層的下請け構造によって支えられているが――、都市開発に抗するラディカルなプロテストを促してきた。国家プロジェクトがジェントリフィケーション、ホームレスの排除、アンダークラスの社会的排除をともなうことは不可避であるが、都市開発と抗争する領域横断や逸脱の発生もまた避けられない。日雇い労働者の周期的で自然発生的な暴動は、国民的な統合がきわめて脆弱なものでしかないことも示している。実際、労働者たちは下請け構造に規定された寄せ場の状況を自分たちの領分へと転換してきた。暴動という形態を通したその身体表現は、一九六四年東京オリンピックや一九七〇年大阪万博の理想を解体しただけではない。暴動を通して、オリンピックや万博の理想はラディカルな平等主義へと変容させられたのである。アンダークラスは国家プロジェクトによってただちに商品化される。しかしそのとき、彼ら／彼女らの身体が、その時間と空間に完全に回収されているわけではないのである。

〔引用文献〕

朝日新聞一九六六年八月二八日夕刊
馬場敬三「建設分野における国際摩擦の背景と解決の方向について」『土木学会論文集』第415号/Ⅵ-12、一九九〇年三月
Brohm, Jean Marie, *Sport: A Prison of Measured Time*. London: Pluto Press, 1987.
ENR.COM. “The Top 225 International Contractors.” Engineering News Record. 25 August, 2010. https://www.enr.com/articles/930-the-top-225-international-contractors?v=preview, accessed on 6 May 2019.
船本洲治『黙って野たれ死ぬな』共和国、二〇一八年
原口剛、白波瀬達也、平川隆啓、稲田七海（編著）『釜ヶ崎のススメ』洛北出版、二〇一一年
石原健二「株式会社等の農業全面参入と農地の土地商品化 —— 農地制度の大改革」『自治総研』三六八、二〇〇九年
日本建設業連合会『建設業ハンドブック2016』https://www.nikkenren.com/publication/handbook_2016.html, accessed on 6 May 2019.
宮内庁、https://www.kunaicho.go.jp/page/okotoba/detail/12, accessed on 6 May 2019
ロック、ジョン『市民政府論』鵜飼信成訳、岩波文庫、一九六八年
町村敬志『「世界都市」東京の構造転換』東京大学出版会、一九九四年
町村敬志「メガ・イベントと都市空間：第二ラウンドの「東京オリンピック」の歴史的意味を考える」『スポーツ社会学研究』一五、二〇〇七年
McCurry, Justin, “Olympic organizers destroy ‘sacred’ South Korean forest to create ski run.”2015. https://www.theguardian.com/environment/2015/sep/16/olympic-organisers-destroy-sacred-south-korean-forest-to-create-ski-run, accessed on 6 May 2019.
明治神宮奉賛会『明治神宮外苑志』一九三六年
被ばく労働を考えるネットワーク『原発事故と被ばく労働』三一書房、二〇一二年

被ばく労働を考えるネットワーク『除染労働』三一書房、二〇一四年
大竹喜久「日本の建設業の海外進出の現状と都市輸出」『土地総合研究』21（1）、二〇一三年
Randriana, Solofo, *Madagascar: le coup d'Etat de mars 2009*, Karthala.2012.
東洋経済新報社『週刊東洋経済』二〇一五年五月二三日
スミス、ニール『ジェントリフィケーションと報復都市――新たなる都市のフロンティア』原口剛訳、ミネルヴァ書房、二〇一四年
外村大『朝鮮人強制連行』岩波新書、二〇一二年
植竹晃久・坂口康『鹿島建設・三井不動産　都市再開発を演出するデベロッパー』大月書店、一九九一年
ヴィリリオ、ポール『速度と政治』市田良彦訳、平凡社ライブラリー、二〇〇一年
「山谷」制作上映委員会『山谷　やられたらやりかえせ』佐藤満夫・山岡強一監督、一九八五年
山口輝臣『明治神宮の出現』吉川弘文館、二〇〇五年
安丸良夫『近代天皇像の形成』岩波書店、一九九二年
与州奥津城会『三池移住五十年のあゆみ』一九六六年
財界展望社『財展』二〇一八年二月

補論　アンダークラスと獄中者組合

現闘委のビラから

山谷労働者福祉会館には、一九七〇年代初頭の現闘委時代から、一九八〇年代の山谷争議団の時代

までのビラや討論資料、関係文献が保存されている。山谷はもちろん、釜ヶ崎、寿など他の寄せ場の資料、さらに三里塚闘争をはじめとする闘争や集会で配布された資料も含まれている。主な資料はすでにナンバリングされた袋に整理ずみであるが、それはかつて松沢哲生氏が寄せ場学会の活動の一環としておこなったものである。これらの資料のなかには、現闘委の闘争の一部始終を知ることができる資料が含まれており、その一部を私の論考「ヘテロな空間をつくりだせ」で紹介した。

私が紹介した一九七三年の越冬闘争の当時についていえば、山岡強一ら現闘委の主要なメンバーたちは、新井技建や白石工業との団交や抗議行動のなかで、七三年九月に「手配師に対する傷害」等で逮捕拘留され、七四年六月に保釈で釈放されるまで、八ヶ月間獄中にいた。本稿で紹介した二つのビラはその期間に書かれている。やはり寄せ場資料として残っている山岡強一らの獄中書簡では、「新しい運動スタイル」についての討論が交わされており、現闘委のビラは、それぞれ偶然の産物ではなく、意識的に運動スタイルの工夫を追求した結果であったことが伺える。これに限らず、現闘委や釜共闘のビラからは、船本洲治がアジテーションし、現状を分析した多くの示唆が、他の活動家たちによって共有され、実際のビラに反映されていることが確認できる。それとともに、日々の闘争が、労働者に呼びかける口調、表現、そして思想まで、さまざまな創意工夫を生み出していたのである。後述するが、逮捕・起訴されたあと、収監された拘置所および刑務所で、活動家たちが運動論や路線論争を、私信を介してオープンに交わすことがたびたびあり、獄中は獄外の運動を相対化する特殊な空間であった。そしてその討議が現場の活動に還流していたのである。

ところで当時の社会運動に対する弾圧状況を知るうえで格好の資料は、救援連絡センターのニュース「救援」（月刊）である。「救援」紙上で一九七三年から七四年にかけて、東京を中心とした逮捕・起訴・拘留者の数で目を引くのは、革共同がかかわる内ゲバでの大量逮捕（凶器準備集合罪）や霞ヶ浦干拓に反対する高浜入闘争などとともに、山谷でのそれである。例えば一九七三年九月の被逮捕者延べ五九名のうち、山谷では一三名が公務執行妨害・傷害で逮捕されており、一回の逮捕者数が抜んでている。同年一〇月には延べ六〇名のうち、山谷で三回の弾圧があり、暴力行為五名、暴力行為・傷害令状五名、暴力行為・傷害令状（再逮捕）一名であった。先述したように、この時期は契約違反を繰り返す新井技建や白石工業などの人夫出し業者に対する闘争が行われていたが、それが恐喝や傷害を口実とした逮捕に直結していた（『救援』縮刷版・創刊号→一〇〇号、一九七七年、また、山谷救援会「マグマ」一号・一九七四年五月－一二号・一九七五年一二月）。現闘委は七名のメンバーで始まったといわれているが、そこに支援の労働者がいたとしても、この被逮捕者の数と回数は異常であり、組織の存亡に直結していただろう。しかも再逮捕や長期拘留が可能だったということは、業者・手配師・警察の連絡網によって、人物の特定が容易だったということであり、寄せ場という生活空間が常に厳しい監視にさらされていたことを意味している。

獄中者組合の結成から統一獄中者組合まで

戦後社会運動史における獄中者救援の運動は、救援連絡センターが一九六七年一〇・八羽田闘争、翌年の一〇・二一国際反戦デー闘争と騒乱罪適用のあとの大量逮捕を契機として組織されたように、弾圧の質の転換に規定されている（前掲『救援』「解説」）。また、大量逮捕は個別救援を超えた救援運動を必要とした。東大闘争や日大闘争、沖縄闘争、三里塚闘争、そして連合赤軍など、一九六〇年代後半から七〇年代初頭のメルクマールの闘争とそれにつづく裁判闘争のさなか、一九七三年一一月に「獄中生活者組合を結成せよ」の呼びかけが、大阪拘置所の宮本礼子から発された。全国の在監者への宮本の手紙は発信不許可となったが『救援』のみ許可され、紙面に掲載された。これが獄中者組合の始まりである。

ここでは峰修一「日本における獄中者組合運動の歴史」（『法学セミナー』一九八八年一一月）を参照しながら、獄中者組合（以下、獄組）に先立つ運動およびその沿革を祖述しておこう。一九六八年以降、東京拘置所、中野刑務所、府中刑務所には一〇〇〇名近くの活動家が拘禁されており、その処遇改善をもとめる改善闘争が展開されていた。一九七〇年元旦には東拘はじめ都内四ヶ所で、獄中者激励と処遇改善を求める宣伝カーによる情宣が行われた。一九七三年五月には救援連絡センターの呼びかけで獄中処遇アンケートが行われ、「獄中処遇を改善する会」が結成され、当局交渉が進められた。手紙の枚数制限、接見時間の延長、入浴時間の延長、治療、懲罰中の入浴・運動を主な要求としていた。「獄中生活者組合」の呼びかけに対して、一九七四年二月に獄外で獄中者組合準備会がもたれ、七月には獄組機関誌『氾濫』が創刊された。この間、東京拘置所は、一九七六年まで「獄中者組合」の文字をことごとく抹消する、あるいは発受信を意図的に遅らせるなどの妨害を行った。そうしたなかで、一九七四年一一月に獄組呼びかけ実行委員会主催による獄中獄外秋期統一行動が闘われた。要求項目は、①自殺房粉砕、②房内筆記制限撤廃、③土曜日の面会廃止策動粉砕、であった。統一行動は同月に大阪拘置所でも行われ、これ以降、年二回春と秋に、その時々の課題を取り入れながら、一九八一年まで続けられた。

宮本礼子とともに獄中者組合結成を中心で担ったのは、赤軍派の若宮正則であった。若宮は一九七五年五月に「獄中の処遇改善を闘う共同訴訟人の会」(以下、共訴会)の組織化を呼びかけた。その原則は〝現行法を利用し、不当処遇、人権侵害に対する共同訴訟をやろう〟というものであった。この共訴会の路線をめぐって、獄組獄外事務局と共訴会は対立関係になり、共訴会は獄組とは別組織として一九七六年に発足し、翌年に機関誌『監獄通信』を創刊する。この対立について、峰論文では、獄組獄外事務局が共訴会を自らの組織の中に位置づけられなかったこと、共訴会は「訴訟によって監獄の民主化、処遇改善を図ろうとする」路線と批判されたと述べている。若宮と共訴会の関係については、高幣真公『釜ヶ崎赤軍兵士　若宮正則物語』(彩流社、二〇〇一年)に詳しいが、規約論争の過程で、若宮自身は宮本とともに共訴会から身を退くことになる。この間に一九七五年五月の東アジア反日武装戦線メンバーの一斉逮捕があり、その統一公判要求闘争が闘われる一方、獄中では激しい獄中者弾圧が繰り返されていた。広島大学出身グループの一人であった鈴木国男が大阪拘置所で保安房に隔離され、強制医療によって虐殺されたのが、一九七六年二月一六日。同二月には東アジア反日武装戦線の浴田由紀子に対する皮手錠攻撃、荒井まり子に対する男区への隔離・正座点検強制のためのえびぜめ暴行、さらに死刑囚処遇の悪化が続いた。同年はまた法務省の「監獄法改正の構想」が諮問されている。ただし、監獄法改悪に対する統一行動のなかで、獄組と共訴会の共同の取り組みも進められた。二つの獄中者運動は、一九八五年一一月一六日に統一獄中者組合として統一される。その「結成宣言」にはこうある。

犯罪の階級的性格を見ず、犯罪一般を、「悪」として切り捨てることは、その犯罪を取り締まる権力を「善」なる存在とみなすイデオロギーへの屈服である。（…）犯罪者の資質を問題にするのではなく、抑圧的社会構造の変革を問題にする。犯罪者個々人の処罰や矯正を問題にするのではなく、犯罪の階級的性格を問題にする。（…）犯罪者の自己変革とは、犯罪者が倫理的に反省して「心を入れ替える」ことではない。そうではなく、自己の犯罪の意味と原因を社会的文脈の中で理解することである。また自己変革は、犯罪者だけに要求されるものであってはならない。（…）囚人も人間として生きる権利があり、その権利を不当に圧迫するものと闘う権利がある。その権利を行使することによって、囚人は自らの生存を確保すると同時に、自己を階級として組織し、人間として解放することを学んでいく。我々が究極に求めるのは「よりよい監獄」ではなく、監獄の廃止であり。刑罰の廃止である。（「監獄通信」創刊号、一九八五年一二月一五日）

刑事囚として、有実である事実から出発して、獄中において「犯罪者解放」の階級的な基盤を獲得した先鋭な実践者たちとして、永山則夫や矢島一夫がいる（永山『増補新版　無知の涙』河出文庫、一九九〇年、矢島『独房から人民へ』第一巻・第二巻、田畑書店、一九七六年）。獄中者組合の運動は、そうした有実の獄中者たちの先駆的な実践と、監獄解放の道筋を結びつけ、獄中で実際に生き抜くための状況を切り開くことにあった。「結成宣言」はその思想をよく表現している。また獄中者組合獄外事務局は、『獄中生活のてびき』という、獄中にあって処遇改善のために闘うマニュアルを発行している（同編集委員会、一九八〇年）。微に入り細に入って獄中生活にかけられる弾圧と交渉の術を描いたこの『てびき』は、処遇改善をもとめてきた獄中者の経験の集積であった。

アンダークラスと獄中者運動

社会運動にとって弾圧は不可避である。したがってその運動が、獄中での闘争を射程に入れなければならないのは当然である。しかしまた獄中は思想闘争の場であり、さらには「統一獄中者組合結成宣言」がいうように、有実の「犯罪者」が自己変革を遂げる場でもある。獄中での自己変革といえば、ジャン・ジュネが熱い連帯と愛を表明した、ブラック・パンサーの思想を体現したともいえる、一九七〇年のソルダッドブラザーズの事件を参照してもいいだろう。自己変革は、一般刑事囚と出会った政治犯・思想犯の側でも起きる。そうした大きな思想運動の可能性のために、私信の紙数・回数制限など思想・言論活動への制限は取り払われるべきであり、接見の自由は獲得されなければならない。

獄中と獄外とは思想的にも物理的にも結びつけられ得る。獄中から一挙的に世界に接続することも可能である。それは実際にも実現した。

一九七七年九月二八日に、パリ発東京行き日航機四七二便が、日本赤軍（日高隊）によってハイジャックされ、バングラデシュのダッカ空港で犯人グループと日本側との人質交渉が行われた。日本赤軍はその際に七名の思想犯・政治犯と、二名の一般刑事犯の釈放を要求した（そのうち釈放に応じたのは六名）。そこで、一般刑事囚のなかから指名されたのが泉水博と仁平映であった。泉水は強盗殺人事件で無期懲役の判決を受け千葉刑務所で服役中だったが、同じ無期懲役囚の医療措置を実現するために、待遇改善と医療設備の改善を求め、管理部長を人質にとるという単身決起を行っていた。泉水はそのために刑が加算されていた。泉水の単身決起および日本赤軍時代の人となりについては、松下竜一『怒りていう、逃亡には非ず　日本赤軍コマンド泉水博の流転』（河出文庫、一九九六年）に詳しい。仁平映は殺人罪で一〇年の刑を受け、東京拘置所に服役中に獄中者組合結成に参加し、『氾濫』にもメッセージを発して処遇改善を求めて闘っていた。なぜこの二人でなければならなかったのか——それは他の七人についてもいえることである——、日本赤軍が釈放対象者リストを決定する過程で交わしたであろう議論については、和光晴生が言及している（和光『日本赤軍とは何だったのか　その草創期をめぐって』彩流社、二〇一〇年）。もちろんダッカ闘争は始まりでしかなかったはずであり、第二、第三のダッカ闘争は構想されていただろう。ただし、なぜその始まりが泉水と仁平の両名だったのか、という問い以上に重要な事実がある。それは、アンダークラスが、自身の解放闘争を通じて世界とつながっていく回路が、このとき開かれたということである。寄せ場で生活しているか、あるいは獄中で拘束されていたとしても、彼ら／彼女らは、どこで生活し、どこで闘っても構わないのである。ダッカ闘争はそれが現実的に可能であることを示したのである。だがそもそも、アンダークラスと私たちを結びつけ、アンダークラスをめぐる想像力の制限を取り払ったのは、獄中者組合の運動であった。寄せ場の運動が獄中者組合の運動と結合する必然性がここにある。そして、私たちが構想しさえすれば、いつでも寄せ場もアンダークラスも世界と結びつくのである。

流動的下層労働者

流動的下層労働者

1 「流民」「流動的労働者」「流動的下層労働者」

一九七四年三月一日発行の日付がある『腹腹時計　都市ゲリラ兵士の読本VOL.1』（東アジア反日武装戦線〝狼〟兵士読本編纂委員会）は、目次の前頁、表二に「訂正」を書き加えている。すなわち、「3ページの『4』の1行目、5行目、『流民』を『流動的労働者』に」とある。[*1]

現在、いわゆる〝理論編〟のみ復刻版で読むことができる『腹腹時計VOL.1』の「訂正」箇所とは、序文にあたる「はじめに」の中で七項目からなる綱領的な部分のうちの「4」である。ちなみに全七項目とは次のような内容から構成されている。

1「われわれは日本帝国主義者の子孫（…）帝国主義本国人」
2「日帝本国の労働者、市民は（…）帝国主義者、侵略者」
3「日帝労働者」は反革命
4「日帝本国内に於いて唯一根底的に闘っているのは、流民＝日雇労働者である。（…）そうであるが故に、それを見抜いた流民＝日雇労働者の闘いは、釜ヶ崎、山谷、寿町に見られる如く、日常不断」
5「日帝本国中枢に於ける闘い」のサボタージュ、「ベトナム革命戦争の挫折によって批判されるべきはまずわれわれ自身」
6「日帝を打倒する闘いを開始すること」。「法と市民社会からはみだす闘い＝非合法の闘いを武装闘争として実体化すること」
7「植民地人民の反日帝革命史を復権」

さらに「4」のみ全文を引用しよう。

＊1　復刻版（理論編のみ）は東アジア反日武装戦線への死刑・重刑攻撃とたたかう支援連絡会議によって発行・頒布されている。以下「復刻版」と略。なおオリジナルは全体で三六頁あり、そのうち一三頁がいわゆる〝理論編〟、残りの二三頁が〝技術編〟であった。印刷部数は二〇〇部。松下竜一『狼煙を見よ　東アジア反日武装戦線〝狼〟部隊』河出書房新社、一九八七年、一三四－一三五頁。

日帝本国に於いて唯一根底的に闘っているのは、流民＝日雇労働者である。彼らは、完全に使い捨て、消耗品として強制され、機能付けられている。安価で、使い捨て可能な、何時でも犠牲にできる労働者として強制され、生活のあらゆる分野で徹底的なピンハネを強いられている。そうであるが故に、それを見抜いた流民＝日雇労働者の闘いは、釜ヶ崎、山谷、寿町に見られる如く、日常不断であり、妥協がない闘いであり、小市民労働者のそれとは真向から対決している。[*2]

（強調は引用者）

あらためて確認すれば、東アジア反日武装戦線の主張において、弁証法的な発展にもとづく即自－対自－即自かつ対自と止揚されるような革命主体論は拒絶されている。その代わり、即自的な状態こそが革命主体の資格要件である。それはまず「アイヌ・モシリ、沖縄、朝鮮、台湾等」の「植民地人民」であり、そして「流民＝日雇労働者」である。これに対して、「われわれ」日帝本国人には「逃避口＝安全弁を残すことなく、〝身体を張って自らの反革命におとしまえをつける〟こと」が「唯一の緊急任務」として求められている。[*3]ここで〝狼〟が「おとしまえ」といっているように、武装闘争への参加は、植民地人民の反日帝闘争に呼応し、その闘いに合流する資格を獲得するための前提であって、最終的なゴールではない。いいかえれば武装闘争への参加が、植民地人民や「流民＝日雇労働者」の立場への即自的な同化を意味しているのではない。

本題にもどろう。『腹腹時計VOL.1』はなぜ初校ゲラの「流民」を（おそらく）印刷製本の直前に「流動的労働者」に置き換えたのか。この「訂正」に従えば、正しくは「流動的労働者＝日雇労働者」と表記されることになる。その変更は何を意味しているのか。

東アジア反日武装戦線はまず〝狼〟、続いて〝大地の牙〟が活動を開始し、少し遅れて〝さそり〟が合流した。より正確には、〝狼〟は、一九七一年一二月に興亜観音と殉国七士、一九七二年四月に曹洞宗大本山総持寺納骨堂、同年一〇月に北海道大学北方文化研究施設と旭川市の「風雪の群像」爆破を実行していた。〝大地の牙〟は一九七四年三月末にはすでに『腹腹時計 VOL.1』を入手し、一九七四年八月三〇日の三菱重工爆破以前に東アジア反日武装戦線への合流を決めていた。また、〝さそり〟のメンバーとなる黒川正芳と〝狼〟の大道寺将司とが意識的に会うようになったのが一九七四年七月頃と考えられている。〝狼〟のメンバーと〝さそり〟のメンバーが高田馬場から日雇い仕事に行き、それで知り合ったのが発端、とされている。[*4] そして同年六月頃に、黒川と、やがて〝さそり〟を構成することになる宇賀神寿一は七二年五‐六月以降の山谷・釜ヶ崎の闘争に対する「メチャクチャな弾圧」を「打ち破るため」の武装闘争の必要性について合意している。[*5]

＊2　復刻版、三頁。
＊3　同前、四頁。
＊4　「浴田公判での大道寺将司さんの証言」『でもわたしには戦が待っている　斎藤和〔東アジア反日武装戦線大地の牙〕の軌跡』東アジア反日武装戦線への死刑・重刑攻撃とたたかう支援連絡会議・編、風塵社、二〇〇四年、四〇七頁。
＊5　宇賀神寿一『ぼくの翻身《ふぁんしぇん》　宇賀神寿一　最終意見陳述集他　改訂版』東アジア反日武装戦線への死刑・重刑攻撃とたたかう支援連絡会議、一九八八年、四八‐四九頁。

こうした背景を踏まえたとき、「流民」から「流動的労働者」への「訂正」について、ただちに連想されるのは寄せ場の闘いであり、とりわけ船本洲治の影響であるが、これは検討を要する。

前述のように、〝さそり〟は七二年、山谷・釜ヶ崎の暴動のインパクトを受け止めるなかで組織された。それゆえ他の二部隊と比して、より強く「下層労働者解放闘争－革命戦争」という戦略的な展望を意識していた。そしてその思想形成には船本洲治と黒川芳正との関係が大きくかかわっていた。本書次章で船本のテキストについては検討する。ただし、一九七四年三月発行の『腹腹時計VOL.1』における「流民」の「流動的労働者」への「訂正」という論点にかかわっていえば、この「訂正」が挿入されたであろう一九七四年二月の時点では、〝さそり〟グループおよび船本洲治と〝狼〟との直接的な接触はなかったようである。したがって、「流民」の訂正は、あくまで〝狼〟グループ内部での固有の事情にもとづくものであったと想定しておきたい。すなわち仮にこの「訂正」に船本らの思想の影響があるとしても、それはあくまで文書や第三者を通した間接的な関係だろうということである。しかもこれも後述するように、船本が定義し使用した用語はあくまで「流動的下層労働者」であって、「流動的労働者」ではない。〈下層〉を欠いた『腹腹時計vol.1』の用語は、いかにも「流民」の置き換えであって、それをそのまま機械的に「日雇労働者」と結んだようにも見える。だがこの点は少し慎重に検討してみたい。

2 「流民」から「流動的下層労働者」へ

「流民」はその淵源のひとつを明治期の下層社会論における「細民」「貧民」に有すると考えていいだろう。[*6] ただし、その存在はまだ自らの固有の価値を創造してはいない（例外的に一九二二年に全国水平社が用いた〈特殊部落民〉の語の使用法がある）。これに対して、〈流浪のプロレタリアート〉に創造的な価値を見出したのが、一九五〇年代に故郷の水俣や筑豊で「原点」を模索し、三池闘争を支援しながら大正炭鉱争議において大正行動隊を組織した谷川雁である。その思想的な出発点において、雁の〈民衆〉は本源的蓄積によって土地を奪われた疎外態であった。「わが現代文学最初の荷い手は裏ぎられた農民または小地主であった。絶対主義の圧力を受けて窮乏し、土地を失い、都市に集中し、不満に燃え向上を願いながら、ある者は支配層の下部に編成され、残りは「浮雲」となって流浪した彼等であった」（「現代詩における近代主義と農民」一九五五年）。[*7] しかしそうした「浮雲」「逃亡民」としての〈流民〉を超えたところまで、雁は〈民衆〉の思想的可能性を延ばす。「日本の二重構造」（一九六一年）で谷川雁は述べている。

＊6　「貧民」言説から「下層労働者」までの系譜については池田浩士「貧富の戦争、富豪の恐怖――「博覧会と暴動」によせて」『寄せ場』第二五号（寄せ場学会、二〇一二年）の素描が参考になる。
＊7　岩崎稔・米谷匡史編『谷川雁セレクションII――原点の幻視者』日本経済評論社、二〇〇九年、一九頁。

辺地の農漁民、流浪のプロレタリアート、特殊部落民、癩病、在日朝鮮人……これら差別というかたちで疎外を受けている者たちのなかにのみ範型としての日本があることは疑う余地のない事実である。[*8]

近代日本それ自体が疎外態であり、しかもこれら〈民衆〉こそが、日本近代の前近代性・近代性・世界的普遍性を止揚する主体であると雁は考えた。その意味で〈民衆〉がそこに到達することが期待されている自己認識は、雁においては階級闘争的であるだけでなく文明批判的であった。先の引用に続けて次のように言う。

彼等こそもっとも強烈に支配階級の思想から照射されており、そのゆえに一定の条件つきで何人よりも近代ヨーロッパの範型としていうところの個人にちかく、またその「個人」を超える可能性をもった存在であるが、その可能性はいかなるコースを通って打ち樹てられるか、その思想的生産性を保証するものは何かという課題に当面する。それをぬきにして、まず生産関係からの解放を、しかるのちに……と史的順序と論理的順序を混同して考えるところに、生産だの関係だのという観念に対する限りないブルジョア的俗流化があるのである。[*9]

近代文明そのもの、西洋文明そのものを止揚する展望が「辺地の農漁民、流浪のプロレタリアート、特殊部落民、癩病、在日朝鮮人」に仮託されている。この価値転換をつくりだしたことによって、雁の言葉は記憶されるべきである。さらに、「無の造型《プラズマ》――私の差別「原論」」のようなエッセイが示すように、差別‐被差別関係の相対性や、立場の転位が不断に発生している民衆内部の差別構造についても雁は周知していた。ところでここに船本洲治の言葉を置いてみるとどうなるだろうか。

船本は一九七一年春にリーフレット『流民の旗』の発刊を企画する。発刊の辞にこう記している。「世界は弁証法的運動である。／それは、世界が同じ状態で固定されえないこと、反復を許されないことを意味している。／当初は「働く仲間の会」として漠然と、気分的に結集したわれわれもまたこの法則から免れえない。／そうして今、われわれのきずな、結集軸により高度の内容が付与されることが問われはじめた。（…）暗中模索ながらも、われわれ固有の課題から、固有のやり方で、飛ぶことが迫られている」[*10]。こうして「飛ぶこと」を宣言した後、一九七一年末に「谷山・ガン」の筆名で書かれた「自己批判と闘いの開始の意味をこめて」において、山谷での暴動の経験を踏まえながら、「異質の闘争組織――初めから叛乱を追求し、叛乱を権力にまで高める組織――を日常的に準備すること」を主張する。そこではつながりの形成のために「トビ職的結合」もまた方針化されていた[*11]。一

＊8　同前、二〇九‐二一〇頁、傍点原文。
＊9　同前、二一〇頁。
＊10　船本洲治『黙って野たれ死ぬな――船本洲治遺稿集』れんが書房新社、一九八五年、一八四頁。
＊11　同前、一八五‐一八八頁（『新版　黙って野たれ死ぬな』共和国、二〇一八年、六八‐七三頁）。以下、前者を「旧版」、後者を『新版』と略記。

九七二年五月、鈴木組闘争の前夜に、船本は「流動的下層労働者」に具体的な定義を与える。

（…）世界帝国主義の危機の進行局面にみあって、日本資本主義は一貫して、国内の機構の隅々まで帝国主義的に再編することに血道をあげてきたが、その一つの現われである農村政策による出稼ぎ農民の大都市への流民化、ならびに基幹工業における副次部門の系列化あるいは下請け化による組織労働者の未組織化、流動化である。事実、大阪製鋼、日立造船等の大工場の周辺には必ず下請会社の看板をさげた飯場が存在し、そこに農民やら、また釜ヶ崎等の寄せ場から下層労働者がかき集められ、社外工として工場を入ったり出たりしている。これら臨時工、日雇工、社外工と呼ばれる流動的下層労働者こそ実体的基幹産業労働者であって、企業に利潤をもたらすための労務管理の餌食なのである。[*12]

さらに船本は「下層人民に依拠し、徹底した武装闘争を展開せよ！」（一九七二年五月一三日付『裸賊の旗』）において、「流動性」に具体的な意味を与えた。

流動的下層労働者とは、その名の通り、山谷・釜ヶ崎等を基地として流れ、自己の労働力商品を売る労働者のことである。この流動するということは一つの有利な条件である。何故なら定着しないことによって、警察権力によって実態をつかまれにくいからである。

第二に、この労働者は、家族、財産、職場等、守るべき何ものも持たされていないがため、いつでも、どこでも自由に闘争できる条件を有する。
第三に、日本資本主義が労務管理の形式として、山谷・釜ヶ崎の形態を全国的に形成している
ため、この労働者は、全国の飯場、寄せ場を渡り歩き、全国的な規模の闘争を展開できるという
ことである。[*13]

「全国の飯場、寄せ場を渡り歩く」ような流動性のイメージは、船本がいうところの「トビ職的結合」という理解を継承している。ただし、「鳶」という職能を手がかりとした「流動性」という把握に対しては、港湾労働・組合を中心としていた釜ヶ崎の労働者は反対したという。[*14]実際、一九七二年五月の段階で定義された大手建設資本の下請け労働者としての「臨時工、日雇工、社外工と呼ばれる流動的下層労働者」と、一九七一年に『流民の旗』で提起されていた「トビ職的結合」のあいだには距離がある。船本は自身と寄せ場の労働者の身体の固有性から「流動的下層労働者」を定義するための手がかりを得ていたが、「流動性」にかぎっていえば、より資本の流通過程に即して理解を進めて

＊12 「山谷・釜ヶ崎を軸とする都市人民戦争を闘いぬこう！」『新版』一二四頁（「旧版」六七‐六八頁）。
＊13 「旧版」四九‐五〇頁。
＊14 水野阿修羅氏へのインタビュー（二〇一四年三月二七日）。船本の畏友でもあった中山幸雄氏は、むしろ船本は工場労働に従事したことが多かったのではないかとも証言している。中山氏へのインタビュー（二〇一四年五月一八日）。

いく。すなわち「トビ職的結合」が喚起する自律的な流動性は宙づりにされたままとなる。とはいえ「流動的下層労働者」の「流動性」をめぐるこのズレは現実の運動のなかで結合されていた。寄せ場という現場と暴動が、そうした労働者論を乗り越えていたのである。船本は「叛乱が叛乱をオルグする」「現場闘争と暴動」を主要な闘争として提起し、そのなかで「流動性」の物質的根拠と、闘争主体への転換の契機を位置づけようとしている。

五月一三日付「プロレタリアートの武器の政治を構築せよ」では、「流動的下層労働者」が商品の流通過程に根拠を持ち、その根拠があるからこそ暴動や抵抗、現場闘争が必然的であることが説かれる。

> 商品は本質的に流動的である。労働力が商品である証明は、生活状況から必然的に固定的な「市民」的労働者層ではなく、資本の要請に従って売られ売られ歩く流動的下層労働者、すなわち非「市民」的労働者が体現している。[*15]

さらに船本によれば「流動的下層労働」は遍在している。先に引用した、「流動的下層労働者」の定義に続けていう。

> 山谷・釜ヶ崎は姿を変え、形を変え全国に無数に存在している。[*16]

「全国に無数に存在している」山谷・釜ヶ崎というイメージのなかに「トビ職的結合」は解消され、

「流動性」は現代資本主義に現実的な根拠をもつものとして語られることになったといっていいだろう。船本は四〇年以上も前にこの言葉を書いた。だが、この四半世紀間に非正規労働が増大し、世界中でウォルマート化（＝小規模ビジネス戦略による産業構造の変質と国境を超えた商品生産の下請け化）が進行している現在、労働力商品の流通過程を前提にした資本の生産過程の本質的な姿をそこに見出した船本の「流動的下層労働者」論は、「船本が見通していたなどとはいえないかつての「未来」であった今において（…）生々しさを増している」[*17]。「流動的下層労働者」の量的増大が質的変化を生むことで、「山谷・釜ヶ崎は姿を変え、形を変え全国に無数に存在している」という言葉が、私たちの身体のレベルで知覚できるようになっているのである。

さらに「流通の分析は階級闘争の理論を革命的主体の理論へと発展させる」というネグリの言葉をここに置いてみよう[*18]。ネグリの言葉もまた船本の直観に呼応している。実際、世界を自己の市場とし

＊15　「山谷・釜ヶ崎を軸とする都市人民闘争を闘いぬこう！」、前掲『新版』一二三頁（『旧版』六六頁）。

＊16　同前、一二四頁（『旧版』六七－六八頁）。なおこの二つの文章が書かれた一九七二年五月一三日から二週間後の一九七二年五月二八日、釜ヶ崎で対鈴木組闘争が勃発し、六月三日に暴力手配師追放釜ヶ崎共闘会議（釜共闘）が結成され、山谷でも八月に悪質業者追放現場闘争委員会（現闘委）が結成された。

＊17　西澤晃彦「流動と貧困——「流動する下層労働者」再考」『寄せ場』第二六号（寄せ場学会編、二〇一三年）、一五頁。

＊18　アントニオ・ネグリ『マルクスを超えるマルクス『経済学批判要綱』研究』清水和巳・小倉利丸・大町慎浩・香内力訳、作品社、二〇〇三年、二〇八頁（原著初版は一九七九年出版）。

て獲得しようとする資本は、逆説的に流通の空間を拡大しなければならない矛盾を抱えているから、ある場所から他の場所への移動という流通に要する時間を最大限縮減しようとする。賃金の支払いもまた、生産過程に随伴する資本と労働力のあいだの流通行為である。[*19] それゆえ資本はこの流通が必然的にともなうコスト＝障害を除去しようとする。それが非正規労働や重層的な下請け化によるピンハネや労働法違反として現れる。だがこの流通性が流動性として現れるとき、それは労働者の相対的な自立性を保障する。そこにネグリのいう、資本の価値増殖に対抗する労働者の「自己価値創造」の条件がある。

資本の価値増殖過程が同時に労働者主体の叛乱の過程でもあるような、直接的な二重性。これこそが、船本の「流動的下層労働者」という概念が有している重大な意義である。それは主体の生活過程が常に危機的状況であることを示す言葉でもある。そして谷川雁の〈流民〉論についての読みが開かれていくべきひとつの方向性でもある。

3　語るべきこと＝語らないこと

一九七五年六月二五日に自死した船本洲治が残した「世界反革命勢力の後方を世界革命戦争の前線へ転化せよ」のなかで、船本は東アジア反日武装戦線への称揚と、山谷・釜ヶ崎の労働者たちへのエールを綴ったあと、最後の部分で武装闘争の「成功の秘訣」を箇条書きにしている。それは次のような言葉である。「武装闘争を成功させる秘訣は、黙ってやること」「わからぬようにやること、声明も何も出さぬこと」「民衆に理解できるようにやること、公然活動領域と接触せず事実行為で連帯すること」[20]。これは潜行を強いられた自身の闘争と、東アジア反日武装戦線に対する総括になっている。

犯行声明を残さず、黙って実行し、なおかつ民衆に理解され、合法的で公然的な活動と接触しないで「事実行為で連帯する」闘争。そのような矛盾した闘争は可能なのだろうか。本稿の最初で問いかけた、『腹腹時計 VOL.1』において「流民」が「流動的労働者」に「訂正」された理由を参照しながら、このことを考えてみたい。

「流動的労働者」への「訂正」は、東アジア反日武装戦線〝狼〟が船本らの出版物やアピールに通じていたことを当然ながら意味するだろう。その「訂正」は、『腹腹時計 VOL.1』の序文が語るように、もちろん寄せ場の闘争への連帯という意味があっただろう。数千人の労働者が釜ヶ崎を制圧した七二年五月二八日の暴動をはじめとして、七二-七四年の山谷・釜ヶ崎の闘争は、一九七二年の五月一五日に沖縄の施政権復帰がもたらした新たな帝国主義の時代に対する、直近の物理的な異議申し立てだったからである。沖縄闘争が終結したまさにその時に、「日帝本国内に於いて唯一根底的に闘っているのは、~~流民~~流動的労働者＝日雇労働者である」という文言に偽りはなかった。それゆえまた、寄せ場の闘争に対する慎重な言葉の選択は、東アジア反日武装戦線への未来の〝さそり〟グループの志願をうながし、対等な信頼関係をつくりあげるための重要な配慮だったであろう。そしてそのメッ

＊19　同前、二五三-二五四頁。
＊20　前掲『新版』二九〇頁（「旧版」二〇五頁）。

セージは過たず確かに届いた。それを受け取ったのは〝大地の牙〟や〝さそり〟グループだけではなかった。他方、東アジア反日武装戦線の失敗と敗北を前にした時、船本は「事実行為で連帯すること」を通して、その失敗と敗北のあとの闘争のバトンを言葉に託した。事実行為を伴うことでしか言葉にならない言葉のリレーがここにはある。船本のいう「武装闘争の成功の秘訣」は、一九七五年五－六月で止まってしまった／敗北してしまった闘争の可能性を拓くための言葉である。

たとえばある固有の闘争について、その固有の言語に習熟していなくても、連帯を求める暗黙のメッセージを言葉に込めることは可能だ。その身振りは、「事実行為で連帯すること」の作法を伝えることでもある。それは裏を返せば「黙ってやること」でもある。そのこと自体が「民衆に理解できるよう」なやり方がある。世界の過半を占める「流動的下層労働者」は不断に叛乱し、富裕者を恐怖させている。その叛乱は孤立しているが、叛乱の意味は常に「流動的下層労働者」である彼ら・彼女らには理解されている。「黙って」「わからぬように」「民衆に理解できるように」「事実行為で連帯する」闘争は彼ら・彼女らをそのつど結びつけている。足りないものがあるとすれば輝きである。私たちはその闘いをもっと資本との闘いに、生産行為の過程に向ければいい。輝かしい栄光をもって、「流動的下層労働者」はこうして顕現する。[*21]

＊21　本稿の論点の多くは下層運動史研究会での議論に負っている。記して感謝したい。

山谷暴動の研究
——資本主義的複合体と空間支配

1　はじめに

表Ⅰ（本書二八－二九頁）は『黙って野垂れ死ぬな——船本洲治遺稿集』（旧版）カバー裏に付された年表、釜ヶ崎支援機構による「釜ヶ崎総合年表」、さらに寺島珠雄編著『釜ヶ崎語彙集1972－1973』をもとに作成した、一九七五年までの山谷・釜ヶ崎・寿の寄せ場暴動史である。一九六六年は山谷第七次暴動があり、釜ヶ崎では第四次から第七次までの暴動があった。つづく一九六七年には山谷第八次暴動、釜ヶ崎第八次暴動、そして横浜・寿で暴動があった。寄せ場暴動が横につながっていることには意味がみいだされなければならないが、それについてはおって検討していく。

竹中労『山谷――都市反乱の原点』は、特に一九六八年に山谷の運動にかかわりながら、山谷暴動を内側から記述した先駆的な仕事である。竹中は一九四六年には上野の引揚者仮泊所でセツルメントとして働き、日本共産党員として労働組合運動にも従事した。その後、芸能ルポライターとして活動しながら、一九六〇年代には下層プロレタリアートを主体とした窮民革命の構想をいだくようになった。山谷には、東映の中島貞夫が撮ることになった山谷の映像化のための取材を目的としてかかわり、山谷で労働運動を組織していた梶大介（本名・北岡守敏）に接触した（梶下、二八四頁）。しかし竹中を括目させたのは、梶らの運動ではなく、広島大学出身者からなるグループが突如として山谷に登場し、梶大介の運動に加わりながら、一年たらずでその指導を乗り越え、山谷の運動に新たな道筋をつけたことであった。竹中は同書序文で書いている。

汗と臭気にみちた、長く暑い夏が、今年もまた、山谷にめぐってきた。実際、信じられないほど早く、この街では時が流れる。広島から四人の若者たちが山谷に来住し、自立・解放の旗標をかかげたのは、昨一九六八年の七月であった。かれらは、自己の中に山谷を模索し、山谷労働者となり、山谷解放運動を階級闘争の根底に位置づけるべく、休む間もなくたたかってきた。
　このレポートは、かれらの一年間の活動を総括し、ルンペン・プロレタリアートと蔑視されて階級底部に切り棄てられた、未組織・下層労働者の決起を展望する。私は、報告者として、かれらの志を一冊の本にまとめたにすぎない。（竹中、i頁）

鈴木国男と船本洲治ら広島大学出身者グループ（以下、広大グループと略記）は、学徒援護会が運営する広島学生会館を拠点に活動していたが、一九六八年七月に三里塚闘争支援の帰途に山谷に立ち寄り、第一二次暴動（七月九日）を経験。そのあと広島にもどり、「中村昇・荒木広志」をともなって八月に上京し、山谷に定着した（竹中、一九七頁）。

当時、山谷の労働運動のリーダーであった梶大介は、復員後すぐに山谷のドヤで暮らしたあと、犯罪者・バタヤ（廃品回収業者）・山谷労働者という遍歴をたどり、獄中で親鸞をまなび、一九五〇年代には「バタヤ作家」として下層社会のルポで知られるようになった。そして一九五九年から六〇年代初頭の山谷暴動に参加し、山谷の解放運動・労働運動にめざめた。やがて文化大革命に影響を受け、一九六七年には日中友好協会を通して中国を訪問し、「親鸞思想を母体として毛沢東思想へ」を掲げるようになる（梶 上、二〇六－二一二頁）。梶は山谷で食堂「みんなの家」を経営し、それが広大グループの受け皿となった。鈴木・船本ら広大グループは、梶とともに一九六八年に「山谷自立合同労組」（山自労）を結成した。しかしやがて広大グループは梶の路線から分裂して自立した山谷の運動を展開しはじめる。一九六九年に、梶グループをのぞく、全港湾東京支部山谷分会など九団体で山谷労働者連絡協議会が結成され、さらに、山岡強一と東京日雇労働組合（東日労）の登場、山自労のうちの広大グループによる全都統一労働組合（全統労）結成などを通して、一九七二年には悪質業者追放現場闘争委員会（現闘委）が結成された。竹中も記すとおり、この過程において、一九六八年の暴動は画期であった。一九六八年の山谷第九次暴動（六月一五日）、第一〇次暴動（六月一七日）は、前年の中国訪問のあとに、「改良闘争から階級闘争へ」をかかげ、それまでのセツルメント活動から一転して毛沢東の革命戦略を踏襲しようとした梶大介が、「山谷解放委員会」の九人の若者による山谷のマンモス交番襲撃の扇動を計画したことを発端とした。梶大介はこの暴動後に弾圧を回避して潜行し、同時に運動に対する指導力を失うが、これに代わって、続く山谷の労働運動にかかわるようになった広大グループが、革命運動の可能性をそこに見出し、運動の最前線に立つことになったのである。寄せ場の暴動とこれらの個性的な活動家たちとの共振関係についてはおって記述することにしよう。

さて、本稿が目指すのは、第一に、一九六〇年代・七〇年代の寄せ場の暴動の分析を通して、分節化され階層化された日本の建設労働市場総体の最底辺に組み込まれてきた寄せ場という空間と、その寄せ場に集う労働者たちにとっての暴動との関係を記述することである。第二にそれによって、建設労働市場における寄せ場の意義が大きく変貌した現在において、厳しい収奪と直接間接的な暴力にさらされている不安定就労層にとっての抗争の条件を考えることである。

建設産業における熟練・非熟練労働力の調達と保全、いわば日雇い労働者の調達と保全は、かつてドヤ街と飯場と手配師に委ねられてきた。しかしそうした方式は現在において劇的に転換し、基幹労働力は寄せ場を介さずに確保され、「寄せ場にならない寄せ場」において、膨大な不安定就労層の動員・調達がおこなわれている。その結果、山谷や釜ヶ崎などの従来の寄せ場の日雇い労働者は建設現場から排除されることになり、失業による野宿者化という現状がもたらされている。従来の寄せ場が反映している状況は、あくまで建設産業の就業構造の一部となり、寄せ場そのものは労働市場の景況とは区別されて、失業・野宿者化が常態化しているのである(島)。しかしこのことは、寄せ場と暴動という観点が無効になったことを意味しない。例えば、不安定就労層や都市「雑業」層、あるいは未就労層に対する、警察による「制圧」という暴力の存在は、寄せ場の暴動が提起していた問題が現在も継続していることを示している。さらに、歴史的な規定性をもった「寄せ場」という存在を離れて、寄せ場の暴動には、支配的な産業構造・就労構造に対して、それと抗争する労働者の身体的表現という原理的な問題が内在している。すなわち、産業構造および就業構造が規定する周期性と食・住・職の空間編成とが労働者の身体性を規定し、暴動の条件を形成するのである。寄せ場の暴動史の検討とはその意味できわめて歴史的かつ原理的な問いを発している。

2　山谷暴動　一九六八年以前

一九六六年第七次暴動

まずとりあげるのは一九六六年八月二七日から三〇日にかけて起きた山谷第七次暴動である。第七次暴動をとりあげる理由は、六〇年代の山谷暴動の経過と構造を理解するためである。この年には釜ヶ崎で第四次-第七次暴動が発生し、寄せ場は東と西で暴動の機運にあふれた。そして梶大介もこの暴動に大きく触発された。梶によれば、「六六年山谷反乱は、四日間で一万近い警官隊をひきずりだし、数十台の装甲車を山谷に釘づけにしたが、当然、犠牲者も出た。五八名の仲間が逮捕されたのである」(梶 上、一九一頁)。このあと梶は大衆集会を組織し、救援活動と裁判闘争が展開された。また梶は釜ヶ崎との連帯をはかり、同年一〇月三〇日に五人の仲間、梶の妻・梶満里子とともに七人で四日間、釜ヶ崎に滞在する。暴動後の梶による組織化と釜ヶ崎訪問がもたらした意味についてはおって検討する。

では第七次暴動の経過を紹介する。一九六六年八月二八日付の朝日新聞が伝えるところでは、二七日午後七時半ぐらいに、山谷の都電通り（当時）で、浅草田中町の「あかぎ荘」の沖仲仕Yさん（三五歳——通称「テルちゃん」[*1]）が浅草象潟町の運転手が運転するライトバンにはねられた。マンモス交番の警察官はYさんをタクシーで病院に運んだが、これに対して「ケガ人をどうしてタクシーで運ぶんだ。国の予算を使って救急車で運べ」と、事故処理を見ていた約五〇人の人だかりのなかから叫び声があがったとたん、暴動がはじまった。八時には約六〇〇人、八時二〇分には約一五〇〇人、さらに二〇〇〇人がマンモス交番前を埋めつくした。この間、都電および都電通りと交差する環状五号線の交通はストップし、乗用車一台がひっくり返された。九時にはスイカの皮、小石、瓦が交番めがけて飛び、交番の赤色灯が割れた。これを発火点として、労働者たちはマンモス交番内になだれ込もうとしてもみあい、警察官に押し返され、パチンコ店「サンキュー」のガラスが投石で割られ、表戸がはずされた。さらに火のついた新聞紙が店のなかに投げ込まれ、店先の飾り花輪も火をつけられて店のなかに放り込まれた。労働者は機動隊によってバックネットの投石除けの網で押し返され、数人が引き抜かれて検挙されたが、泪橋交差点から白髭通りに後退しつつも投石を繰り返した。さらに、白髭通りから交番裏の「すいとん横丁」で、駐車してあった旅館の軽三輪車が放火された。日付が変わって二八日までの検挙者は二六人であった。

つづく二八日の暴動を伝える八月二九日付サンケイ新聞によれば、夕方頃からマンモス交番に労働

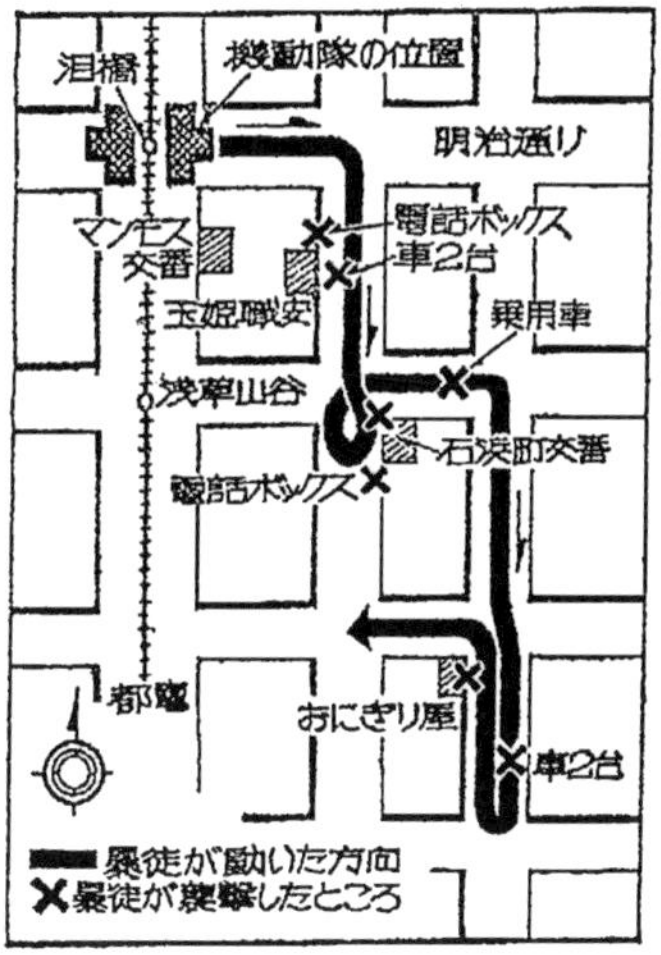

図1

者たちが集まりだし、午後五時には五〇〇人近くになった。五時半ぐらいにマンモス交番の警官が酔っぱらいを保護したことがきっかけとなり、労働者たちが押しかけ、交番前の自転車が壊され、これを契機に七時頃には暴動は一五〇〇人近くにふくれあがった。二日目には山谷のドヤ街の元締めである帰山仁之助の経営でよく知られている「あさひ食堂」に対する投石がはじまった。この日の検挙者は一六人であった。

この第七次暴動は三日目の二九日にピークに達した。暴動はマンモス交番ではなく石浜町交番を襲撃した。八月三〇日付読売新聞は「〃モッブ（暴徒）〃と化した労務者が同交番を襲撃、ちりぢりになるまでわずか十五分。この間、鉄カブト、作業服に身を固めた警官の集団は山谷の表通りに〃バリケード〃を連ねていた。暴徒たちだけに通じる無言の秩序がこうした万全であったはずの警備の虚をまんまと突いて裏通りの交番を襲った」と報道している。図1はこの記事とともに掲載された群衆の行動経路である。表通りを制圧されたため、群衆

＊1　「テルちゃん」はのちに山谷自立合同労組に加入し、一九六八年一一月五日都庁突入の先頭に立ったが、六九年六月下旬に路上で行き倒れて死亡した（竹中、一七八頁）。

は裏通りへの道を進み、玉姫職安前の電話ボックスと車二台、石浜町交番、乗用車、おにぎり屋、車二台を破壊しながら展開していった。この遊撃戦に対して、読売新聞の記事は「紅衛兵」、「警備の手うすをねらって攻撃目標をかえる（…）ベトコン」と評している。

三日間の経過から、暴動がその対象を明確化しながら、より組織的に展開されるようになったことがわかる。ターゲットは交番であり、ドヤ主が経営する店舗やドヤが所持する自動車、都市秩序の目印ともなる電話ボックスである。ところで山谷のマンモス交番（現在地とは異なる）は、一九六〇年一月一日の第二次暴動のあとに設置された。梶はこの経緯を次のように記している。

山谷電停前交番のすぐ前にあった「中央信用金庫」がただちに閉鎖して、日本堤に引越して行ったのは、彼らの恐れのほどを如実にものがたっているが、彼らが最初に考えつくのは弾圧強化だ。

かくて、登場してきたのが「マンモス交番」である。山谷と泪橋電停のほぼ中央、つまり山谷ドヤ街の中心部に、定員五五人、延べ一〇〇平方メートルといわれる鉄筋三階建の山谷警部補派出所が労働者を威圧すべくその巨像を現わしたのは七月一日だった。（梶 上、四九頁）

この敷地は敗戦直後には「テントホテル」があり、そこには帰山が経営する台東宿泊所があった。「ドヤ代一〇円値上げがマンモス交番建設につながった」と山谷労働者が認識していたことを梶は記している。台東宿泊所の土地の一部を提供した帰山は地代を都から受け取り、さらに山谷地区の商店主・住民の組織である「山谷地区浄化促進会」は、マンモス交番開設を祝して、「椅子三〇、ついて二、事務椅子三、バケツその他」を寄進した（梶、同前、五一頁）。マンモス交番建設直後の第三次暴動（一九六〇年七月二六日、八月一日、三日–八日）の発端は、帰山が経営するマンモス交番隣の宿泊所における番頭と客の労働者とのトラブルに警官が介入し、労働者を逮捕したことであった。すなわちドヤ経営者による収奪、マンモス交番による治安管理・弾圧体制、そして近隣住民のモラル・パニックは、山谷の労働者を日常的に圧迫する資本と「権力」として認識されていたことがわかる。一九五八年に、帰山が中心となり、山谷の簡易宿泊所経営組合の出資によって、後のマンモス交番の正面に一二五人分の椅子席を備えて建設された「あさひ食堂」が襲撃の対象となったのも同様である。暴動は襲撃の対象を意識的に選択しながらおこなわれるが、その選択は労働者たちの記憶に経年的に蓄積された結果であるといえよう。

暴動の偶然性と周期性

次に暴動発生の日付が示す周期性について留意しておこう。寄せ場の暴動の多くは六月から八月にかけて発生する。それを理解することは、夏季以外の暴動、すなわち山谷第一次暴動（一九五九年一〇月二二日）、第二次暴動（一九六〇年一月一日）、第四次暴動（一九六二年一一月二三日）の日付の意味を理解することでもある。この点について秀逸な分析を提供しているのは竹中労である。

ドヤにかえろう――、冬場、そこは死灰のように湿っている。労働者の中で強健なものたちは、飯場に移行する。なぜなら、十一月から三月にかけて、季節労働の出稼ぎ農民が大量に東京・その周辺に流入し、山谷の労働市場に仕事がなくなるからである。アブレが急激に増加し、凍死者が出る冬場の山谷は、悲惨の一語につきる。——ヤマで冬を越せば一丁前といわれるのは、そのためだ。生きることに追われ、怒りは内攻し、反乱はドヤに凍結する。四、五、六月、火薬はまだ湿っている。労働者たちは、ようやく活気づいて、地虫のような〝冬眠〟から、陽光の下に立ちあがる。が、反乱に充分なエネルギーを蓄積するには、いましばらくの時を要する。その時点でも暴動はおこり得る（六四年の第五次暴動は六月十六日）が、持続性を持たない。そして、梅雨がやってくる。冬場のようには長くはないけれども、一時的なアブレ現象がおき、生理的な不快感が重く沈澱し、山谷は次第に不穏な気分を醸成する。

——暴動の準備がととのうのは、七月下旬である。梅雨あけの解放感は、山谷労働者に〝お祭り〟が近づいたことを告げ知らせる。飯場から血気さかんな労働者たちが、ヤマに帰ってくる。仕事がある、酒もタラフク飲むことができよう、夏の夜の山谷街頭は、ムシ暑いドヤから解放された夕涼みの群衆でみちあふれ、人間の体臭にむせかえる。（…）山谷労働者は暴動を〝お祭り〟と呼び、あるいは「ヤマのストライキ」と称する。私たちは、山谷の夏の暴動が、ドヤ制度の抑圧を根底としながら、状況としては解放感にもとづいて生起されることに、とりわけ注目しなくてはならない。つまり暴動は、山谷労働者が人間回復の行動に立ち上るに充分なエネルギーをたくわえた時点において、一挙に爆発するのである。（竹中、一八九－一九〇頁、傍点原文）

山谷における持続性をもった暴動は夏に発生する。冬は仕事にアブレ、失業・凍死する不安があり、梅雨は一時的なアブレ現象がある。そうした時期をしのいだあとの解放感が暴動を準備するというのである。しかも暴動は「〝お祭り〟」あるいは「ヤマのストライキ」と呼ばれている。これは、暴動が、不安定な就労構造に規定された日常的な収奪と差別に対する対抗的な意思表示であるということを意味している。いわば待遇改善要求、デズラ（日当）の賃上げ、ドヤ代値上げに対する抗議、警察の暴行や差別に対する反抗など、複数の要求と憤懣が重なって表出するということである。したがってまた暴動は寄せ場の就労形態・存在形態からいって必須の行動であるということもいえるだろう。それゆえ季節の周期性を有している。また暴動が夜始まるのは、昼は労働者たちが仕事に出ているからである。同時に次のことも指摘したい。暴動とは非人間的な状態から人間性を回復するための選択であり飛躍である。しかもそれは無条件に可能になるのではない。暴動が偶然的な周期性に依拠していることによって、根源性を備えるのである。

暴動と個の集団化・集合化

これにかかわって、山谷暴動をとおしてある自己表現を見出すようになった一人の労働者の手記を紹介したい。彼の名前は「森弘＝もりひろし」。「森」は一九六六年第七次暴動に参加し、その後の弾圧者に対する救援活動と裁判闘争を通して梶大介とともに行動するようになった。

先述したように、第七次暴動のあと、梶たち七人は釜ヶ崎を訪ねた。梶によれば、「釜ヶ崎との連帯をなんとかかちとっておきたかった。山谷と釜ヶ崎の連帯が、未組織下層労働者の解放の大きな要となると考えられたから」であった（梶上、一九一頁）。梶たちは釜ヶ崎で「裸の会」[*2]との交流集会に参加し、西成労働福祉センター職員に労働事情を聞く集いを持ち、本田良寛今宮診療所長に実態を聞く会合などももった。さらに神戸の番町の被差別部落に赴き、交流会をもった。この一行に「森」も加わっていた。この経験を彼は「〈山谷の空が広くなる〉」という文章にまとめている。

> 山谷の空は釜ヶ崎の空とつづく。山谷の空の下でぼくはずいぶんくらし過ぎた、と思う。（…）山谷と釜ヶ崎と、番町の空とはつながっている。山谷の呼びかけが部落の空にひびくだろうか？　それにしてもぼくは知らなさすぎた。社会のうごめきを。ひと皮はいだ肉の痛みを。また、それがたやすくわかった。山谷にいるから。ぼく自身いためつけられているのだから。
> 山谷のなかの行動は、しんしんとくだった生活の深部からたちあがる。山谷暴動をかきたてる無意識の原因がある。盲目的な動物の力のようにおさえようもなく走り出す底辺の人間を、さえぎらなければ破壊される秩序のなにかしらがある。示威であり脅迫である山谷のうちからの行動力が、根源にさわらなければ、真実の行為は、この中で起こし得ないに違いない。（…）
> 仲間の中にまたひとりだけの山谷があると思う。そこにぼくがふくまれる。その中で身をおこす。おぼつかない姿勢をとる。山谷に教えられながら、山谷の空をみあげながら、この空につらなる釜ヶ崎の空、部落の空、そのほかまだ見たことのない日本の空がしなだれて彼方へひろがって行く。（同前、一九三－一九七頁、傍点は引用者）

梶は「まちがいなくもりひろしのなかでなにかが起こった」という（同前、一九七頁）。山谷第七次暴動の経験は、釜ヶ崎と番町の部落の訪問をとおして、「森」にとっての暴動の意味を深化させた。それは「真実の行為」としての実感をもたらしたのである。「森」は、この実感をふまえて、翌一九六七年の第八次暴動でも文章を残している。

城北労働福祉センターの臨時職員であった武内義徳[*3]が主宰していた、山谷労働者による交流誌『人間広場』一〇号（一九七一年一〇月）に、「森弘」の手記「風の記録」が掲載されている。ここでは夏の暴動は「年中行事」であるとも言いかえられ、エピグラフに次の言葉が掲げられている。「日やといの　労働者の街の　山谷の　夏の夜になって　積りつもった生活の欲求不満は　マンモス交番を取り囲んだ　起ったというより起るべくしておこった騒動に　機動隊はじめ制、私服警官の　差別さ

＊2　「裸の会」は「釜ヶ崎に住む人たちで文芸サークル「裸の会」が昭和37年につくられ、500名近い会員が創作や詩歌、俳句の研究活動を月刊雑誌『裸』に発表していた。その作品を通じて釜ヶ崎の人たちの生活を知ることができる。月刊雑誌『裸』は110号（1971年4月号）をもって廃刊となった」。http://crd.ndl.go.jp/reference/modules/d3ndlcrdentry/index.php?page=ref_view&id=1000109366（二〇一九年三月二一日）。なお一九七一年三月時点の代表は西成署「松原忍氏」。「山谷・釜ヶ崎事件史年表－その6　1970～1971」http://www.npokama.org/kamamat/bunsitu/syaku/nenpyou/sakunen7.htm（二〇一九年三月二一日）より。

＊3　武内義徳は全港湾山谷分会長をつとめた経験もあった。武田和夫「磯江さんと、山谷と私(5)」http://blogs.yahoo.co.jp/isotushin197969/7130063.html（二〇一九年三月二一日）。

れた人間は　年中行事のように　無法であるか　火をつけ　暑い真夏に」（森、一〇八頁）。

「森」は六七年の第八次暴動に際しては風邪をひいており、暴動については路上でみているか、寝込んでいるドヤで仄聞した印象を記している。「風の記録」は三日間のあいだに生じた、暴動の組織性や攻撃の対象の変化を反映しており興味深い。

（…）九時半ごろだが、都電どおりはざわめきはじめた。窓からのぞくと、群集（ママ）が道路にかたまっている。はじまったらしい。（…）しかし前夜よりもなお迫力がない。じき終るのではないかと思う。汗をかいて横たわっていた。ところがサンキュウパチンコ店のわきで、急にわっしょいわっしょいとはやしたてた。わめいている声もまとまって、揃った。これはおかしいと感じた。意図的ではないが。第三夜の騒動には誰かがはいってあおっているようだ。（同前、一一二頁）

「森」はたえず「暴徒」と自己との距離を確認しており、暴動そのものにも参加していない。しかし、この手記には距離を置こうとする自己と暴動への共感を示す自己とのあいだの両極が示されている。

たしかに私は外の大衆にまじってはいなかった。たとえそのなかにくわわったところで声をわめき、攻撃でき〔な〕いだろう。そういうことは苦手の性質だ。大衆は恐しくエネルギーに満ちて暴力的にさえなる。秩序を保とうとする側にも力が装備されている。騒動はそれらの激突だった。暴徒という。しかし考えようによると非常に人間的な現象のあらわれだ。生きた社会だ。私

は騒動に関心をもつ。（同前）

昼は仕事に出ながら夜は暴動を観察し、冷静に三日間の暴動を記録している「森」にとって、しかしまたこれは夏の終わりを印す出来事でもある。「ドヤの夜風が涼しい。なんだかお盆をすぎたらいっぺんに秋のしのびよるのが知れる。私のなんでもない不活撥な夏、欲求不満の夏も騒動でけりをつけることだ。新しい足どりを待とう」（同前、一一一頁）。暴動は「森」にさまざまな内省をもたらしたが、この手記のなかでも、まるで石川啄木の「ローマ字日記」のように、「森」はカタカナで自己紹介を書きつけている。それは懺悔のような語り口であるが、暴動をとおした内面の経験を自ら確認する記録になっている。

私ハ三十五才、日ヤトイデス。モウ山谷デ三年近ク日ヤトイ労働ヲシテイマス。コレカラモズウットコノ仕事ヲ続ケテイクデシヨ《ママ》ウ。今ノトコロ、ホカニイイ職業モ見当リマセン。（…）家庭ヲ持ツコトナド無理デショウ。女性ノ夢ヲタエズ見マス。サビシクナリマス。イライラシマス。男ガ年ヲトルノハ、沙漠ノヨウニカワキマス。ヒカラビテイクンダト思イマス。山谷ノナカニイルト痛クナリマス。人間ラシサヲナクシテイクヨウデス。

ソレヲハネ返シタイ気持カラ、タトエバ騒動ナンカオコルノダト思イマス。ナンデモ起ルノデス。

私ハ一昨年ハジメテ騒動ヲ見テ、オドロキマシタ。ソシテ感動シマシタ。人間ノ社会トハナンテコノヨウニ激シク、ナマナマシイモノカト知リマシタ。個人ハ小サイ考エヲ持ッテイテモ、ソレガ集マル時、嵐ガオコリマス。秩序ト向カイアイマス。権力ニブツカッテイキマス。一人デハナント人間ラシイ弱サガアルコトデショウ。シカシ生キタ力ハ、ホントウノ人間ノモツモノデシタ。私ハ山谷デソレヲ知ルコトガデキマシタ。日ヤトイノ苦労ノナカカラ人間ノ気持ノ尊トサヲ素直ニワカルコトガデキマシタ。不平不満ガ形ヲ取ルコトガアリマス。シカシソレノミデ終リニナラナイノガ人間デショウ。（同前、一一三－一一四頁）

引用文中で省略した部分には、日雇いの仕事においては、困ったときのために日常的に友人関係（「日ヤトイノ仲間」）を形成しておくことが重要であること、東京の近くに郷里があるが帰るわけにはいかないこと、気候と季節に左右される就労状態、そして「病気ヤケガヲシタトキノコトヲ考エルトゾットト」することなどが書かれている。いわば日雇い労働者としての弱さが曝け出されている。そうした状態に対して、暴動は「激シク」「ナマナマシイ」「生キタ力」を体現し、それが「森」を感動させたことがあらためて確認されている。

手記の後半は、「森」が山対協（山谷裁判対策協議会）に誘われて通っている、一九六六年の山谷第七次暴動の逮捕者に対する山谷裁判の傍聴の経験が記されている。山谷裁判の傍聴参加は一部のドヤ仲間の反感を招く。「よっぱらって逮捕された人間をなぜ応援するのか」という理由である。また、手配師に目をつけられる。「へえ、おまえこんなことをしているのか？」と問いただす手配師たちは、あたかも職制のように日雇い労働者の意識を支配している。そして「ええ」と答えて苦笑する「森」

のほうにも、引け目がある。だが裁判では、山谷の歴史と労働者の実態が弁護団と証人をとおして語られ、暴動の社会性が展開される。手記の最後は裁判の結審と、執行猶予がついて釈放された被告たちとの釈放祝いでしめくくられている。

「森弘」の記録からうかがえることをまとめておこう。なるほど「森」は梶たちと行動をともにしているし、釜ヶ崎・番町にも同行した。そして梶たちの組織化の働きかけが、「森」の内省と自己組織化を促したといえよう。しかし、二つの手記には直接、梶への言及はない。また、裁判闘争にかかわって運動路線への言及はあるが、それが彼の関心の中心を占めることはない。もちろんドヤや仕事での仲間たちに対しては多くの言葉が連ねられているが、「沙漠」のように乾いた心性が大きく変化することはない。「仲間の中にまたひとりだけの山谷がある」というように、ここには一貫した個人主義があり、それはときに深く孤絶していて、その存在の矩を踰《こ》えることがない。この実感はそれぞれの労働者がその日限りで雇用契約をむすぶ日雇い労働者の就労形態に対応している。しかしまた暴動はそうした孤絶を克服する集団的な連帯感が生まれる瞬間である。そして、そうした個の集団化・集合化は、季節的ではあるが偶然的な周期性をともなって形成されるのである。

3　一九六八年六月一七日

暴動の周期性とその偶然性を介した個の集団化・集合化に対して、梶たち「山谷解放委員会」は意識的に暴動を創出しようとした。それが六八年六月一五日第九次暴動・同一七日第一〇次暴動である。

「山谷解放委員会」は一九六八年六月六日に警視庁に対する要求行動を組織した。「警視総監　秦野章」に対して出された要求書は次の通りである。

《警視庁への最後通告》

山谷簡易宿泊所居住日雇労働者を暴力手配師の食いものにさせっぱなしで取り締まらない警視庁の怠慢に徹底抗議し、来たる六月一五日までに手配師一掃を断固要求する。（梶　下、二六八頁）

要求書にはさらに次のような抗議文と最後通告が付された。「いったい、このような無法者をいつまで放置して、おれたち日雇労働者の汗血をしゃぶらせておくのか。おれたちは、もう、がまんならないのだ。（…）暴力手配師が、労働基準法、職業安定法に違反していることは天下周知の事実である」。そして、この手配師一掃の期限を「六月一五日」として、「それを実行しない場合には、おれたちは、実力で山谷地域から暴力手配師を排除する」と通告した。

梶は一九六七年四月二八日から六月三日まで、日中友好協会の斡旋で文化大革命期の中国を訪問した。帰国後、山谷労働者解放のために「職」「食」「住」の「三つの敵支配をぶち破」るために、共同給食場建設を志し、「みんなの家」を創設した。また、休刊していた『週刊さんや』を再刊した。そして一一月から一二月にかけて、二八名の山谷労働者代表による美濃部都政との団体交渉に臨んだ。その際には「手配師一斉追放とその事後対策として財団法人山谷労働センターを労働者中心の労働調整機関への変革」、旧山谷福祉センターを自主運営の「山谷労働者自治会館」にきりかえることを要求した。

「改良闘争から階級闘争へ」とのちに自ら名付けている一九六七年から六八年にかけての梶の路線転回には、梶自身が指導部として存続するための強引な組織運営があった。いみじくも彼は書いている。

（…）おれは、あきらかに行政枠内改良闘争を拒否しながら行政闘争を組織することによって、山谷解放闘争史上に新地平を現出する〈山谷反乱〉を企図したのだ。

その反乱を組織できるかどうかで、おれが山谷へ生き残れるか否かが決する。年末年始炊きだしやもろもろの文化サークル活動、子どもたちの保育やキャンプ行事を、どれだけ盛大に、何年、何十年くりかえしたって、山谷は永遠にいまのままなのだ。

そして、この七年間に八たびくりひろげた決起反乱も、このままでは無法者のはねっかえり騒動として、山谷の怒りの真意は伝わらないままに葬り去られてしまう。（梶 上、二五九頁）

こうして第九次・一〇次・一一次が発生した。その経過については梶の『山谷戦後史を生きて』下巻に依拠して記述しよう。梶および「山谷解放委員会」は一九六八年六月一五日、日比谷公園での反安保集会に参加したあと、夕刻、〈山谷解放〉の「紅旗」をかかげ、十数人でマンモス交番に向けて、暴力手配師取り締まりを叫んで無届デモをおこなった（そのまえに警視庁と都庁に最後通告の回答を受け取りに行っているが、警視庁では機動隊に阻止され、都庁でも回答を得られなかった）。労働者たちはこれに呼応したが、雨のために思うように参加者が集まらず、孤立したデモ隊は警官隊に暴行を受けた

（第九次暴動）。このとき竹中労が警官隊にマイクを向けたことで、逮捕者を出さずに済んだ。いったん陣営を立て直した梶たちは、今度は六月一七日、九人の突撃隊は〈山谷解放〉と「真紅」で書いた白ヘルメットを被り、紅旗を先頭にしてマンモス交番に突進した。これを引き金にして都電通りに「五〇〇〇人以上」が集まる暴動となった。山谷第一〇次暴動である。竹中労はこの暴動の様子を次のように記している。

棒きれ、竹竿を持ち出して警察官をメッタ打ちにしたあげく、プラタナスの並木をひきぬいて〝朝日食堂〟にたたきこみ、NTVのカメラマンが蹴られ、八時半、群衆約五千となり、何人か逮捕された仲間をとり戻そうと自転車を積み上げて、マンモスの二階の窓によじのぼり〔、〕新聞紙に火をつけ、竹ボーキに火をつけて投げこみ……、九時五十分、甲虫出動千九百、いきなり群衆の中に突っこみ、押しまくりタタキ伏せ、蹴ちらした。昨年の場合よりもはるかに凶猛な規制に、労働者は分断され、路地に追いこまれ、暴動の余波は午前零時すぎまで尾をひき（…）。

（竹中、一九一―一九二頁）

このときに二四名が逮捕され、佐藤栄作首相は「山谷地区が暴動の拠点とならぬように対策を講ずべきだ」と一八日の閣議で発言した（同前）。この間、梶は「高田馬場の旅館」で指揮をとっていたが、さらに二〇日にもう一度突入することを決定する。そして同日早朝に、山谷労働センターに四人のメンバーがアジテーションをしながら突入、そのままマンモス交番をめざしたが、全員逮捕された（第一一次暴動)。第九次・一〇次・一一次暴動の結果、六月末までに一〇人が起訴され、一六人が釈放、木村春雄と谷鹿房義の二名が処分未決定となった。梶に対しては七月五日に逮捕状が出され、全国指名手配となった。

これらの弾圧に対して再び抗議行動として、一九六八年七月九日、「不当逮捕者即時釈放要求大会」が玉姫公園で開催された。集会とデモのあと、二〇〇〇人を超える労働者によって暴動が始まり、労働者たちは東浅草二丁目を吉原方向へ左折して警視庁第六方面本部を襲撃し、次に田中町交番を襲撃し、占拠した(第一二次暴動)。この七月九日の集会の計画に加わったのが、広島大学出身の鈴木国男と船本洲治、そして竹中労であった。しかし「山谷解放委員会」と梶は第一二次暴動から撤退し、「山谷解放委員会」メンバーの離脱もあり、山谷の運動内部での指導力を失うことになった。梶は全国指名手配に対して六七日間の潜伏生活に入った。

竹中労による梶批判

梶たち「山谷解放委員会」が「起爆剤」となることで暴動が起きることを証明した六八年の第九次・第一〇次暴動は、次の論点を提供している。暴動は偶然性にゆだねるだけでなく、任意の働きかけで惹起することが可能である。しかしそのような組織化によって成功した暴動という〈証明問題〉には、どれほどの意味があるのか、という論点である。第一に、いかに指導部が組織化を企てても、そしてそれが成功するとしても、実際に暴動を起こすのは労働者たちである。指導部の権能を証明するために暴動があるとすれば、それは本末転倒である。山谷の解放を目的にするのであれば、暴動を通して山谷－寄せ場の日常をどれだけ変えることができたかが重要なのであり、その成否は山谷－寄せ場の労働者の利害に帰されなければならない。第二に、暴動はあたかも自然的で偶然的な周期性の法則にしたがって生起するのであり、それをコントロールしようとする一部の指導部の欲望とは無関係に存在している。それゆえ第三に、暴動は常に潜在的に発生しているという把握が可能である。竹中労はこの点に気づき、梶を批判した。

第九次暴動を現認し取材した竹中労は、すでにその時点で次のような〝感想〟を記録している〔竹中は一九六八年六月一五日の「山谷解放委員会」のマンモス交番突入を暴動としてカウントしておらず、ここで「第九次暴動」とは、本稿でいう六月一七日の第一〇次暴動のことを指している〕。「私はふと、こんな思惟にとりつかれたのである。――起爆薬なしでも、暴動はおこったのではないか？梶の一党にかかわりなく、山谷の労働者はきっかけさえあれば、暴動をおこす態勢にあるのだから。たとえ、酔っぱらいが騒いでも、梶のかわりに右翼が煽動しても、暴動を触発することはできる。だから、単に騒乱状態をつくり出したという、それ自体に重要な意義はない。むしろ、警戒しなくてはならぬのは、大衆を煽動すれば容易に暴動をみちびくことができる、という梶大介一党の自己過信だろう。私にはそれが、山谷暴動を退廃させ、人間回復の根元的な欲求まで消耗させてしまうことを、予感させる」。（竹中、一九三頁、傍点原文）

竹中のこの批判を梶が読んだのは後のことだったが、当時もその後も梶にはその内容は理解できなかった。「いついかなる場合の反乱も、『無目的的不毛退廃の騒動』としてかたづけるべきではない」、「『右翼』の扇動でも暴動がおこるなどと、山谷をみくびるにもほどがある」（梶　下、三一三－三一四頁）と梶は記しているからである。ここには戦後、とりわけ一九六〇年代に反乱という言説をめぐって生じた転回がよこたわっている。〈一九六八革命〉が象徴的にもたらした、ロシア革命型の権力と革命についての古典的な理解に対する認識論的転回を、竹中ははやくも察知していたが、梶はそれについていくことができなかった。そして広大グループは、まさしく竹中が、自然性と偶然性、それゆえの根源性を直観した方向で暴動を理解し、山谷－寄せ場の課題にとりくんでいったのである。

〔引用・参照文献〕

梶大介『山谷戦後史を生きて』上・下、績文堂、一九七七年
釜ヶ崎支援機構「釜ヶ崎総合年表」（www.npokama.org）
島和博「労働市場としての釜ヶ崎の現状とその『変容』」大阪市立大学『人文研究』五三（三）、二〇〇一年
竹中労『山谷――都市反乱の原点』全国自治研修協会、一九六九年
寺島珠雄『釜ヶ崎語彙集1972－1973』新宿書房、二〇一三年
日本寄せ場学会　同学会編『寄せ場文献精読　三〇六選』れんが書房新社、二〇〇四年
船本洲治『黙って野垂れ死ぬな――船本洲治遺稿集』れんが書房新社、一九八五年
森弘「風の記録」『人間広場』一〇号、一九七一年

狂気の輸出、沈黙の連帯

——一九七五年六月、船本洲治の二通の「イショ」[*1]

今年［二〇一五年］六月二七日・二八日の両日、広島市八木のカフェ・テアトロ・アビエルトにおいて、「船本洲治決起四〇年・生誕七〇年祭——船本とカマキョー、ゲントーの時代」が開催され、全国から一〇〇人あまりの参加者があった。船本洲治は、一九七五年六月二五日、沖縄・嘉手納基地第二ゲート前で皇太子（明仁）訪沖反対を叫びながら焼身死した。船本は、一九七二年一二月に起きた釜ヶ崎の「愛隣センター爆破事件」にともなう爆発物取締法違反の容疑で、一九七四年三月に全国指名手配となり、沖縄に潜行していた。なおこの容疑は他の三名とともに冤罪であったことがすでに明らかになっている。

『黙って野たれ死ぬな——船本洲治遺稿集』（れんが書房新社、一九八五年。以下、引用にあたっては

『船本遺稿集』と略記し頁数を示す。なお二〇一八年に『新版　黙って野たれ死ぬな』が共和国から発刊されているが、本稿では旧版を使用する）が記す略歴によれば、船本は一九四五年一二月二三日に「「満洲」において「満洲国警察官」の五男として生まれる。父親が八路軍に銃殺刑に処せられた後、広島県呉市広町に引きあげ、母親一人に育てられる」とある（『船本遺稿集』三〇三）。一九六四年四月に広島大学理学部物理学科に入学するが、通学したのは一年生時の半年分にもみたず、大学は自然に除籍。一九六八年に広島学生会館に寄宿していた三名とともに山谷に行き、以後、山谷、釜ヶ崎での闘争に参加する。

船本の生い立ちと死、そして日付の符合は、日本の戦後七〇年を考えるうえで興味深いだろう。ただし、船本の生と死の全体についてはもちろん、今年の「船本祭」で語られ、提起された論点を本格的に論じるのに、私は適任ではない。私が論じてみたいのは、船本とその活動、そして時代が提起した論点のうちのわずかな部分である。船本が一九七五年六月二五日の「焼身決起」に際して残した、ほぼ同じ内容を書き分けた二通の「イショ」から、三つの論点をとりあげ、その可能性をひらいてみることである。[*2] それは「日本の戦後七〇年」というよりも、「船本洲治決起四〇年・生誕七〇年」の意味を考えることである。

＊1　以下、文中でしめすように、船本洲治は一九七五年六月二五日に「絶筆」を書いたとき、「これはイショではない」と前置きしたが、ここでは中山幸雄にならって「イショ」と総称することとする。中山「全体性の獲得のために――刊行の辞」『船本遺稿集』三頁。

1　「イショ」──二つのヴァリアント

『船本洲治遺稿集』には、一九六八年夏にはじめて山谷を訪れ、一九七二年・七三年をピークに山谷と釜ヶ崎で活動した船本が、闘争の渦中で書き遺した文章が収録されており、そのなかに二通の「イショ」も収められている。「世界反革命勢力の後方を世界革命戦争の前線へ転化せよ」と第一行に書かれた「イショ」は、普通便箋に書かれ、ほぼ同じ内容ながら、一九七五年六月二四日と同二五日と、日付の異なる二通のヴァリアントとなっている。仮にこの二通を〈六・二四〉と〈六・二五〉として区別することにする（『船本遺稿集』二〇二－二〇八頁）。

二つのヴァリアントの送り先は『遺稿集』の編者たちによって次のように記されている。「前者〔六・二四〕は〈序章社〉に送りつけられたもので、これには二ヵ所ボールペンで消した跡があり、決起前の苦渋が滲み出ている（…）。後者〔六・二五〕は、救援連絡センターを経由して釜ヶ崎に送り届けられた」（『船本遺稿集』二四三頁）。

さて、〈六・二四〉はボールペンによる二ヵ所の消去分一二七字を加えカウントして一九七七字。同〈六・二五〉は二一八三字。〈六・二五〉が二〇六字多いのは、最初に書かれた〈六・二四〉のテキストに対する加筆があり、構成の変化があるからである。それは本稿の主題に深くかかわる。

二つのテキストともに、船本によって段落頭に1から8まで番号が振られている。これらのテキストの差異を外観するならば、〈六・二四〉はその終わりに「1975・6・24　労務者　船本洲治」と記されたあと、武装闘争の組織論・運動論が付されている。署名と日付を書いて文章を締めくくった後、あらためて必要性を感じて加筆したものと推定される。他方、〈六・二五〉のほうでは、この加筆部分が本文中に「8」として組み込まれている。〈六・二四〉は結果的に下書きのような書き方となり、〈六・二五〉は清書のように読むことができる。また、〈六・二五〉は「1975・6・25」の日付のあと、「昭和20年12月23日生れ　船本洲治」と署名されて終わっている（傍線原文）。「労務者　船本洲治」から、アキヒトと誕生日を同じくする「昭和20年12月23日生れ　船本洲治」という署名への変更は重要である。ここからも、二つのテキストは下書きと清書という関係だけでは理解できないことがわかる。こうした異同を整理するため、次にこの二つのテキストの構成、内容、字数を対照可能な形式で明示しておこう（次頁表1）。

二つのテキストの異同から何がいえるだろうか。まず、二つのテキストに長短の差が出た理由である。それは、〈六・二四〉の「2」と「3」がまとめられて〈六・二五〉の「2」に統合されたからである。それは、そもそも〈六・二四〉の「2」には、消去されたまったく別の内容が書かれていたからである。しかしそれは、広島・長崎の原爆投下にみられるように、「無告の民衆」は「闘わない限り」いずれ殺されるというくだりまでは〈六・二四〉と〈六・二五〉に共通だが、〈六・二四〉では続けて、「これらの人々は、ある日突然殺されたのではなく、日々、少しずつ殺された結果として、ある日突然大量に虐殺されたのである。闘わずして殺されるぐらいなら、闘って死のうではない

＊2　なお蜷川泰司『新たなる死』（河出書房新社、二〇一三年）所収の「いくさゆ　あるいは夜の階級闘争」は船本の最後の夜を描く。

表1

		1	2	3
〈6・24〉	世界反革命勢力の後方を世界革命戦争の前線へ転化せよ！	皇太子暗殺を企てるも、彼我の情勢から客観的に不可能となった。したがって死をかけた闘争ではなく、死をもって抗議する。／皇太子来沖阻止！／朝鮮革命戦争に対する反革命出撃基地粉砕！	敵を倒さず、自らが倒れる闘い方であるが、それは、現在の彼我の情勢では現象的なものである。（…）闘わずして殺されるぐらいなら、闘って死のうではないか？（さらにボールペンで消された以下の文章を含む。「ピストルを入手することができなかったこと」、「入手したとしても、皇太子の眼前に登場することができぬ、単独者であること、等のために、少なくとも敵を悩ますことのできる闘い方であると信ずる」）	敵を殺すか、敵に殺されるか、階級闘争とは本来そういうものである。（…）
〈6・25〉	世界反革命勢力の後方を世界革命戦争の前線へ転化せよ／これはイショではない／私は生きるために死ぬのだから	皇太子暗殺を企てるも、彼我の情勢から客観的に不可能となった。したがって、死をかけた闘争ではなく、死をもって抗議する。／皇太子来沖阻止！／朝鮮革命戦争に対する反革命出撃基地粉砕！／米帝の北朝鮮に対する核攻撃を断固阻止せよ！	現象的には敵を倒さず、自らを殺す闘い方ではあるが、それは彼我の情勢から考えてみれば、単独者の為しうる唯一の闘い方となった。（…）敵を殺すか敵に殺されるか、本来階級闘争とはそういうものである。（…）ベトナム革命戦争で殺された無数の戦士たちは、幸運にも生き残っている戦士たちの中で生き続けているのである。敵を倒し、自らは立派に生き残ってみせるという「弱者」の政治＝軍事をわがものとしたベトナム人民は、われわれの立派な手本である。	ベトナム人民を先頭とするインドシナ人民の英雄的闘争は、米軍をインドシナからたたき出し、東アジアに革命と反革命の激突の時代が到来したことを告げ知らせてい

		る。（…）沖縄でこそ、米軍にその醜態を演じさせなければならないのだ。そのためには、今こそ、「頭は革命戦争、肉体はカンパニア市民運動」というエセ武闘派と沖縄人民はきっぱりと手を切らねばならない。（…）
4	ベトナム人民を先頭とするインドシナ人民の英雄的闘争は、米軍をインドシナからたたき出し、東アジアに革命と反革命の激突の時代が到来したことを告げ知らせている。（…）	私は現在、多くの悪意に囲まれている。私が「人の名前を出す」という形でエセ武闘派がホンネをかくして包囲している。（…）
5	私は今、多くの悪意に囲まれている。私が「人の名前を出す」という形でエセ武闘派が本ンネをかくして私を包囲している。（…）（ボールペンで抹消された部分「○○同志よ、信じて欲しい。だが、同志への手紙が届かなかったこと、」）	この白色政治の支配下で赤軍派が公然と赤軍派を名のること自体が、すでに自己矛盾であり、主観主義である。（以下、①、②によって「武闘派」を批判し、三名の無罪を主張）
6	この白色政治の支配下で、赤軍派が公然と赤軍派を名のること自体がすでに自己矛盾であり、楽観主義である。（以下、（イ）（ロ）と「武闘派」批判を展開し、デッチ上げられている三名の無罪を主張）	東アジア反日武装戦線の戦士諸君！　諸君の闘争こそが東アジアの明日を動かすことを広範な人民大衆に高らかに宣言した。（…）この闘争は次から次へと広がってゆくに違いない。
7	東アジア反日武装戦線の戦士諸君！　諸君の闘争こそが東アジアの明日を動かすことを広範な人民大衆に教えた。この闘争は未だ端緒であり、諸君たちは部分的に敗北しただけである。私は、諸君と共に、生き続けたいために死ぬのである。	山谷・釜ヶ崎の仲間たちよ！　黙って野たれ死ぬな！　未来は無産大衆のものであり、最後の勝利は闘う労働者のものである。確信をもって前進せよ！

山谷・釜ヶ崎の仲間たちよ。黙って野たれ死ぬな！／胸には熱いものがこみあげて、これ以上は書けぬ。

1975・6・24　労務者　船本洲治

武装闘争を成功させる秘訣は、黙ってやること／わからぬようにやること、声明も何も出さぬこと．／エセ武闘派に嫌疑がかかるようにやること．／事実行為だけで民衆によく理解できるようにやること．／独立した戦闘グループが相互に自立してやること／相互に接触せぬこと．事実行為で連帯すること．／公然活動領域と接触せず、事実行為で連帯すること．／武装闘争にデッチあげはつきものであり、デッチあげのない武装とは敗北した武装闘争である。／デッチあげがいかに波及しようともちゅうちょせずに闘争を続行すること。

武装闘争を成功させる秘訣は、黙ってやること。／わからぬようにやること、声明も何も出さぬこと。／エセ武闘派に嫌疑がかかるようにやること。／独立した戦闘グループが相互に接触を持たず、自立してやること。／民衆に理解できるようにやること、公然活動領域と接触せず事実行為で連帯すること。／武装闘争にデッチあげはつきものである。／デッチあげのない武装闘争とは敗北した武装闘争であること。デッチあげがどんなにくりかえされようとも、ちゅうちょせずに闘争を続行すること。／闘争の利益は人民に／不利益は活動家に／不利益は組織に

1975・6・25　昭和20年12月23日生れ　船本洲治

か?」という文章が置かれ、そのあと、ボールペンで消された以下の文章が続く。「ピストルを入手することができなかったこと」、「入手したとしても、皇太子の眼前に登場することができぬ、単独者であること、等のために、少なくとも敵を悩ますことのできる闘い方であると信ずる」。問題はなぜこの箇所を船本は消去したかである。この理由を考えるためには、テキストの最後の連に置かれた組織論・運動論が参照される必要があると考える。

船本は〈六・二四〉で次の言葉を三回繰り返して書いていた。「事実行為で連帯すること」。ピストルを入手し、皇太子（明仁）を狙撃することを予定していたが、結果的にそれは果たせなくなった。したがって「事実行為」が存在しない。そうである以上、その文章を残すことは自らに課した倫理に反するだろう。次に、「少なくとも敵を悩ますことのできる闘い方であると信ずる」という文章はなぜ消されたか。一度は書いたが、それを消したということは、そうした「闘い方」の位置づけを否定するようになったということだろうか。実際、この言葉は、「3」〈六・二五〉では「2」）の次の言葉と矛盾している。「ベトナム革命で殺された無数の戦士たちは、現在、生き残っている戦士たちの中で立派に生き続けている」。これは、〈六・二五〉のほうではよりはっきりとした言明へと言い換えられている。「ベトナム革命戦争で殺された無数の戦士たちは、幸運にも生き残っている戦士たちの中で生き続けているのである。敵を倒し、自らは立派に生き残ってみせるという「弱者」の政治＝軍事をわがものとしたベトナム人民は、われわれの立派な手本である」。つまり、焼身決起とは、敵を「悩ます」ことよりも、人民の記憶の中で生き続けることで、「弱者の政治＝軍事」を遂行するのだという、主体の側の観点にひきつけた闘争として位置づけられているのである。

船本による「弱者の政治＝軍事」とは、弱者が強者になるのではなく、弱者であることを徹底することで果たされる政治＝軍事である。[*3]このことは、広島学生会館時代からの闘争の戦友であった鈴木国男の「S闘争」＝精神「病」者としての闘争への連帯を通して、明確に表現され、さらに寄せ場の闘争へと結合された、船本の運動論の大原則である。それは「流動的下層労働者論」とならぶ船本の組織論・運動論の精華である。[*4]この大原則に立ったとき、「敵を悩ました」かどうかは、闘争の指標にはならない。敵に与えたダメージによって測られる、対他的な指標は不要である。求められているのは、徹底的に弱者の主観にもとづく対自的な立場である。〈六・二四〉のテキストにおける消去と、〈六・二五〉における「弱者の政治＝軍事」という言葉の加筆は、そうした原則を再確認する思考過程を示しているのではないかと推定する。

しかしまた、「敵を悩ます」という部分とは別に、〈六・二四〉の消去部分が有している本質的な言葉を無視できないことも指摘しておこう。そこには皇太子狙撃計画という意思が存在したことを証し立てている。それが実際にどこまで計画されていたのか、それとも観念の世界のテロリズムであったのかは、ここでは問題にならない。船本の焼身決起は、その行為によって、どのような観念にも物質的な脅威を与えることになるからである。その意味で、消去された文章が、なおも読める程度に残されていたことにも、含意があったということができよう。これが二つのテキストは下書きと清書という単純な関係に整理できないと考える理由でもある。しかも、皇太子狙撃の意思の痕跡が残されたテキストである〈六・二四〉は、新左翼系の出版社であり、船本が揶揄する「諸々の武闘派」が誌面をにぎわしている「序章社」に届けられたものである。その意味で船本の意見表明の公式性は疑いないのであり、ひとつの意思が存在したことを公的に表明する「事実行為」に属するといっていいのである。

しかしそれでも二つのテキストのヴァリアントは、船本のなかではすでに決定ずみだった焼身決起という行為をどう語るかにおいて、表現が揺れていたことを意味している。二つのテキストのあいだで揺れているのは、「単独者」という言葉の位置づけである。〈六・二四〉において、皇太子の眼前に登場しえないのは「単独者」だからであるとされ、〈六・二五〉では、「現象的には敵を倒さず、自らを殺す闘い方ではあるが、それは彼我の情勢から考えてみれば、単独者の為しうる唯一の闘い方となった」と書かれる。どちらも「単独者」という言葉を用いいながら、前者は彼我の物理的な力を転覆することのできない非力さを含意し、後者はいくつかある選択肢のうちの「唯一」の選択肢であることを含意している。焼身決起そのものが最後の手段なのではない。一九七五年の皇太子訪沖という情勢のもとでは、それが「唯一の闘い方」となったのである。そこにまで追い込まれた「単独者」という立場を、言葉と行為によって敗北から勝利へと転じなければならない。その道筋はどのようなものであったか。

＊3　船本「下層人民に依拠し、徹底した武装闘争を展開せよ」（一九七二年五月、『船本遺稿集』所収）、および鼠研究会「どぶねずみたちのコミュニズム」『Hapax』vol.4（夜光社、二〇一五年七月）も参照。

＊4　本書前々章「流動的－下層－労働者」を参照。

2　沈黙の直接行動

〈六・二四〉においては日付と署名のあとにあらためて加筆され、〈六・二五〉では「8」に組み込まれた組織論・運動論は、直接的には「赤軍派」あるいは「エセ武闘派」の武装闘争批判につながっている。前述のように、〈六・二四〉では三回繰り返された「事実行為で連帯すること」は、〈六・二五〉では一回にとどまる。とはいえこの言葉が組織論・運動論の核心であることは疑いない。それは船本の焼身決起という行為それ自体によって実践されているからである。しかし、この組織論・運動論は、単独者の行為としての焼身決起のみに還元できない文脈を持つ。船本が自分に言い聞かせるように書いている〈六・二四〉からあらためて引用しよう。

武装闘争を成功させる秘訣は、黙ってやること
わからぬようにやること、声明も何も出さぬこと.
エセ武闘派に嫌疑がかかるようにやること.
事実行為だけで民衆によく理解できるようにやること.
独立した戦闘グループが相互に自立してやること
相互に接触せぬこと. 事実行為で連帯すること.
公然活動領域と接触せず、事実行為で連帯すること.
武装闘争にデッチあげはつきものであり、デッチあげのない武装闘争とは敗北した武装〔闘争〕

である。

デッチあげがいかに波及しようとも　ちゅうちょせずに闘争を続行すること。

あらかじめ指摘しておけば、「沈黙の直接行動」を提起したのは船本が初めてではない。一九六六年に軍需産業・兵器工場であった日特金属と豊和工業に対する直接抗議行動を実践したベトナム反戦直接行動委員会は、その声明において次のように述べていた。

いま、日本国家＝日本資本主義は、軍事基地の提供と軍需物資の生産を二本の太いパイプにして、ベトナム戦争に結びついている。

（…）ベトナム反戦直接行動委員会は、人民の直接行動をもってこのパイプを切断する工作に従事する。政治家の饒舌は不要である。沈黙の直接行動は敵に最大の打撃を与え、味方に最大の決意を促す人民固有の武器なのだ。言論によるコミュニケーションが敵の手中に陥っている現在、われわれは行動によるコミュニケーションを創造しなくてはならない。[*5]

ベトナム反戦直接行動委員会がいうように、沈黙の直接行動と、直接行動による連帯という路線の

＊5　ベトナム反戦直接行動委員会『死の商人への挑戦――一九六六／ベトナム反戦直接行動委員会の闘い』、『アナキズム叢書』刊行会、二〇一四年、二七‐二八頁、傍点引用者。

根底には、資本主義社会における商品の物神化が、コミュニケーションのみならず社会全体を覆っているという認識がある。それは、一九五〇年代前半から都市文化批判をスペクタクル社会批判として展開したシチュアシオニストの作業に重なっている。しかしシチュアシオニストとは異なって、寄せ場の闘争は、旧植民地出身者や旧植民地に対する自己批判的な反省が存在し、そこではこれまでも、そして現在もなお実践の倫理性が問われているのである。[*6] そしてまた、船本も「イショ」において熱い連帯を表明している東アジア反日武装戦線の三部隊「狼」「大地の牙」「さそり」は、それぞれが統一組織をつくることなく、独立した作戦を展開した。そして、闘争の定義において、合法・半合法・非合法の連続性を強調していた船本にとって、ここでいう武装闘争のあり方は、自覚的な非合法の闘いのみならず、公然領域での抵抗の闘いでもその質を了解すべきものであった。それは前述の「弱者の政治=軍事」という言葉にもあらわされる。沈黙の直接行動。民衆にも理解される直接行動。そしてそうした直接行動による連帯。公然領域での闘争と、非公然武装闘争が、その差異をとびこえて、行為をとおしてコミュニケートする。〈六・二四〉と〈六・二五〉の二つのテキストは、「私を包囲する悪意」を批判し、赤軍派とエセ武闘派を批判し、一転して、東アジア反日武装戦線に熱い連帯をしめし、そして山谷・釜ヶ崎の仲間たちに未来の勝利を呼びかけ、最後に武装闘争の秘訣について記す。この構成自体が、合法と非合法のコミュニケーションと、権力と対峙する闘争一般のあり方を端的に表現しているのである。そして、単独者へと追い詰められた焼身決起という闘争形態も、この構成の一部となる。いいかえれば、船本の焼身決起とは、権力と密通関係を形成してしまう「エセ武闘派」と決定的な一線を画する、皇太子狙撃と同じ質をもった〈武装闘争〉なのだ。船本はこうして武装闘争そのものの質を大きく転回させているのである。

ここで、船本がそもそものはじめから、狂気という水準において革命や抵抗を理解していたことを参照しておく必要があるだろう。

3 狂気の輸出

鈴木国男の闘争、すなわちS闘争への呼びかけ文である「全ての精神「異常」者ならびに「犯罪」者は、S闘争支援共闘会議に結集せよ！」（一九七二年二月八日）にはこうある。「マルクス主義とは論理化された「狂気」であり、毛沢東、グエン・ザップ、ゲバラは「狂気」を勝利に導くための軍事である」（『船本遺稿集』三八―三九頁）。革命運動とは集団「発狂」であり、寄せ場の暴動は、閉じ込められた狂気の止揚である。そして、この狂気と暴動を誘発し組織することが、船本たち活動家の役割なのであった。しかも、狂気の水準で遂行される革命や抵抗、武装闘争とは、物理的な武器を取ることだけを意味しない。「狂人」が観念のうちに革命の王国を構築する振る舞いも革命運動であり、武装闘争である。なぜなら、「狂人」とは資本主義社会において最も疎外され抑圧された下層人民だからであり、その日常的な振る舞いは疎外・抑圧状況から社会秩序の転覆をめざす闘争だからである。し

＊6 栗原幸夫「同時的経験の時代――堀田善衛の想い出に」、木下誠監訳『アンテルナシオナル・シチュアシオニスト5 スペクタクルの政治』インパクト出版会、一九九八年。

かも現実の寄せ場では、労働者たちの精神「病」やアルコール中毒が、精神病院への強制的な収監をともなう保安処分に直接的につながっていた。寄せ場の現実が狂気の水準を引き寄せていたのである。

革命が狂気である以上、船本の焼身決起もまた狂気としての革命闘争の一部である。そして二通の「イショ」のタイトルが「世界反革命勢力の後方を世界革命戦争の前線へ転化せよ!」として統一されていたことを想起しよう。狂気としての革命、弱者の政治=軍事、直接行動による連帯といった課題のいっさいの遂行が、このタイトルにこめられているのが了解されるだろう。「狂人」、弱者、単独者としての船本自身、そして基地化=軍事化された沖縄は「世界反革命勢力の後方」に位置づけられる。それが、弱者の政治=軍事化と直接行動の連帯を介して、「世界革命戦争の前線」に転化する。船本の焼身決起はそのような転回の結節点としての位置づけのもとでおこなわれたと考えていい。だが何度も繰り返すように、結節点としての直接行動は、弱者が強者になることではない。単独者が複数化することでもない。弱者が弱者としての特性を徹底し、単独者が弧絶をきわめる行為をしめすことで、情動を介した連帯が形成されることを期待するのである。さらに寄せ場での暴動をイメージするならば、連帯とは、狂気の水準における行為が連帯の条件となる。いいかえれば、船本の焼身決起には、沖縄から韓国、北朝鮮へと向けた、狂気と弱者の革命の輸出が企図されていたといっていいだろう。

4　「イショ」のアドレスとその向こうへ

〈六・二四〉は当初、「山谷・釜ヶ崎の仲間たちよ。黙って野たれ死ぬな!/胸には熱いものがこみあげて、これ以上は書けぬ」と書いたところで感極まり、その勢いのまま、いったん「1975・6・24　労務者　船本洲治」と書いて終わろうとしたであろうことが推定される。「労務者　船本洲治」とは山谷と釜ヶ崎の仲間たちにアドレスされた別れの言葉である。しかし船本には翌日の自らの決起の意味を、残されたものたちのために、さらにひらいておく必要があった。継続する闘争があるからこそ、船本の決起は戦士たちのなかに生き続けるはずだからである。残されたものたちは船本の「死」にとどまってはならないのである。これに対して、決行の日に書き直された〈六・二五〉は、表現があらためられ、組織論・運動論を反映させたマニフェストとなった。ここでのアドレスは沖縄から、韓国、北朝鮮へと向けられる。したがって末尾の署名は「1975・6・25　昭和20年12月23日生れ　船本洲治」となり、日帝本国人としての歴史と立場を背負った単独者の決起であることが鮮明にされた。

　船本のアドレスはいまどこにどう届いているだろうか。「船本洲治決起四〇年・生誕七〇年」は、船本を戦士たちのあいだに生き続けさせるための時間となるはずであった。もちろん船本が私たちのなかに生きていることを私は疑わないが、問題はそのメッセージをどれだけ「深化拡大」できたかである。そこで船本の組織論・運動論を敷衍しながら、アドレスのゆくえをひらいておきたい。

　一九八九年に出版され、翌年、イラン・シーア派の指導者ホメイニが著者に「死刑宣告」したことで、世界的な事件となったサルマン・ラシュディの『悪魔の詩』の騒動のあと——そこには日本語への翻訳者である五十嵐一氏の殺害という悲劇も含まれる——フェティ・ベンスラマはイスラーム世界と西洋との対話の可能性を探る稀有なテキストである、『物騒なフィクション——起源の分有をめぐって』を書いた。[*7] イスラーム世界に対する批判と、同様に容赦のない西洋的啓蒙的な主体の批判を同時に遂行するこの本のなかで、ベンスラマはプラトンの『政治』を参照して、「人間共同体への配慮」「人間を共同で育てる技芸」を想起することを呼びかけている。同時に、イスラーム世界も西洋も、それぞれの起源の物語を、他者の起源におけるフィクションを破壊したり否定したりすることなく、たがいに分有することへの期待を表明している。それは断片的で細分化された私たちの身体や情動を、ひとつの物語にまとめることなく、その断片化や細分化にあわせていくことでもある。そのような技芸を持つこととは、「狂人」や弱者を、「正常人」や強者にすることなく、その起源の物語の水準において分有することと同じである。単独者もまたそのあり方を否定されない。起源とそのフィクションを啓蒙主義的に書き直すことなく分有する政治的共同性の創出である。そうした政治的共同性を、船本の組織論・運動論の隣に置いてみたい。このことは、ベンスラマをもって船本を補完したいとか、その逆を考えたいとかいうのではない。直接行動による連帯という方法論のもとで、ふたつの議論を、結びつけることなく、連帯が生まれる可能性を考えたいのである。方法論としての思想の直接行動主義として。そのようにして、多くの他者を、接続するのではなく、船本の隣に置いていきたいと思う。

補記——船本の〈事実性〉について

本稿は一九七五年六月二五日に、沖縄の嘉手納基地・第二ゲート前で「皇太子訪沖阻止」を訴えて焼身決起した船本洲治が、決起にあたって残したふたつの「イショ」のなかで、「事実行為」という言葉を繰り返したことに触発された考察であった。船本の決起が体現していた「事実行為」は、直接的には皇太子の狙撃という意志が存在した「事実」であり、何よりも焼身決起という「事実」である。だがそれは寄せ場の労働運動・革命運動のなかで、「事実」の〈事実性〉を証明しようとしてきた振る舞いから、必然的にもたらされた言葉であると考える。

ここで、牽強付会を承知で、次のような推定を加えてみたい。商品化は同時に人間的自然を人工的自然に、偶然的な自然を可算化された生命資源に変えてしまうことである。一九六四年に広島大学理学部に入学した、理学徒としての船本の学生生活は半年にも満たなかったかもしれない。しかしここで、偶然的な自然的自然を人工的自然が覆うことになる量子理論の支配に、〈失踪〉という〈事実行為〉によって、反対の態度表明をしたという、アガンベンの描く物理学者エットレ・マヨラナのストーリーを、理学徒・船本の隣に置いてみてはどうだろうか（ジョルジョ・アガンベン『実在とは何か――マヨラナの失踪』上村忠男訳、講談社メチエ、二〇一八年）。「イショ」のなかで、広島・長崎の原爆投下に触れ、「無告の民衆」は「闘わない限り」いずれ殺されると書いたとき、船本が抗っていたのは戦後革命運動というフレームだけではなく、偶然性を確率的意思が支配することになった量子理論の時代の〈知〉そのものではなかったか。船本の「事実行為」とは、そうした根源的な革命の課題を抱え込んではいなかっただろうか。

＊7　フェティ・ベンスラマ『物騒なフィクション――起源の分有をめぐって』西谷修訳、筑摩書房、一九九四年。

商品の反ラプソディックな実在論とラプソディックな革命論
——井上康・崎山政毅『マルクスと商品語』

実在論

マルクスは価値形態論において、商品の価値が展開する様態を、〝ひとたたきでいくつもの蝿を打つリンネル〟という「商品語」でいいあらわしている。[*1] 商品Aの出現は無数の商品の一挙的同時的な出現を意味するというのである。こうした「ひとたたきでいくつもの蝿を打つ」ような商品化を、『マルクスと商品語』の著者たちは「一挙的で多層的・多時間的な」遂行といいかえている。さらにこの過程は、生産物どうしの直接的・非媒介的交換可能性（およびそれと間接的・媒介的交換可能性との不可分の対関係）という交換関係としても説明される。

マルクス『資本論』初版本に即してその論証を再構成し、問題のありかを再措定することで、価値形態論の争点を再現した井上康・崎山政毅『マルクスと商品語』を論じるにあたって、本稿が焦点をあてたいのは、価値論が要請するこの特徴的なアプローチであり、それを言語化するために著者たちが巧みに案出した表現である。

ところで、商品および価値という実在性を把握するために、抽象的な概念規定を重ねることで遂行されたのが『資本論』の価値形態論であるが、その抽象化の次元そのものが商品あるいは価値という実在に内在的なのであった。経験的実在性と概念的抽象化との関係、あるいは経験と概念という関係からいえば、こうした把握はカントからヘーゲルへの移行を正統に継承したものである。マルクス・ガブリエルとスラヴォイ・ジジェクはこのことを次のように整理している。

> ヘーゲルの「具体的普遍」が無限であるのは、それが「抽象」を自らの内在的な構成要素として具体的な実在性そのもののうちに含んでいるからである。ヘーゲルによれば、還元不能な多様な性質を備えた、具体的な経験的実在性の豊かさから遠ざかることとして〔抽象を〕理解する常識《コモン・センス》経験論者の「抽象」概念を捨て去ることが、哲学が抽象に関して行う第一歩である。〔…〕そうした「抽象」のプロセスがいかに実在性そのものに内在的かということに我々が気付く時、真の哲学的思考が始まる。経験的実在性とその「抽象的な」概念規定との間の緊張関係は実在性に内在したものであって、物そのものの性質なのだ。この点に弁証法的思考の反唯名論的なアクセントがある（ちょうど、商品の価値という抽象が商品の「客観的」構成要素である、というマルクスの「経済学批判」の基本的洞察のように）。（Gabriel- Žižek, p.10〔邦訳、二八－二九頁、強調は引用者〕）

＊1　MEGA II / 5, S. 28――本稿では、『マルクスと商品語』の著者たちにしたがって、マルクスからの引用は現在刊行中の Marx Engels Gesamtausgabe から、著者たちの訳文にもとづいておこない、特にことわりがないかぎり、マルクスからの引用は同書の頁数と MEGA の頁数をあわせて表記することにする。なお MEGA II / 5, S. 28 は同全集第Ⅱ部第5巻、Seite28 を指す。また、同書からの引用は頁数のみ記す。

「具体的普遍」すなわち経験的実在は無限であり、分析的思惟とその概念ネットワークによってその全体性をとらえるのは不可能である。このことはヘーゲルにおいて露呈していた事態であった。したがって『マルクスと商品語』の達成点をドイツ観念論――とそのポスト・カント的な実在論における読み――に即して理解することは可能である。実在論の今日的転回のうちに、本書の成果を位置付けてみたい。これが本稿の意図のひとつである。

本稿が意図する第二のことは、『マルクスと商品語』の論証から飛躍することを承知で、商品の分析と並行して、マルクスがすすめていた現実社会の革命の条件をめぐるエピステーメーをひきあわせて考えてみたいということである。生産物どうしが、直接的・非媒介的にかかわりつつ、価値という抽象化を内在的＝実在的に実現していくこの事態は、価値化という関係以外のありようが存在しないということである。ここで参照してみたいのは、カントが『判断力批判』でしめした、美学的判断の成立における、自然の合目的性の概念と認識能力の概念とが媒介される中間領域における「認識能力の戯れ」＝ラプソディである（Kant, I VII）。直接的・非媒介的な交換可能性とは、そうしたラプソディックな余地がまったく存在しない反ラプソディックな関係である。他方、ラプソディックな把握ということからいえば、ケヴィン・アンダーソン『周縁のマルクス』においてなされたマルクスの読書ノートの検証が重要である。マルクスの一八七九－八二年のいわゆる「コヴァレフスキー・ノート」はインド史における生産の共同体的形態に注目しつつ、その関心をアルジェリア、ラテンアメリカに拡げていた。その共同体的形態の持続性への関心は、同時期のロシアに関する晩年の著作に結実していった。よく知られている一八八一年三月にロシアのヴェラ・ザスーリチからの手紙のために用意された回答において、マルクスは「アルカイックなものと近代的なものの新たな総合」（Anderson, p.230〔三三九頁〕）と、革命の条件としての「孤立性の克服」とを主張していた（*Ibid.*, p.233〔三四三頁〕）。すでにマルクスは一八六九－七〇年に、西洋の労働者階級は非西洋社会のナショナルな革命と結合すべきことを、アイルランド問題に即して言及していたが、それは北米合州国における奴隷制および人種差別に対する闘争と労働運動との関係への指摘と同様の理論的立場から発していた(『資本論』第一巻)。一八四〇年代のマルクスは西洋的一元的な発展史観の影響下にあったが、『資本論』の成立と軌を一にして、その立場を大きく変えていた。その方法論を、私は「弁証法的理論の発展」――ケヴィン・アンダーソンのように――とするのではなく、ラプソディックな実在論のエピステーメーとして理解してみたいと思うのである。すなわちここでは、商品語の世界の分析を踏まえつつ、同時に、それとはまったく対照的な実在論の展開が構想されていたのではないかと考えるのである。

なお『マルクスと商品語』後半では前半での価値形態論の検討を踏まえて、利子生み資本から架空資本、そしてイスラム金融まで目配りした原理的な検討が行われている。ただし本稿ではあくまで価値形態論における論証に限定して論じていることを断っておきたい。それは著者たちの見事な論証を限られた紙幅でできるだけ忠実に伝えたいと考えたからである。

ところでマルクス価値形態論が、私の部落史研究にかかわっていることも触れておきたい。日本の中世非人研究の論点のひとつとして、非人と河原者(清目、細工、穢多)との区別がある(細川、一〇五-一二八頁)。これは南アジアのダリト身分の皮革労働における類似の様態の理解にもかかわっている(関根)。このことは、中世の贈与経済と商品経済の世界(桜井、二〇一七)において、斃牛馬処理というキヨメ慣行(贈与経済の一種)から、出来高で数量化され、生産物が商品として交換される皮革生産が自立し、その斃牛馬処理のテリトリーを指す旦那場の所有権が設定されていく過程をどう理解するかという問いとして、再措定できる。先回りしてこの問いに対する現時点の見通しを述べておくならば、ケガレ-キヨメの習俗的慣行は贈与経済の一種として理解することが可能であるが、この贈与経済は身分関係・権力関係を原理的に規定し、さらに社会的な流通過程をともなっていた。しかも皮革生産物だけでなく、斃牛馬処理のテリトリーとしての旦那場所有も商品化されていた（桜井）。桜井英治はこうした中世日本における所有権の普及と退潮の要因を、「神々や文書の権威」あるいは中世文書主義に求めているが、それは価値化・商品化をも規定していたと考えていいのではないだろうか（同前、三六九頁）。マルクスの価値形態論になぞらえて、中世日本における「神々や文書の権威」を、労働生産物の属性としての抽象的人間労働以上の規定力をもって、労働生産物の等置や交換を可能にする「第三のもの」として把握してはどうかというのが、私の提起である。なお、社会運動研究の次元からいえば、「アルカイックなものと近代的なものの新たな総合」は、被差別部落の身分闘争と階級闘争との関係においても妥当する。この総合においては、マルクスの価値論が確立した価値批判、商品批判という視点が貫かれなければならない。

マルクス価値論

さて、価値形態論における〈価値〉の歴史的かつ実在的な特異性を導出するにあたって、まず問題になるのは、『資本論』冒頭の商品論出だしの部分に、三つのヴァリアントがあることである。すなわち、初版（ドイツ語、一八六七年）、初版付録、同第二版（ドイツ語、一八七二年）である。このヴァリアントが存在すること自体が商品論、価値形態論における多くの誤読の理由でもあった。その相違をときほぐすために費やされている『マルクスと商品語』著者たちの細心の読みは称賛に価する。

それらヴァリアントのうち、著者たちが論理的優位性を認めるのは初版本文である。そこから引用しよう。以下の引用中で留意しなければならないのは、「同じ価値が二つの違った物のうちに〔…〕存在するということである」という文言と、これを「したがって」という接続詞で受けて続けて言われる、「両方ともある一つの第三のものに等しい」という文言である。ここで「同じ価値」と「第三のもの」

が指している対象は異なる。

あらためて、二つの商品、たとえば、小麦と鉄とをとってみよう。それらの交換関係がどうであろうと、この関係は、つねに、ある与えられた量の小麦がどれだけかの量の鉄に等値される、という一つの等式で表わすことができる。たとえば、1クォーターの小麦＝aツェントナーの鉄、というように。この等式はなにを意味しているのであろうか？　同じ価値が二つの違った物のうちに、すなわち1クォーターの小麦のなかにもaツェントナーの鉄のなかにも、存在するということである。したがって、両方ともある一つの第三のものに等しいのであるが、この第三のものは、それ自体としては、その一方のものでもなければ他方のものでもないのである。（初版本文／五二二頁、強調引用者、MEGA II/5, S. 18-19）

等置されている二商品はそれらに表された抽象的人間労働という物的なものに還元されるが、抽象的な価値に「還元されるわけはない」（一〇八頁）。ここで著者たちは強調する——「価値には量的契機は含まれない」。また、「二つの違った物のうちに〔…〕存在する」ものと「第三のもの」とをあわせて抽象的人間労働だと考えるのも、もうひとつの誤読である。この誤読では、価値形態論の等式が「価値におけるものではなく、〔…〕労働生産物であるという属性における等式になってしまう」。これでは商品という媒介を経ずに交換されることになり、労働生産物は商品に転化する必要がなくなる。

結論からいえば「同じ価値」は「価値」を指す。それは商品価値などと言い換えられはしないし、「交換価値」に代替されるものではもちろんない。そして「第三のもの」は「価値の実体」としての「抽象的人間労働」である。価値形態論をめぐる多くの誤読や混乱をこうして一蹴しつつ、マルクスの等式が「価値」についての歴史的に決定的な達成であることが明快に述べられる。

〔リカードゥに対してマルクスは〕価値の大きさはつねに変化し、あくまで相対的なものであり諸交換価値としてあらわれる。だが、価値そのものは相対的な社会的関係なのではない。労働〔厳密に言えば、抽象化された人間労働一般〕が対象化されているかぎりで、そうした労働の凝固体であるかぎりで、諸労働生産物がもつ社会的属性が価値である――このように、マルクスは〈リカードゥ－ベイリー〉を批判したのである。換言すれば、量的契機を内的にもたない価値は、相対的な社会関係ではなく、社会的関係そのもの、つまり絶対的な社会的関係だ、と言い切ったのである。（一〇八頁、強調は引用者）

ここでは「価値」は、「善悪」などの次元で議論されてきた観念としての社会的関係を総括し、その観念的系譜を劇的に転換したものとして措定される。それは抽象的人間労働という社会的実体を根拠とした社会関係である。そして社会的関係そのもののなかにしか等置されるものを有さない、「絶対的な社会的関係」である。したがってそれを表すことができるのは等式による表現形式しかない。それはまた商品語という表現形式の内在的な「理路」によって可能となる。こうして、抽象的なものが社会的実体という具体的実在性をもって存在すること、それはほかの非実在的な次元には還元できないし、置換もできない。具体性を排除するという意味での「抽象概念」は――ヘーゲルにならって――ここで捨て去られるのである。価値論においては抽象的なものとは具体的なものからの抽象として理解されてはならないし、具体的なものの属性でもない。ここには抽象的一般的なものと具体的なものとの関係の「転倒」があり、商品の価値形態論の理解を困難にする事態がある。マルクスはいう。

価値関係およびそれに含まれている価値表現のなかでは、抽象的一般的なものが具体的なものの、感覚的現実的なものの、属性として認められるのではなくて、逆に、感覚的具体的なものが抽象的一般的なものの単なる現象形態または特定の実現形態として認められるのである。たとえば等価物たる上着のなかに含まれている裁縫労働は、リンネルの価値表現のなかで、人間労働でもあるという一般的な属性をもっているのではない。逆である。人間労働であるということが裁縫労働の本質として認められるのであり、裁縫労働であるということは、ただ、裁縫労働のこの本質の現象形態または特定の実現形態として認められるだけなのである。〔…〕／この転倒によってはただ感覚的具体的なものが抽象的一般的なものの現象形態として認められるだけであって、逆に抽象的一般的なものが具体的なものの属性として認められるのではないのであるが、この転倒こそは価値表現を特徴づけているのである。それは同時に価値表現の理解を困難にする。（一五九頁、強調原文、MEGA II/5, S. 634）

「人間労働であるということが裁縫労働の本質として認められるのであり、裁縫労働であるということは、ただ、裁縫労働のこの本質の現象形態または特定の実現形態として認められるだけなのである」ということ、すなわち「感覚的具体的なものが抽象的一般的なものの単なる現象形態または特定の実現形態」となるということである。それはさらに次のように条件づけられる。「抽象的一般的なものが具体的なものの属性として認められるのではない」。すなわち、〝属性〔attribute〕ではない〟ということは、抽象的に抽出された性質や特徴の次元を問題にしているのではないということである。また、価値形態論における抽象的人間労働が、具体的労働の疎外態であるといっているのではない。あるいは「弁証法的発展」の展開過程としての「抽象から具体へ」ということがいわれているのでもない。著者たちはマルクスのこの言明を受けて、こうした抽象的なものと具体的なものとの関係を、次のように補足する。「具体的なものを抽象化していくのが人間の分析的思惟の自然な理路」（一六〇頁）である以上、分析的思惟によっては把捉されず、受け入れも困難な事態となるのだ、と。商品語の場を記述することは、この困難を軽減しはしないとしても、それは事態に即した記述なのである。
以上は商品の交換関係を表す等式についての理論的条件であった。価値形態論はこの理論的条件を踏襲してすすめられていく。

価値形態論

初版本文の価値形態Ⅲの箇所でマルクスは、形態ⅠからⅢまでを次のように総括している。

われわれの現在の立場においては一般的な等価物はまだけっして骨化されてはいない。どのようにして実際にリンネルは一般的な等価物に転化させられたのであろうか？　それは、リンネルが自分の価値をまず第一に一つの個別的な商品において示し（形態Ⅰ）、次にはすべての他の商品において順次に相対的に示し（形態Ⅱ）、こうして逆関係的にすべての他の商品がリンネルにおいて自分たちの価値を相対的に示した（形態Ⅲ）、ということによってである。
（二〇〇頁、MEGA II / 5, S. 42）

これをふまえて形態Ⅳがある。初版本文の論理にしたがって、次のように『マルクスと商品語』の著者たちは結論づける。それは三つのヴァリアントがもたらしてきた論争にひとつの決着をもたらすことになる結論である。「形態Ⅱおよび形態Ⅲに一例としてとられたリンネルの位置に任意の商品が座り得ることを示すものが、形態Ⅳなのである」（二〇〇頁）。この立場からすれば、形態Ⅲから形態Ⅳへの移行には本質的な変化はない。初版本文の理論的優位性はそのように確定される。著者たちはいう。

何らかの一労働生産物は、それと異なる種類の労働生産物たる商品との交換関係（価値関係である等値関係）に入ることによって、現実的に商品となる。つまり、他の異種の商品を等価物として（等価形態として）自分に等値し、自らはこの関係の中で相対的価値形態を取ることによって、自らを現実的に商品として示すのである。したがって、価値形態論の果たすべき課題からすれば、あくまで相対的価値形態の方から見て、まずは論理的にあり得るすべての価値形態について、商品形態としての社会性の水準の低いものから高いものへと見ていくことが求められるのである。それゆえ、この理路から必然的に導かれる叙述の結実は、一般的価値形態――純論理的に措定した場合の最高の価値形態――における一般的等価物に、あらゆる商品が位置できることを示すことである。この理論的課題の解決が、「すべての商品の貨幣存在」を解くことであることは言うまでもない。（一三七―一三八頁）

商品ははじめから商品として表れているわけではない（それがありえるのは貨幣だけである）。商品はあくまで「それと異なる種類の労働生産物たる商品との交換関係（価値関係である等値関係）に入ることによって」商品となる。他の異種の商品を自らの等価形態とし、それによって自らは相対的価値形態を取ることで商品となる。この交換関係において、「社会性の低い水準から高いものへ」と見ていくことで、あらゆる商品が一般的価値形態として、一般的価値物として位置できることが示される。形態Ⅳの意味は、この一般的価値形態に特定の商品が座すことを示すことにある。これが理論的な道筋である。それゆえこの道筋を維持している初版本文の論理的優位性を評価しつつ、同時に、形態Ⅳをあたかも「新たな形態」として貨幣を論じる第二版以降の論理的損失を著者たちは次のように指摘する。

> 初版本文の価値形態論は、相対的価値形態から一貫して見たものとなっており、かつまた、「形態Ⅳ」として、一般的価値形態における一般的等価物の位置に、任意の商品が位置し得ること〔…〕さらに、価値形態論で貨幣形態について解いていないことも、初版本文の価値形態論が、他の二つのテキストに対して、論理的に優位性をもっていることをはっきりと示してい

る。(一三八頁)

初版本文では、形態Ⅰから形態Ⅱ、形態Ⅲと、質の異なる三つの形態が順に論じられている。すなわち、社会性の水準の低い方から高い方へと取り上げられている。その上で、形態Ⅱおよび Ⅲに関して補完的に、形態Ⅳなるものが取り上げられる。ただしこの形態Ⅳは、それまでの三つの形態と同列に扱うわけにはいかないものである。なぜならば、形態ⅡおよびⅢにおける議論のうちに、論理的には形態Ⅳの内容がすでに含まれているからである。形態Ⅰ、Ⅱ、Ⅲと質の異なる「新たな形態」として、形態Ⅳがあるわけではない。マルクスは、強調のために形態Ⅳとして、敢えて問題にしたのである。(一四〇頁)

『資本論』の価値形態論をめぐる論争と、商品制社会と貨幣の揚棄までふくめた革命戦略の政治プログラムに直結するこの論点はきわめて重大である。ただしこの小論では、紙幅の都合から、これ以上は言及しないでおく。いかにして労働生産物が貨幣になるか、「すべての商品の貨幣存在」を解くところに価値形態論の課題があり、その課題と解決はここで示された。形態Ⅳは「新たな形態」なのではない。

ところで初版本文の価値形態論が論理的にみて正しい価値形態論であるにもかかわらず、論理的な破綻を呈する初版付録や第二版を、マルクスはなぜ書いたのか。著者たちの答えは以下のとおりである。

クーゲルマンはマルクスに価値形態論の平易化を求め、エンゲルスは「歴史過程」的な価値形態論への「理解」にもとづいた忠告をマルクスに送っていた。とりわけ「すべての商品の貨幣存在」を解くこと、「歴史的な方法で貨幣形成の必然性やそのさいに現われる過程を示す」ことが求められた(二二三頁)。いわばエンゲルスへの譲歩である。それによって第二版は商品語をより精確に、より深く「聞き取り」、緻密・精確な叙述を可能にしたところがある。ただし、こうした要請や忠告に対するマルクスの対応は、それは平易化を意味してはいないにせよ、価値形態論全体を歴史的発展過程の叙述へと後退させた。それは論理的な後退である。

商品語

ところで『マルクスと商品語』の筆者たちは、価値形態論における価値の導出過程の困難さとマルクスの「理路」を措定するために、そして労働生産物が商品になる際の交換の形式、その固有の等置式を示すために、集合論を参照している（マルクスの論証を再措定するこの箇所は、本書の白眉である）。そのような手続きが必要となるのは、「人間語の世界」が以下のような特徴を有していることにもとづく。

> 数学世界におけるどのような公理系でも、定義はまずは implicit に措かれる。その後の議論全体によって、それが explicit なものとして確定するのである。〔…〕これは人間語の世界が論理の形式において完全なものではない、つまり論理的に閉じたものではないことを示している。〔…〕人間語の世界は対象世界（――自然、社会）に向かって〈口〉を開き、それによって対象世界の非可算無限性を呼吸するものである。そのことを、人間の論理がもつ〈開かれ〉は表現しているのである。（一四二頁）

ジジェクにいわせれば、〈現実界〉それ自体の内在的な「隙間、裂け目、不整合、『歪み』」を呈するところに、人間語の世界の〈開かれ〉がある、ということになる。だがジジェク的あるいはジジェクが参照するヘーゲル的な自己反省の解読はここでは必要がない（Žižek, pp.130-131、二四九頁）。ジジェクのような方向に進む代わりに、著者たちはマルクスの意図を敷衍して、数学的集合論を選ぶ。

ここで著者たちが、マルクスの時代にはまだ展開されていなかった集合論を用いる理由は、非可算無限性を有する対象世界を記述しようとする人間語によって、商品の定義を implicit に措定しようとしたマルクスの意図を理解する補助線を描くためである。それは、無限大に生じる交換の様式のなかから、いかに商品が商品となるかの等置式を、マルクスはどう導出したか――それが三形態の価値形態論である――を理解するために必要なのである。著者たちの議論を見よう。

集合Wから任意の要素aを取る。要素aは自分が商品であることを示すために、自分と異なる任意の要素bを自分に等置する。量の規定性を適切に配慮すれば、等置式：a＝bができる。〔…〕ここでは、等置式が作られた在り方からして、式の両項は交換されえない。つまり、ここでの等置式は数学の等式とは、まったく異なる。（一四五頁）

この等置式は、「交換可能でないa＝b」（形態Ⅰ）、「相対的価値形態の位置にただ一つの商品が座り、その商品と異なる種類の商品すべてが等価形態に位置する形態」（形態Ⅱ）、「各等置式において左右両項を交換したもの」「形態Ⅱに対応する集合の各要素である集合において、等置関係をすべて逆にした（n-1）個の等置式を要素とするn個の集合を要素として含むもの」（形態Ⅲ）（一四六頁）、である。集合論による検討で、三つの価値形態の検討から得られる帰結もまた、明快である。「価値形態を規定する契機は、相対的価値形態と等価形態という二つであるから、価値形態としては以上の三つ以外にはない。価値の表現、価値形態としてはこの三つが必要かつ十分なものである。〔…〕繰り返すが、貨幣形態がここに登場することは決してありえない」（一四七頁）。こうして初版本文の論理的優位性は担保されるのである。

ところで著者たちによって記述され、再措定されている価値形態論の枠組みを、商品の所有者を介在させた実際の交換と混同してはならない。それゆえ宇野弘蔵や廣松渉の議論は見当違いなものである（もちろんこうした混同を包括しようと思えば、ジジェクの〈現実界〉が必要となる）。しかもまた、三つの価値形態論は、転移や移行、発展ではない。まして や「弁証法的発展」――これまで通俗的に理解されてきたような意味での――でもない。

集合論による価値形態論の理解はあくまで補助であるが、商品語に即してこれを理解することは、よりマルクスの叙述に即してこの事態を再構成することになる。

マルクスの比喩「リンネルは、ひとたたきでいくつもの蠅を打つ」を受けて、著者たちは以下のように展開する。

> これこそまさしく、商品語の〈場〉の特有の在り様だ。言い換えれば、商品語の〈場〉は、人間語の世界のような線形時空をなしてはいないのである。一挙に多くのことが（たんに可算的に多いということだけではなく、非可算的に、と言ってもよい）、語られ実現される。〔…〕
>
> さらに言えば、商品語の〈場〉においては、分節化が行なわれない。〔…〕価値関係という関係そのものが一挙に多くのことを語るということは、いわば無時間的に、あるいは多層的な時間が凝縮された系にそなわる〈理論的な一瞬〉において、商品語が溢れかえるわけである。つまり、人間語の世界では線形な論理的時間順序に関わるところを、無時間的もしくは多層時間的に、相対的価値形態にある諸商品が自分にだけつうじる言葉を一斉にしゃべるのである。
>
> （一四八－一四九頁）

この事態を、マルクスは他の商品との等置によって、自己自身に価値を関係させることで遂行していくリンネルのありようを通して記述する。参照しよう。

> リンネルは、他の商品を自分に価値として等置することによって、自分を価値としての自分自身に関係させる。リンネルは、自分を価値としての自分自身に関係させることによって、同時に自分を使用価値としての自分自身から区別する。リンネルは自分の価値の大きさ――そして価値の大きさは価値一般と量的に計られた価値との両方である――を上着で表現することによって、自分の価値存在に自分の直接的な定在

とは区別される価値形態を与える。リンネルは、こうして自分を一つのそれ自身において分化したものとして示すことによって、自分をはじめて現実に商品——同時に価値でもある有用な物〔Ding〕——として示すのである。（一四九－一五〇頁、MEGA II / 5, S. 29）

著者たちがいうように、自分で価値であることを直接的に示すことができない商品は、「能動的に他の異種商品を自分に等置する」（同前）。この媒介関係を通して、つまり「能動が媒介をへて、受動に変わる」という複雑な論理を通して、商品であることが示される。

　ところでここで急いで付け加えなければならないことがある。この等置式には、〈自然－社会的関係〉の二重性と、〈私的労働の社会化〉過程という、もうひとつの二重性が表現されているということである。

　商品A（リンネル）が商品B（上着）を自分に等置することによって、商品Bをつくる具体的労働が、それと質的に異なる商品Aをつくる具体的労働と等置される。それによって、Bをつくる労働の具体的有用性・自然的規定性が抽象化されて、双方の労働に共通な質である人間労働に還元される。著者たちはこれを〈自然的規定性の抽象化〉過程と呼ぶ（一五五頁）。商品Bは、そのあるがままの現物形態において、抽象的人間労働が対象化された物Dingであることが、それによってまた商品Aも抽象化された人間労働の対象化であることが示される。それぞれは現物形態としては、つまりその使用価値としては異なる商品でありながら、等置式を構成する抽象的人間労働の凝固物であり価値、すなわち商品であることが示される。

　この〈自然的－社会的〉関係の抽象化過程において著者たちが注意を促すのは、これらの現実の抽象化が、分析的思惟による抽象化ではないことである。抽象化は、商品Aが商品Bを自分に等置するという「その現実そのもの」によって成し遂げられているのである。その等置はしかも、〈私的労働の社会化〉過程を成し遂げる等置でもあるのである。

現実の抽象化過程とは、具体的なものが抽象的なものの実現過程だということである。この抽象化過程が分析的思惟にとって認識困難であることは、マルクスによって再三強調されていたことであった。ふたたびマルクスを参照する。

われわれは、ここにおいて、価値形態の理解を妨げるあらゆる困難の噴出点に立っているのである。〔商品の価値を使用価値から区別すること、あるいは抽象的人間労働と使用価値を形成する労働から区別することは比較的たやすい——引用者注〕。商品にたいする商品の関係においてのみ存在する価値形態の場合ではそうではない。使用価値または商品体はここでは一つの新しい役割を演ずるのである。それは商品価値の現象形態に、したがってそれ自身の反対物に、なるのである。それと同様に、使用価値のなかに含まれている具体的な有用労働が、それ自身の反対物に、抽象的人間労働の単なる実現形態に、なる。（一五八頁、MEGA II / 5, S. 31-32）

先に「感覚的具体的なものが抽象的一般的なものの単なる現象形態または特定の実現形態」となるという「転倒」について言及した。この転倒としての価値表現である等価形態を理解することは、〈私的労働の社会化〉過程を理解するための重要な前提となる。ここでも、この事態は人間語によっては十全に把捉できない商品語の〈場〉で起きている。なぜなら、等価形態にある商品Bに表された私的労働がそのまま社会的労働として認められるということは、「一挙的に（というよりも精確には、無時間的あるいは多層時間的に）」実現されるからである。そして著者たちはこの認識困難な課題を解くために、『資本論』初版の誤訳問題からアプローチする。それは著者たちによるマルクス商品論の検討のなかでも、精妙で鋭利な分析のひとつである。

この誤訳問題は、等価形態にある商品が、直接的・非媒介的交換可能性の形態にあるという内実を含んでいる。「価値関係：〈商品A＝商品B〉については、『商品Aは自分に商品Bを等置する』と捉えるべきである」（一六一頁）。にもかかわらず、これまで流布してきた『資本論』の宮川実、長谷部文雄訳は「商品Aは自分を商品Bに等置する」と誤訳し、宇野弘蔵も同じ誤りを犯した。久留間鮫造はその誤りを指摘した。なぜ久留間の指摘は正しかったのか。それは、「自分を現実的に商品として示そうとする商品Aは、あくまで自分自身ではその目的を果たすことができない。したがって、商品Aは相対的価値形態の位置に座し、何らかの異種の商品Bを自分に等置し、それを自分の等価物とする」(同前)からである。

誤訳である「商品Aは自分を商品Bに等置する」に従うと、商品Aは自らがすでに価値物であることを前提として、商品Bを価値物にすることになる。しかしこれは商品交換ではない。商品Aは商品Bに直接的交換可能性を与えるエージェントにはならない。著者たちは述べる。「商品交換では、あくまで等置される方が、等置されるというその受動性によって、この受動的な関係自体によって、相手との直接的・非媒介的な交換可能性をもつのである。この点の理解がポイントである」(一六三頁)。商品A自体は直接的・非媒介的交換可能性をもっていない。あくまで商品Bと等しいとされるかぎりで、間接的・媒介的に交換可能性を持つ。そして、等置関係が生まれることで、商品Bが直接的・非媒介的交換可能性を持つのである。

しかもこのことが重要であるのは、それが貨幣の謎性にかかわるからでもある。著者たちは述べる。

> 等価物が等価物である限りでもつ、この直接的・非媒介的交換可能性という特質によって、完成された価値形態の決定的な交換可能性が、現勢化する。すなわち貨幣形態においては、貨幣以外のすべての商品は貨幣との等置によってはじめて、間接的・媒介的に交換可能性をもつのであり、貨幣は貨幣であることによって、つねに直接的交換可能性をもつことになるのである。ここに貨幣の秘密があり、神秘性が存する。(同前)

等価形態における直接的・非媒介的交換可能性と

間接的・媒介的交換可能性は、同時にまた「対立的で不可分な対」である（一六五頁）。この関係性をマルクスは「一方の磁極の陽性が他方の磁極の陰性と不可分であるのと同じようなものだ」という比喩を用いて説明している。
　次にしめすのは初版本文形態Ⅲの箇所である。

〔一般的価値形態における一般的等価形態にある〕ある一つの商品がすべての他の商品との直接的な交換可能性の形態をとっており、したがってまた直接的に社会的な形態をとっているのは、ただ、すべての他の商品がそのような形態をとっていないからであり、またそのかぎりにおいてのみのことなのである。言い換えれば、商品一般が、その直接的な形態はその使用価値の形態であって、その価値の形態ではないために、もともと、直接に交換されうる、すなわち社会的な、形態をとっていないからなのである。／一般的な直接的交換可能性の形態を見ても、それが一つの対立的な商品形態であって非直接的交換可能性の形態と不可分であることは、ちょうど一方の磁極の陽性が他方の磁極の陰性と不可分であるのと同じようなものだ、ということは、実際には決してわからない。（一六五頁、強調原文、MEGA II / 5, S. 40）

一般的等価物に表された私的労働は、等価形態において、直接的・非媒介的に、社会的な形態をとり、社会的労働として認められる。さらにこのことをマルクスは、等価形態の「対立的で不可分の対」をとおして、次のように述べている。

　商品は、生来、一般的な交換可能性の直接的な形態を排除しているのであって、したがってまた一般的な等価形態をただ対立的にのみ発展させることができるのであるが、これと同じことは諸商品のなかに含まれている諸私的労働にも当てはまるのである。これらの私的労働は直接的には社会的ではない労働なのだから、第一に、社会的な形態は、現実の有用な諸労働の諸現物形態とは違った、それらには無縁な、抽象的な形態であり、また第二に、すべての種類の私的労働はその社会的な性格をただ対立的にのみ、すなわち、それらがすべて一つの除外的な種類の私的労働に、ここではリンネル織りに、等置されることによって、得るのである。これによってこの除外的な労働は抽象的な人間労働の直接的で一般的な現象形態となり、したがって直接的に社会的な形態における労働となるのである。（一六六頁、MEGA II / 5, S. 42）

こうした〈自然的規定性の抽象化〉過程と〈私的労働の社会化〉過程は、商品Aが自らに商品Bを等置し、それによって商品Bは「具体的なものおよび私的なもの」自体が、そのままの姿態で「抽象的なものおよび社会的なもの」を表現することによって実現される。商品Bは貨幣の原 - 形態になるが、それはあたかも初めから抽象的・社会的なものとして映じる。ここに等価形態＝商品Bの謎性が現れる。すなわち高度な社会性が自然的属性のように捉えられるのである。こうした「商品という物象（Sache）は自然素材からなる物（Ding）に見えるわけである」（一六九頁）。この事態に際して、商品は商品語で語る。マルクスはこう述べる。

もし諸商品がものを言うことができるとすれば、こう言うであろう。われわれの使用価値は人間の関心をひくかもしれない。使用価値は物〔Dingen〕としてのわれわれにそなわっているものではない。だが、物としての〔dinglich〕われわれにそなわっているものは、われわれの価値である。われわれ自身の商品物としての交わりがそのことを証明している。われわれはただ交換価値として互いに関係し合うだけだ、と。（一六九頁、MEGA II / 5, S. 50）

著者たちはこの商品の言葉をふまえて、「商品は自分の〈体〉を〈忘れてしまう〉」ことに注意をあらためて促している（一七〇頁）。それは商品化した資本である利子生み資本から、架空資本まで含まれる、「〈未来〉に抽象的な〈もの〉に転化することを当て込んだ、架空の運動でしかない」(同前)。それは同時に経験的実在の世界で内在的に実在化した運動である、ということも付け加える必要がある。商品Bあるいは貨幣はその受動的な様態によって自然的属性を備えているものとして映じ、しかし社会的な存在であることで、一見するとラプソディックな存在としてそこにある。だが商品化への方向性しか有さないという点で、反-ラプソディックな存在なのである。

おわりに

本稿冒頭で示した、一八八一年三月にロシアのヴェラ・ザスーリチからの手紙のために用意された回答に結実する、マルクスの「アルカイックなものと近代的なものの新たな総合」という立場は、一挙的多層的に単一の価値化・商品化をすすめていく商品の展開に対抗している。しかも、マルクスは、「孤立性の克服」をめざしつつ、非西洋と西洋、ナショナルなものと国際性、奴隷制と人種差別、民族主義と労働運動とが結合し、たとえそれ自身が革命的ではなくても、資本主義的近代と衝突することでラディカルな変化を遂げている社会闘争の歴史的なありように注目していた。商品論と価値論の深化は、そうした西洋中心主義でも近代化論でもないラプソディックな結合による革命論——そこでは所有と生産の分離と、後者およびそれを担う伝統的紐帯に力点が置かれていたことも忘れるべきではない——とともに仕上げられていたと推定できるのではないだろうか。

【参考文献】
井上康・崎山政毅『マルクスと商品語』社会評論社、二〇一七年
桜井英治『日本中世の経済構造』岩波書店、一九九六年
桜井英治『交換・権力・文化——ひとつの日本中世社会論』みすず書房、二〇一七年
関根康正『ケガレの人類学——南インド・ハリジャンの生活世界』東京大学出版会、一九九五年
細川涼一『中世の身分制と非人』日本エディタースクール、一九九四年

Anderson, Kevin. B. *Marx at the Margins: On Nationalism, Ethnicity, and Non-Western Societies.* Chicago:The University of Chicago Press, 2010. ケヴィン・アンダーソン『周縁のマルクス』平子友長監訳、明石英人・佐々木隆治・斎藤幸平・隅田聡一郎訳、社会評論社、二〇一五年

Gabriel, Markus and Slavoi Žižek. *Mythology, Madness and Laughter: Subjectivity in German Idealism.* NewYork: Continuum, 2009. マルクス・ガブリエル、スラヴォイ・ジジェク『神話・狂気・哄笑——ドイツ観念論における主体性』大河内泰樹監訳、堀之内出版、二〇一五年

Kant, Immanuel. *Kritik Der Urteilskaraft.* Meiner Felix Verlag GmbH; Neuauflage, 2009. イマニュエル・カント『判断力批判』上・下、篠田英雄訳、岩波文庫、一九六四年

東アジア反日武装戦線

武器を取れ
——大道寺将司の俳句

1　方法論

大道寺将司は、第四句集『残《のこん》の月』の「あとがき」で次のように書いている。

すべて病舎で詠んだ句です。体調に波があるため、時系列に並べた句数にはばらつきがあります。一日に十数句を詠むことがある一方で、一週間に一句も詠めないことがあるからです。
また一般の独房も同じようなものですが、病舎は風景から隔絶され、天気の良し悪し程度しかわからないので、死刑囚である私が作句を喚起されるものと言えば加害の記憶と悔悟であり、震災、原発、そして、きな臭い状況などについて、ということになるでしょうか。（大道寺将司『残の月　大道寺将司句集』太田出版、二〇一五年、一七三頁）

大道寺の句は、「大道寺将司くんと社会をつなぐ交流誌『キタコブシ』」誌上において、彼が家族と獄内外の友人たち・支援者に向けて書いた通信に付されて発表されてきた。俳句の句意はその通信の内容から想像することができる。とはいえ発表句が常に通信本文の内容と一致しているわけではない。一般的に、俳句の読み手は俳句そのものを通して句意を理解するものである。前書きを無視し、自律し完結した表現として俳句を鑑賞するのは当然のことである。しかし、この点で大道寺将司の場合は特異である。作者は自分の俳句に対し、一七文字以外の情報を参照することについて否定しなかった。というより積極的にそうした情報の参照を求めてきた。ここに引用した「あとがき」もそうであるが、作句を公開しはじめた一九九七年に、より率直に次のように述べていたことがある。

ぼくの俳句が〝面白くない〟とか〝生真面目だ〟と一部から槍玉にあがっている（！）そうですが、そういう意見が出ることはわかります。（…）自分が作る場合、死刑囚であるという立場と置かれた状況を逸脱して作っては嘘になります。（…）ぼくが念頭に置いているのは境涯派と言われた俳人たちです。俳人には、障害者や病気で寝たきりの人が少なくありませんでした。子規も晩年はカリエスで寝たきりでしたしね。聴覚障害者だった村上鬼城や、貧家に生まれ歩くことができず、27歳で夭逝した富田木歩の句に特に惹かれます。（…）

来し方を思ふことあり小夜時雨

（『キタコブシ』VOL. 73、一九九七年一一月一八日）

大道寺将司は一九八七年に最高裁で上告が棄却され、そこから確定死刑囚としての処遇がはじまった。この処遇のもとでは、面会や文通が可能なのは、当初はご母堂だけで、そのあと二人の親族に限り、月二回の面会と文通が可能になった。大道寺俳句の読み手は、この交通制限を理解することが求められる。また、大道寺将司が東アジア反日武装戦線「狼」部隊のメンバーであり、八人の死者と三八五人の負傷者を出した一九七四年八月三〇日の三菱重工爆破事件を含む、企業・施設の爆破を起こした当事者であるという事実も参照されなければならない。さらに、二〇一〇年に多発性骨腫という癌を発症し、闘病中であるという現在も、知られる必要がある。こうして俳人の境遇を情報として得ることは、作品の鑑賞を不自由にする。先入観のない俳句の読みはまず犠牲にしなければならない。だがそのうえで、大道寺将司という俳人は、一七文字の言葉を通してのみ鑑賞されるものとして、作句をおこなってもいる。すなわち、東アジア反日武装戦線のメンバーとしての来歴と、確定死刑囚としての立場という情報を織り込むことを読み手に求め、そのうえで自律的に鑑賞に堪えうる作句を自身に課しているのである。「あとがき」が主張しているのはそういうことである。この作者は、自分の俳句の主題はあくまで「加害の記憶と悔悟であり、震災、原発、そして、きな臭い状況」なのだと宣言したうえで、それでもなお飽くことなく読まれる作句を続けるのだと言っているのだ。当然ながら俳句という短詩型を支える必要条件である季題が、これらの主題に大きく規定されるということも、大道寺にとっては自明のこととなる。

ところで、短歌と〈政治〉という主題ほどには、俳句の〈政治化〉という主題は論じられない。本稿で論じてみたいのは、〈政治〉への招待を可能にしようという大道寺の作句の方法論である。

大道寺将司の方法論を理解するために、「来し方を思ふことあり小夜時雨」が付された『キタコブシ』VOL. 73の通信について考えてみよう。死刑囚としての立場を踏まえることを読み手に求めつつ、村上鬼城、富田木歩、そして晩年の子規の名が連ねられ、それらの俳人たちの系譜に自らを位置づける。結びの一句はこの前段の文章そのものと不可分の構造をなしている。ここに現れているのは、散文と俳句の組み合わせからなるひとつの表現である。しかもこの読みにもとづいて、冬の季題である「小夜時雨」をひもとくならば、ただちに子規の「小夜しくれとのゐ申すの聲遠し」「小夜時雨上野を虚子の来つゝあらん」などが連想されよう。なるほど子規の句を踏襲して、大道寺の句も「小夜時雨」という標題に句全体が支配されている。だがまた、ここでは子規の句からの逸脱も起きている。子規の二つの句において、作者を訪うのは有情の主体であるが、大道寺の句において、去来しているのはあくまで想念である。そこには孤独だけが残る。そしてしかも、この孤独はただちに大道寺の「加害の悔悟」に接続する。それによって、「小夜時雨」は、子規や木歩などの病者・障害者の俳人たちが聞いていた冬の夜の時雨から、内省的な「悔悟の時間」のなかで、心の中に降っている冷たい雨へと変貌する。

こうして、物理的で形而下の時間形式ではなく、内省的な時間の形式の多様性が、大道寺の俳句においていくつも書き留められていく。たとえ内省的な時間であっても、そこで雨は降り、虫は鳴き、四季はうつりかわる。こうした時間空間の形式の多様な発見と開発が可能なのは、これが季題を必要条件とする俳句形式にのっとっているからである。だが、この季題が有している効果は、私たちが通常経験している、天体と季節が経めぐることへの安堵に収斂するようなそれとは、決定的に異なっている。もちろん季題とは、無限大の用途と機能を有する高度な集積回路である。[*1] ただし、大道寺俳句の場合には、私たちが何らかの安堵を共有することはまれであり、むしろ安堵とは正反対の、「加害の記憶と悔悟」「震災、原発、そして、きな臭い状況」へと私たちの思念は仕向けられるのだ。このことを、晩秋の季題である「穴惑《あなまどい》」を詠んだ句を通して考えてみよう。

2 「穴惑《あなまどい》」

「夏の間活動していた蛇は、晩秋になると冬眠のため穴に入る。秋の彼岸頃といわれているが、実際にはもっと遅い。数匹から数十匹がどこからともなく集まり一つ穴に入り、からみあって冬を越す。彼岸すぎても穴に入らないものを穴惑いという」（『角川俳句大歳時記 秋』角川学芸出版、二〇〇六年）。大道寺俳句において、「穴惑」を季題として詠んだ句は、二〇〇三年の次のものを初出とする。「悪霊を持余したり穴惑」。なおこの年の秋、第二句集のタイトルともなった次の句も詠まれている。「秋の日を映して暗き鴉の目」。

「悪霊」の句がつけられた通信は次のような内容であった。二〇〇三年九月一二日、大阪拘置所での処刑（向井伸二氏）、日朝平壌宣言から一周年（同年九月一七日）、そしてイラクにおける米英軍の占領、自衛隊派兵を推し進める小泉内閣（当時）への批判（同年九月一九日）であった。大道寺の主題からいえば、「悪霊」は何よりも死刑制度、ファシズムと戦争国家であり、通信の本文と俳句の主題は重なっている。だがその「悪霊」を「持て余す」というとき、句意は、内省する私たちが自己のなかに見出す〈悪霊〉に移行する。その〈悪霊〉と「穴惑い」する蛇が隣りあわせにされる。ただし蛇と自己の〈悪霊〉は同化しているわけではない。むしろ上二句と下句のあいだには断絶がある。だが同時に、「穴惑い」する蛇と、自らの〈悪霊〉を持て余している自己とが断絶している距離は定かではない。〈悪霊〉を自己のなかに飼うものは、それによって食い破られてしまうだろう。内なる〈悪霊〉に喰い散らされて無残な死骸をさらすことになる自己と、巣に帰ることなく悶えている蛇の様相が、ここで重なる。だがまた、蛇は大地に属す有情物であるが、みじめな人事の世界に対して無関心である。人間世界は甚だしい害悪を大地に及ぼすが、大地を完全に領有することはできない。蛇という生物を標題とすることで、人事の世界と自然界を接続することの暴力がむしろ明らかになる。逆にいえば、季題を通して自然を共感の対象へと領有する、従来の俳句の作法を、この句は拒絶しているのだ。拒絶しているのは、大地を領有可能な認識対象とするそのふるまいでもある。蛇という自然物の惑う様態を季題とするこの句は、こうして、どこかしら資本の本源的蓄積の暴力を浮かび上がらせることになる。

大地に属する蛇という季題がさらに変奏をとげるのは、二〇一一年三・一一―三・一二の震災と原

＊1　岸本尚毅『俳句の力学』（ウエップ、二〇〇八年）、とりわけ「主題について――季題という秩序」「季題を演じる」「季題と取り合わせ」を参照。

発事故を介してである。一連の主題群を構成している句を列挙しよう。いずれも『残の月』からである。

くちなはや命奪ひて息衝けり
ゆくすゑは土塊ひとつ穴惑
蛇穴を出で汚染土に阻まるる
われもまた穴まどひにてござ候

「くちなはや」の句は春に捕食する蛇を詠んだ句だが、「息衝く」の表記によって始原性をまとったものとなる。それは放射能汚染地域に息づく生命を指しているが、放射能によって失われた大地と、そこに確実に営まれている生命活動の対照を浮かび上がらせる。それによって、人事と、人事にとっては無力で無関係なところで起きている出来事との二つが、原発事故によって無理矢理に引き合わされることで発生した惨劇があらわになる。この句はその惨劇に感傷をまじえない。「ゆくすゑは」の句は土塊に同化する作者とも読みたい。だがこの〈土塊〉を、空中に飛散し、落下した放射性物質が土といっしょになった塊でもあると解すれば、それは大地に侵入した根源的な異物となる。人間もまた放射能塗れの土塊となるかもしれない。だが、「穴惑」う蛇にとってそれはどうでもいいことである。「蛇穴を出で」の句は再び春の季題だが、その生命活動は汚染土によって損なわれている。以上の三句に対して、作者が「穴惑」そのものに同化する「われもまた」の句では、視点は一転する。晩秋に行き場を失って、冬を越すことができない蛇を意味する「穴惑」に同化する「われ」は、「悪霊」の句がそうであったように、自らを持て余している「われ」である。だがここで「惑う」こと＝自らを持て余すことは、汚染された大地に放置されているが、それでも生命が欲するままに、秩序の世界を手こずらせる「われ」となる。

3 「堕」

脊髄腫瘍によって、進行する自らの身体麻痺を〝フィールドワーク〟として記録した文化人類学者のロバート・マーフィーは、麻痺による身体の変化が、同時にアイデンティティそのものを不断に更新したと書いていた（『ボディ・サイレント』辻信一訳、新宿書房、一九九二年）。多発性骨髄腫で闘病中の大道寺将司にもそのことが該当するかもしれない。四季の移ろいが感じられ、空気孔から虫たちがやってきたり、構内を横切る猫たちとコミュニケートすることができた改築前の東京拘置所に対して、改築によって高層ビル化した現在の東拘では環境が激変し、外界との接触はほとんど断たれた。そして、作句を開始した頃に比して、作者の感受はスリリングに変奏した。ここで二つの句をあげたい（いずれも『残の月』より）。

堕ちむ時ちちろの声を聞かむかな
柿ひとつ真闇の底に堕ちにけり

「堕ちむ時」の句に先立って、「高楼の裏はまつくら鉦叩」がある。高層ビル化した東京拘置所と、その奥に「鉦叩」（＝コオロギに似た昆虫、バッタ目カネタタキ科）の声を感知しているが、そこは「まっくら」であることから、この句が刑場にかかわる想念だとすれば、「堕ちむ時」の句は、処刑の瞬間に「ちちろ」＝コオロギの声を聞くだろうか、という推量の句意だと解したい。ところでここで問われるのは「堕」である。「落」でも「墜」でもなく、「堕」であることには、どのような含意があるか。作者は、処刑の瞬間、死刑囚が接する唯一の外界からの便りは「ちちろ」の声だけだろうかという。もちろんそうした声さえ、実際には聞こえない。収監されている死刑囚は処刑の瞬間まで孤絶している。刑死のそのときにすら、家族や知人に看取られることはなく、絶対的な孤独しかない。それを日々想像することは極限的な恐怖である。死刑とは人間の尊厳の根源的な剝奪である。「堕」の含意は、そのような死刑という行為そのものに対する、心底からの怒りとしての瞋恚《しんい》の反転だと理解したい。落下は死刑という国家悪によって強いられることで、「堕」になると。

「柿ひとつ真闇の底に堕ちにけり」はどうか。「柿」は大道寺の俳句の読み手にとってはなじみ深い季題である。一九九七年の作品に、「独房の点景とせむ柿一個」がある。死刑囚の「特権」として買い求めたが、実際に買ってみたら食べる気になれず、触ったりして楽しんでいる、と通信に添えられた句であった（『キタコブシ』VOL. 73、一九九七年一一月一二日）。これ以外にも、「柿」はしばしば作者の季題として登場するが、柿を好んだ子規との関係から、次の句も想起されよう。「元日や仰臥漫録座右に置き」（二〇〇一年、『棺一基』）。「真闇の底」にも使用例はあり、二〇〇二年の作句に「いだきたる真闇の底も朧なり」がある。しかし「柿ひとつ」の句が喚起するのは、真空の闇のなかに、「柿」の心象も記憶もすべて落下していくイメージである。そして「真闇」はもはや心のなかにあるのではなく、その心そのものも支配してしまうような絶対的な真空である。その暗黒に、大道寺の経験のうちにある柿だけでなく、季題として記憶を集積している柿そのものが落下していく。いってみれば、俳句の終わりなのである。しかしまた、この凄絶な俳句の〈政治化〉は、再びの俳句の始まりでもある。回復されるつながりがそこにはある。

4 〈総括〉

句集の刊行などを通して、交流誌『キタコブシ』は獄内外の知己との俳句交流誌のような観を呈するに至っている。それは自らの歌を寄せる重信房子との交流も生んでいる。そうした交流が、もうひとつの意味を帯びてすすめられていることについて、最後に触れておきたい。二〇一五年五月二四日付の重信房子からの寄稿にこうある。

ちょうど、5・19のあの75年から40年目ですね。アジアの人々と連帯する先鋭的闘いでありましたが、もう一つ大切な闘いの成果があります。将司さんらの精神と、ずっと支え続けておられる家族友人たちの創意工夫の40年の闘いの軌跡が、今の「死刑制度廃止」の闘いの堡塁を築いてきたことです。もし、これらの闘いがなければ、さらにひどい状態だったと断言できます。闘い、困難の中、持ちこたえてきたからこそ、世界の死刑廃止運動の流れと一つになって、今、さらに

これからの運動の力になると確信しています。（『キタコブシ』VOL. 167、二〇一五年七月二五日）

詳しい言及はないが、重信房子の出自にかかわる共産主義者同盟赤軍派、連合赤軍、日本赤軍、そして大道寺将司らの東アジア反日武装戦線が主導した運動路線に対する複雑な〈総括〉が、この死刑廃止運動への敬意には横たわっているだろう。大道寺もまた通信のなかで、日本赤軍はもちろん、他の新左翼党派の運動路線に対する自身の率直な意見を隠すことがない。いずれも詳しい言及は避けているとしても、互いの作句や作歌への共感とともに、現代世界のなかでの新左翼運動と武装闘争への〈総括〉が交わされている。それはひとつの共同作業の作風の形成ですらある。人倫日用的な日常瑣末なこと、高度な政治論争、そして短詩型表現が主に取り扱ってきた抒情を同時に俎上に載せていくような作風である。かつて大道寺はこう書いていた（一九九三年二月一日付）。

「反日を考える会宮城」の仲間たちの、〝反日〟を政治や経済の領域に狭めてとらえるのではなく、環境や食物など日常的なレベルに敷衍して問うていこうとしていることに共感します。（『キタコブシ』VOL. 45、一九九三年三月三〇日）

本稿の冒頭で引用した「加害の記憶と悔悟」「震災、原発、そして、きな臭い状況など」に向かって表現を発していこうとする大道寺の志向性は、作句の前から一貫していたことは疑いない。それは、作句を開始する以前から、「日常的なレベル」で〈反日〉を敷衍して問うていこうとする知人・友人たちへの共感として表明されていた。その志向性はまた、こうした知人・友人たちとの獄壁を超えた交流のなかで意識化され、強化されていったものだともいえよう。作句はそうした意識のもとで選ばれ、身体化していったものと考えたい。

短詩型文学のなかでも、季題に支えられる俳句は、散文に求められる構成や展開を回避しながら、備忘録のようにして、日々の雑感の表出が可能である。しかも季題との関係性が伝えるさまざまな心象は、その季題とともに、多くの読み手を獲得する。それは「政治や経済の領域に狭めて」表現される言葉とは異なる位相に伝達される。その位相がつくりだす共感や連携が、かならずしも〈反日〉である必要はない。だがそれでも大道寺将司の表現は求心力をもって、強い磁場を形成しているのだ。国内外の刑務所に収監されている政治犯・刑事犯もまじえた、武装と武装解除、〈政治化〉と脱〈政治化〉という二律背反を同時に遂行するハイブリッドな思想運動が、この複合的な磁場で展開されているのである。この表現闘争は根源的である。それは、具体的な私たちの日常への柔らかく自律的なまなざしと、極悪の政治としての国家に対する批判を常につないでいるという意味で根源的なのである。

私はそこに、『腹々時計　都市ゲリラ兵士の読本』VOL. 1（東アジア反日武装戦線〝狼〟兵士読本編纂委員会、一九七四年三月一日）の共同執筆者としての大道寺将司の表現闘争の継続性をみる。

＊本稿のドラフトに対して丁寧なコメントを寄せてくれたキース・ヴィンセントに感謝する。

（大道寺将司は二〇一七年五月二四日、東京拘置所に収監されたまま病死した）

解説　桐山襲『パルチザン伝説』

1　はじめに

一九八二年の文藝賞の最終選考に残った桐山襲の『パルチザン伝説』は、落選はしたものの雑誌『文藝』一九八三年一〇月号に掲載された作品である。しかし、選考委員の一人であった小島信夫の選評「天皇という実名」に『週刊新潮』が反応して取材を開始し、一九八三年九月二九日の『週刊新潮』一〇月六日号が、「第二の『風流夢譚』事件を誘発しかねない題材」としてとりあげたことで、右翼団体による、河出書房新社への抗議行動や社前行動が引き起こされるにいたった。そのために同年一〇月、すでに決定していた単行本化を中止する旨を河出書房新社は作者の桐山襲に通告。同作品は、作者の同意がないまま第三書館の『天皇アンソロジー』に収録されて刊行されるという異常な事態はあったが、右翼の攻撃を表現の自由に対する侵犯ととらえ、これに抗議して、作者の望むかたちで出版する意思を表明した「〈パルチザン伝説〉刊行委員会」の手によって、作品社から『パルチザン伝説　桐山襲作品集』として一九八四年六月に刊行された。そして数奇な運命をたどったこの作品はいま、最初にその価値を見出し、その作品世界を社会化するにあたってもっとも深くかかわった出版社から、ようやく単行本化される。その意味でこれは歴史的な刊行ということになる。

一九四九年に東京都杉並区阿佐ヶ谷で生まれ、一九九二年にその早すぎる死を迎えた桐山襲という作家の背景と作品群の詳細な紹介については、陣野俊史の『テロルの伝説　桐山襲烈伝』（河出書房新社、二〇一六年）がある。ぜひ参照していただきたい。『パルチザン伝説』の解説者としての私の役割は、その作品世界を、題材となっている東アジア反日武装戦線の爆弾闘争や連合赤軍事件、そしてやや長い射程で反日思想、東アジア革命という歴史のなかに埋め戻しながら、作者・桐山が創造した表現闘争を、二〇一七年という現在の時点から再考してみることにある。

2　物語の革命

ところで文藝賞の選考委員たちは、この作品とその文体について次のように選評していた。江藤淳は、そこに示されている戦時中の日本の姿が虚像にすぎないと批判し、それを落選の理由としていたが、しかしまた「文体の整い方と、一見端正な作品のたたずまいという点からいえば、候補作四篇の随一といってもよいと思った」と書く。二世代にわたる反日・反天皇闘争という作品の構成の要について、「父たちの穢れた血を浄めること」にひっかかり、そこに戦争世代に対する侮蔑と嫌悪をよみとった島尾敏雄と、「この恐るべき題材に強烈に迫っている作者に敬意を表する」とした野間宏の両者もまた、作者の戦時中の理解の仕方に疑問を表明している。ところで『週刊新潮』報道と右翼の攻撃という問題の発端をつくった小島信夫の言葉は、「この作品が受賞したときに、選考委員のひとりであるこの私にムヤミに脅迫の電話がかかってきて煩わされることは、避けた」という、選評の放棄とも受け取れる弁明であった。ただし小島はまた、「私はこの作品の文体が、タテカンバンの檄文のようなものが小説の文体として生きた最初の例だと思った」と述べている。

文藝賞ということからいえば、一九八〇年の第一七回受賞作品のひとつは、田中康夫の『なんとなく、クリスタル』であった。田中康夫の場合もそうであるように、作品の数だけ文体の実験はおこなわれているはずだが、桐山のそれも実に特徴的であった。ほぼ毎行ごとに、そのまま都市的な文化商品のキャッチコピーになりそうな、無国籍的でときに異国的な形容表現が駆使されている。また、「三人のパルチザン」「十個の爆弾」「ブリキカン第拾号」のように、数字を象徴化した神話物語的な定型句が多用される。また、桐山の『スターバト・マーテル』の文庫版解説者である菅野昭正の言葉を借りれば、作品ごとに配されている「書割」の効果である――『パルチザン伝説』の絵画、『風のクロニクル』の風、『スターバト・マーテル』の雪。しかもこうした書き割りは作品のストーリー・ラインさえも覆い、硬質な主題に常に伝奇的な色彩を与えている。作品の成否すらもこの伝奇的で神話的な表現の運動に規定されている。実際、もっとも早く、そして的確な評論を書いた池田浩士は、爆弾闘争のすえに誤爆によって片目と片手を失って、「昭和の丹下左膳」となった「僕」が逃げ延びて落ち着き、「南島のユタ」の「通訳」となって死を迎えようとしている物語の結末について、それが神話による物語の回収であり、東アジア反日武装戦線が提起した東アジアからの「反日」「反天皇」の視点を内包できず、批判しているはずの天皇制権力そのものにからめとられていると厳しく論じていた（池田「小説『パルチザン伝説』によせて」、反天皇制運動連絡会議「『パルチザン伝説』出版弾圧事件」一九八四年四月二〇日）。

池田の論評の適切さを認めつつも、桐山が神話的で伝奇的な構成を選び取ったことについて、私はそこに意味があったと考えている。その理由を述べれば私の解説は終わりである。ただしそれを述べるためには多少遠回りの事実確認と論証が必要である。そこに入っていく前に、ここでは桐山の表現戦略が、革命運動の本質的な戦略に重なっていることを指摘しておきたい。

革命運動とは資本制社会がその内部から胚胎する敵対的な勢力の叛乱によって遂行される。このとき、この叛乱を、あくまで資本制社会の内在的な矛盾に即して傾向的に組織されるものとして理解するのか、それともその叛乱を、資本制社会からの分離に力点を置いて理解するのかという争点が発生する（アルベルト・トスカーノ『コミュニズムの争異——ネグリとバディウ』長原豊訳、航思社、二〇一七年）。主体的な革命勢力になることとは、支配的な生産様式やイデオロギーからの分離を条件としているから、傾向的な理解と分離の強調とがまったく断絶しているわけではない。だがここにおいて一九六八年革命は、〈分離〉の強調——拒否——をこそ進んで選び取っていった。そして桐山の表現闘争がそうした選択にもとづいていたことは、作品中の次の言葉からもわかる。

およそ、世界には二種類の人間しかいないのかもしれない。一方は、全く筆を執らない人間もしくは世界と逆立することなく筆を執れる人間であり、他方は、世界や他者の存在にことごとく背反するただなかでしか筆を執れない人間――。

世界や他者の存在に背反することでしか筆を執れないということは、表現戦略においては、現実とは別の可能世界を構築することに等しい。次は富岡幸一郎によるインタビューである。

（…）自分自身の中にはっきりとした二つの指向がありますね。一つは言葉が常に詩に向かっていくようなものが、私の中にある。もう一つは、物語を組み立てたい、その物語によって現実と対峙したい欲求がやはりあります。だから私はそういう点で、二つの全く逆な方向に引き裂かれているともいえるわけです。（「桐山襲との一時間」、富岡幸一郎『作家との一時間』日本文芸社、一九九〇年、二〇四頁）

この二つの分裂している志向を総合するのが、散文という実践であり、神話的で伝奇的な物語の構成となる。ただし桐山にとっては、現実と対峙する物語とは、現実よりもラディカルな左派としての可能世界を構築することではなく、死によって有限づけられた物理的世界との対峙であり、さらにいえば生者を勝者として、死者を敗北者としてしまうヒエラルキーとの対峙であった。死者の権利を守るということは、生き残ったものが死者を声高に語ることではない。それは生者による死者の横領でしかない。桐山にとって痛切に求められていた現実世界との対峙は、生者の権利を不断に剝奪することでしか果たされないような、死者の存在論を書くことにあった。それは革命運動の生者と死者をめぐる、もうひとつの革命運動である。

3　東アジア反日武装戦線

桐山が、『風のクロニクル』や『スターバト・マーテル』あるいは『都市叙景断章』などの、主題は同じでもより端正で知的な構成の作品をデビュー作として選んでいれば、彼の作家生活は違う軌跡を描いたかもしれない。しかし、桐山にとって、デビュー作は『パルチザン伝説』でなければならない必然性があった。

桐山の主要な作品の主題は、全共闘運動から連合赤軍事件、そして新左翼党派間の内ゲバ事件まで、一九六〇年代後半から七〇年代前半までの新左翼運動の負債である。同時代の知識人としては高橋和巳が、こうした新左翼運動の帰趨について、日本近代精神史にとっての本質的な事柄として正面から論じつつ、ロシア革命と中国革命を手もとに手繰りよせながら、日本における革命の復権のための条件を考えようとした。陣野俊史も述べているように、桐山の作業は、『わが解体』に収められている高橋和巳の論考に重なり合うが、しかしまた高橋和巳とは異なって、桐山が見定めた、新左翼運動の負債の集約点は天皇制にあった。

『パルチザン伝説』が主要な題材にしているのは、東アジア反日武装戦線「狼」部隊によって一九七四年に立案され、未遂におわった昭和天皇暗殺計画としての「虹作戦」である。「狼」「大地の牙」「さそり」の三部隊から構成されていた東アジア反日武装戦線は、直接的には全共闘運動と、一九六九年秋に集中した沖縄闘争および七〇年安保闘争における新左翼運動の敗北と、それに対応して始まっていた爆弾闘争の経験を出自としている。だがその思想的な源流には、六〇年安保闘争以後の、非日本共産党系知識人たちによる「自立学校」の運動、そこから生まれた東京行動戦線、そして兵器生産企業を標的にしたベトナム反戦直接行動委員会などの実践が存在した。くわえて一九六七年に設立されたレボルト社による雑誌『世界革命運動情報』とそこから生まれた世界認識の広がりがあった。また、「狼」の大道寺将司が大学入学前に大阪の釜ヶ崎に滞在していたことや、「さそり」の黒川芳正や宇賀神寿一が、釜ヶ崎や山谷などの寄せ場の日雇い労働者の運動、とりわけ暴力手配師追放釜ヶ崎共闘会議（釜共闘）、山谷悪質業者追放現場闘争委員会（現闘委）などの運動に触れることで、その思想を形成したように、一九六八年革命の余波のなかで新たにはじまった寄せ場労働者の運動もまた、その出自に連なっている。さらに、第三世界の解放戦争と帝国主義批判の視点の共有は、日本の植民地主義批判の徹底という強い動機を形成した。大道寺は北海道釧路市出身であり、「大地の牙」の斎藤和は室蘭出身であり、近世・近代日本の植民地主義と同化主義がつくりだし、現在も再生産されているアイヌ民族に対する差別を、生い立ちのなかで体験していた。またたとえば齋藤和は、室蘭市イタンキの浜（アイヌ語で「椀」の意味）で殺され、遺棄された中国人労働者の調査をはじめとして、強制連行された朝鮮人・中国人の実態調査、韓国への調査旅行も重ねていた。

多くの犠牲と抑圧を重ねてきた近代日本の帝国主義・植民地主義の最高責任者は、明治憲法にもとづいて統治権と統帥権を付与された天皇であった。したがって、東アジアおよび日本国内のサバルタン階級の人々の解放を実現するためには、天皇制批判とそれを支える日本中心主義に対する根本的な異議申し立てが必要であった。組織名であり、闘争課題でもある〈反日〉という視点はこうして獲得されたのである。

日大闘争や東大闘争を代表とする全共闘運動は、大学経営上の問題を中心に組織されていたが、同時に前述の広範な社会問題への関心を共有していた。そして街頭での直接行動が機動隊の物質力によって抑えこまれていった結果、先鋭的な党派や運動の矛先は警察に向けられ、交番や機動隊庁舎、警察官僚に対する爆弾闘争が続いた。この点で、東アジア反日武装戦線の爆弾闘争が異なっていたのは、その対象を、戦前・戦後を通してアジアに進出していった日本企業や、近代日本国家によるアジア侵略・植民地主義の文化的象徴に据えていたことである。また、東アジア反日武装戦線の組織は、基本的に秘密裏に構成された有志によるものであり、前衛党型の組織を拒絶していた。公然登場する大衆運動との関係を持たないのは、非合法闘争のための条件でもあったが、指導－被指導という関係がもたらす抑圧的な前衛党のあり方を否定していたからでもある。ところで桐山は、新左翼運動の負債としての連合赤軍による同志のリンチ殺人事件や党派間の内ゲバ事件の究極の原因を、天皇制的な共同性に置いており、その点でも東アジア反日武装戦線への共感があったといえよう。しかもそれは近代日本の民衆にまで及ぶ心性として把握されていた。桐山の文章を参照しておこう。

〔穂積一作はアラビアコーヒーをとりだし語る〕近衛師団に同郷の男がいてね。Mという名前の大尉なんだが、その男が手配してくれたんだ。（…）いかにも農夫らしい顔をした気のいい男なんだが、軍服を着ると残忍になる。まあ、日本人は皆そういう所があるね。権力につらなると残忍になる、権力をもたないと卑屈になる、どちらにしても際限というものがない……

歴史的施設や企業爆破によって東アジア反日武装戦線が標的にしたのは、市井の人々の日常意識でもあった。「狼」部隊の前身は、一九七一年一二月一二日に静岡県熱海市伊豆山の興亜観音像と殉国七士の碑を爆破している。前者は戦犯として処刑された松井石根（元陸軍大将）が日本・中国の戦没将兵を慰霊するために建設したものであり、後者は松井も含めたA級戦犯の遺骨を埋葬したものである。さらに一九七二年四月六日には神奈川県横浜市の曹洞宗大本山総持寺納骨堂が爆破された。そこには日帝統治下の朝鮮在住日本人約五千人の遺骨が埋葬されていたからである。つづいて同年一〇月二三日には札幌市の北海道大学文学部北方資料館と旭川市常盤公園の「風雪の群像」が爆破された。前者は高倉新一郎などアイヌ研究者の資料や北海道開拓使時代に収集された遺産を保管しているが、新谷行が告発するように、そうした資料収集はアイヌ文化の収奪であり、アイヌモシリ植民地化の責任を顧みないままに「北海道史」イデオロギーを形成する知的拠点となっていた（新谷行『アイヌ民族抵抗史』河出書房新社、二〇一五年〔復刻〕）。後者は彫刻家・本郷新によるものであるが、北海道開拓一〇〇年を記念して、農民、漁民、抗夫、アイヌ、流刑の囚人を象徴的に配置しながら製作されていた。

そして一九七四年八月三〇日、「狼」は、三菱重工本社ビル爆破をおこなう。事件後の犯行声明で、「商売の仮面の陰で死肉をくらう日帝の大黒柱」と名指された三菱重工は、兵器産業メーカーとして戦時期に成長し、戦後も重工業メーカーとして自衛隊の護衛艦からエネルギープラントまで建設してきた。またかつて三菱重工はデモ隊による襲撃も経験していた。「狼」は、爆弾は三菱重工ビルと三菱電機ビルの二つを爆破するために、二個の爆弾を設置したが、しかしこの三菱重工爆破では死者八名、負傷者三八五名という、実行者たちがまったく予想しなかった結果をもたらした。「狼」は五分前に予告電話を出したが、その通告はまったく機能しなかった。そもそもこの作戦に用いられた爆弾は、同年の八月一四日に決行するはずだった、荒川鉄橋における天皇「御召列車」爆破のために製造されたものであり、それをそのままビル爆破に用いるという失敗を犯したのである。事件後、三週間たってから送られた犯行声明では「帝国主義者＝植民地主義者を処刑する」とまで言い切り、三菱重工爆破を正当化していたが、「狼」のメンバーたちは犠牲者に対する限りない贖罪を背負うこととなる。

三菱重工爆破のあと、東アジア反日武装戦線は、一九七五年五月一九日の一斉逮捕まで、「狼」に合流した「大地の牙」「さそり」それぞれの爆弾闘争を展開していく。そのなかには、三部隊合同での一九七五年二月二八日に決行された東京都港区の間組本社六階海外事業本部、九階電算機コンピュータ室、そして埼玉県与野市の間組大宮工場の同時爆破作戦も含まれている。これは戦前、間組が中国人労働者を使役しておこなった日本発送電力株式会社御嶽水力発電所建設と、戦後、間組が受注して一九七二年に完成したマレーシアの水力発電ダム建設地の名前に由来し、「キソダニ・テメンゴール作戦」と名付けられていた。

東アジア反日武装戦線の闘争は、一九七五年五月の一斉逮捕——このとき斎藤和は青酸カリ自殺をとげた——のあとは、大道寺将司と片岡利明に対する死刑求刑、ほかのメンバーにかけられた重刑求刑に対する獄中裁判闘争に移行し、刑確定後は死刑廃止運動に重ねて展開されていった。さらに日本赤軍による二度のハイジャック事件によって、ほかの三人のメンバーは超法規的措置によって国外に脱出している（佐々木規夫はクアラルンプールの大使館襲撃事件で出国。大道寺あや子・浴田由紀子はダッカのハイジャック事件で出国）。

『パルチザン伝説』の背景を理解するうえで、さらに付け加えなければならないのは、「五・一九」のあとの東アジア反日武装戦線である。一九七五年七月一九日には北海道警察本部爆破、一九七六年三月二日には北海道庁爆破がおこなわれ（職員二名が死亡、九五名が負傷）、いずれも「東アジア反日武装戦線」名の犯行声明が出ている。さらに後者の容疑者として逮捕された大森勝久は一九八三年に札幌地裁で死刑判決、一九九四年に死刑確定となったが、冤罪の疑いが濃厚である。

また、加藤三郎は、「世界革命戦線・大地の豚」「闇の土蜘蛛」などの名前で、一九七五年春以降、坂上田村麻呂の墓、明治天皇関連施設へのペンキ塗りゲリラ、一九七六年には平安神宮焼き討ち、一九七七年には京都・梨木神社をはじめとして六件の爆弾闘争を起こした。しかし一九七八年一月に、東京都板橋区の潜伏先のアパートで、明治神宮爆破のために糞尿を用いた「黄金爆弾」の製造中に誤爆、そのまま逃走し、全国指名手配となった（一九八三年五月に逮捕）。

フィクションであるとはいえ、アパートで誤爆し、「アイテテ、アイテテ」と逃げていく『パルチザン伝説』の「僕」は加藤三郎に重なる。だが誤爆事件からいえば、やはり一九七五年九月四日に発生した、横須賀市のアパート「緑荘」の誤爆事件を参照しておいてもいいだろう。革命的共産主義者同盟中核派によるとされているこの事件は、昭和天皇訪米にあわせた爆弾製造中に起きたものとされ、中核派の活動家三名と、まったく無関係だった真上の部屋の母娘の二名の合計五名が死亡し、八名が負傷した。

4　桐山襲の反日革命

ところで一九七四年八月一四日に荒川鉄橋を通過した昭和天皇裕仁は、『パルチザン伝説』においては、一九四五年八月一四日、穂積一作が隠しもったブリキ缶爆弾「第拾号」の爆発からも逃れる。史実とフィクションが交差するこの亜空間のなかで、「A新聞社　外信部記者　穂積一作」が、反日・東アジア革命運動史に名前を残す尾崎秀実に重なっていることも指摘しておこう。穂積《ほつみ》ならぬ秀《ほつ》実《み》はゾルゲ事件に連座し死刑となったが、その原点は朝日新聞特派員として赴任した一九三〇年代上海で行動をともにした中国左翼作家連盟や、二四人の青年革命家たちが逮捕虐殺された白色テロ事件である竜華事件に遭遇した経験である（このとき、尾崎は白川次郎の名で一文を起こしている）。日本軍による無差別爆撃と攻撃による、一九三二年一月二八日からはじまる上海事変の戦火のなかで、尾崎は帰社命令を受けて大阪にもどるが、その帰途、アグネス・スメドレーのもとに立ち寄ったゾルゲと尾崎らは「僕たちは、できるだけのことをやります」と言い残していく（尾崎秀樹『上海1930年』岩波新書、一九八九年）。尾崎は情報戦によって日本帝国を孤立させ、その自己批判と敗北を期した。これに対して、私たちの穂積が選んだ闘争は、天皇に対する直接攻撃によって内戦の口実をつくることであった。

だがその穂積の戦後については注意が必要である。天皇爆殺に失敗し、片方の目と片方の手を失い、「唖」となり、「大井聖」に名前を変え、「僕」と「兄」（そして「妹」）の父として戦後六年間を生きた穂積＝大井聖は、尾崎秀実がもう一つの可能世界としての戦後に生き残った姿なのだろうか。「大井聖」になりすました「穂積一作」であることを知りながら、「大井」の妻として生きる母の謎、そして父が消えたあとの母と兄の近親姦的な関係までもほのめかしながら、すなわち何重にもその存在を否定され去勢されることになる父＝「大井聖」は、一九五一年の秋に一足の靴だけを残して海に消えてしまう。そしてこの決着のつけ方に、南島で自ら死を待っている「僕」が重なる。ともにパルチザンとしての生を選択しながら、爆弾で「大失敗」し、片目と片手を失い、「死のうとしている」。

島尾敏雄が選評で生理的な嫌悪を表明したこの決着のつけ方について、大道寺将司は獄中から、『パルチザン伝説』評の求めに対して、「全共闘運動を敗北と総括し、反日革命の展望を見出せない」という「結論を急がれては困る」と不満を述べていた（前掲「『パルチザン伝説』出版弾圧事件」）。大道寺の洞察は的を射ている。最後のパルチザンとして天皇爆殺に決起したはずの革命家が、汚辱にまみれて戦後を生きることの意味として考えられることはひとつ──伝説化の否定である。オイディプスであれリア王であれ、心身に傷を負った登場人物の役割は、人々の代わりに、神罰を受け、贖罪を引き受けることにある。そしてだからこそこの父は「聖《ひじり》」と名付けられている。天皇爆殺に失敗したということは、反日革命を成就できず、これまでの／これからの天皇制の名のもとでの犯罪を止めることができないことを意味し、生者は将来に向けてその責任を背負わなければならない。革命が成就できないかぎり、生者は自らを勝者と名乗ってはいけない。さらにいえば、戦後、革命を実現できずに生き延びた〈日本人〉は、自らの贖罪を果たしていないことに思いいたるべきなのだ。そして実際、韓国と思しき地で娼婦として生きる〈妹〉は、そのことによって、生きながら贖罪を実践する役割を与えられている。贖罪を実践することのない生者＝〈日本人〉には、いっさい平和を与えまいとする桐山の永続革命的な表現戦略がここにある。

5　連合赤軍事件

もうひとつの「伝説」に触れなければならない。それは連合赤軍事件である。一九六九年の秋の政治闘争で逮捕され、一九七二年に出獄した「兄さん」は「決意した唖者」として「僕たち」のまえに現れる。その理由は、「兄さん」が「最も急進的であることをめざした党派——僕たちの六〇年代が生み落とした党派のなかのいかの党派」（強調原文）に所属しており、その党派は山岳地帯で一〇日間の銃撃戦を貫徹し、しかしまたそこに至る過程で、山岳ベースで同志たち「兵士」一四人を処刑していた。しかも処刑された一名は「兄さん」の恋人だったというものである。「燃えるような紅のヘルメット」を被っていたこの党派は、共産主義者同盟赤軍派をモデルとしており、それゆえ山岳ベース事件（実際の山岳ベースでの犠牲者は一二名）、あさま山荘事件がそのまま参照されている。桐山はこの主題について、『都市叙景断章』において主要に扱い、そこでは一四名の死者たちが途絶した革命戦争を継続することになる。「僕」から「兄さん」への手紙で構成されている『パルチザン伝説』の場合は、「兄」とその党派が引き起こした事件の扱いはあくまで限定的であるが、兄が唖者となった理由を、桐山は「殺し殺される者としての絶望」と記している。あるいは富岡幸一郎によるインタビューでは、山岳ベース事件を「加害者と被害者の関係ではなく、ある意味では自傷行為」と位置づけている（富岡前掲書、一九八頁）。

「自傷行為」という言葉で桐山が意識しているのは、連合赤軍事件が、資本制社会の拒否とそこからの主体的な「分離」を強調する革命運動が、解決不能な課題として抱え込むアポリアだということである。資本制社会を拒否することは、自らを構成する力とするための主体的な圧力を必要とする。ところで社会的生産過程という客観的条件を抜きにすれば、対抗的勢力が主観的に自らを構成する主体として自己形成することは、きわめて当然のことである。悪名高き一九四二年の「近代の超克」プロジェクトもそうであろうし、ファシズムもまた同じ力学で自己形成するだろう。主観的かつ主体的な構成する力を形成しようとする運動は、常にこの誤謬に直面している。しかし、こうした主観的な対抗的な力を形成する運動においては、所与の条件の強い拒否あるいは分離こそが、強い力を作り出すための契機として選び取られてしまう。実際に拒否されるのは、客観的な条件の弱さを直視することである。直視しないだけでなく、それを読み替えて、克服されるべき目標としてしまう。こうして、主体的で構成的な主体を権力として形成するために、リスクを進んで肯定し続けることになってしまう。

実際の連合赤軍事件における森恒夫の論理を考えてみよう（永田洋子『十六の墓標』下、彩流社、一九八三年、一一二頁）。森は（永田洋子の記述に従えば）、最初の犠牲者である尾崎充男の処刑に先立って、行方正時を相手に次のような論理を展開している。〝〈敵権力との殲滅戦を担う革命戦士たること〉が、〈レジャーの手段としての銃〉の〈殲滅戦の銃〉への転化を可能にする〟。この「銃による殲滅戦」論の論理展開においては、銃が目的で、戦士はその手段となる。〈銃〉という道具が有する使用価値としての所与の条件を否定することで、〈銃〉はその性格を変える。しかしそれが可能になるのは、精神主義な力である。なぜならレジャーの道具から殲滅戦の道具へと銃の性格を変えるためには、殺人を肯定するという主体の飛躍が求められるからである。ここで「銃による殲滅戦」というリアリティを欠いた客観的な条件の弱さは、自身の所与の意識の否定を繰り返す精神主義的な主体の決意によって補われる。労働と労働力の分離によって剰余価値が搾取される論理を反復して、精神から、無限の精神力＝労働力を引き出そうとする論理が展開されているのである。山岳ベースで主張された「共産主義化の思想」のための「総括要求」とは、主観的で主体的な構成する力を生み出すための条件としての〈拒否〉あるいは〈分離〉という契機を無理やりに主体に設定することであった。そしてそれは同志たちへの物理的な攻撃と、その物理的な否定さえもが前提されていた。そして山岳ベースでは、こうして、客観的条件を欠いたまま、構成的権力の創出のための党と軍の建設が目的化され、際限のない暴力を招くことになった。なお、この際限のない拒否＝自己否定という運動は、革命左派が重視していた女性解放運動と性差別への糾弾闘争を、「共産主義化」のための飛躍の論理に横領したものであった。しかし差別－被差別関係の具体的条件は、そこでは拒絶されていたのである。

「殺し殺される者としての絶望」と「自傷行為」という桐山の言葉にもどろう。全共闘運動は資本制社会から分離し、自己を「構成する力としての主体」とする社会運動・思想運動であった。そこでは不断に支配的価値観の拒否が、集団的と個人的とを問わず繰り返されていたはずである。主体の自然的条件の否定は、加害と被害がたがいに立場を入れ替えながらおこなわれることになるだろう。そして、客観的条件を欠けば欠くほど、否定しなければならない主体の負債は増えていくことになる。際限も境界もさだかではないまま、自己の身体や内面を必死で何かから分離し拒否しなければならないこの衝迫は、確かに「自傷行為」に等しい。そしてこの自傷行為という衝迫を止めるための壁を、主体は内面に形成していないのである。その運動は、「権力につらなると残忍になる、権力をもたないと卑屈になる」構造と相関的である。天皇制の影はこうして連合赤軍事件に見出すことが可能だろう。

連合赤軍事件には、さらに付け加えるべきエピソードがある。

共産主義者同盟赤軍派と革命左派が合同して連合赤軍が結成されたのは一九七一年七月であり、一九七一年一一月には共同軍事訓練が開始され、一二月末からは暴力的総括要求が始まり、一二月三一日から一九七二年二月にかけて一二人のメンバーが殺された。そして一九七二年二月一九日から一〇日間にわたって、あさま山荘での銃撃戦がおこなわれた。一方、アラブに脱出してパレスチナ解放人民戦線に合流した赤軍派のメンバーたちは、一九七二年五月三〇日にイスラエルのリッダ国際空港（イスラエル名ロッド）で空港占拠作戦を計画、空港警備兵と銃撃戦が展開された。その結果、実行部隊だった日本赤軍三名のうち二名が死亡、一人が取り押さえられた。日本赤軍の吉村和江をはじめとしたメンバーたちの証言に従えば、この銃撃戦は「空港無差別乱射」ではなく、空港内の多数の利用者を殺したのは、むしろあわてた空港警備兵の乱射によってであるとされる（実際に、事件後にアムネスティの真相調査要求をイスラエル政府は拒絶している）（吉村和江「日本赤軍とは何か――これだけは知ってほしいこと」、『KAWADE夢ムック　文藝別冊　赤軍1969→2001』河出書房新社、二〇〇一年）。しかもリッダ闘争を決意した三名を含む日本赤軍には、誤った「総括」によって、敵と闘う前に自壊を招いてしまった連合赤軍事件の関係者に対する、生命を賭したメッセージが込められていた。

6　死者たち

本稿の2節で私は、池田浩士の論評の適切さを認めつつも、桐山が神話的で伝奇的な構成を選び取ったことについて、意味を認めていると述べた。それは、これもすでに述べたが、生者を勝者として、死者を敗北者としてしまうヒエラルキーとの対決という表現戦略が桐山にあったと考えるからである。桐山襲にとっての全共闘運動とは、死者の存在論を書く必要があるという衝迫が与えられたことである。それは生者と死者の不平等を転覆する革命運動である。そしてそれが現実世界の革命運動の底流にありつづけることを、桐山は期待したのではなかったか。

散文の世界で革命を遂行しようとした桐山とは異なり、二〇一七年五月二四日に急逝した大道寺将司は、確定死刑囚としての立場から、句作をとおして此岸において不断に現実世界を攻撃することで、そして死者に贖罪する生を極限まで生きることで、現実の拒否とそこからの分離を実現しようとした。物語の可能世界を形成する闘いと、此岸にとどまる闘いの二つの間に大きな懸隔はない。というよりむしろ、大道寺の獄中での表現闘争＝革命運動が、桐山が推し進めた〈一九六八年の革命〉の質を明らかにしたといったほうがいいかもしれない。

『パルチザン伝説』がこれから獲得するであろう読み手は、かつてよりも直截的にその可能性を受け取るはずである。すなわち永続革命への意志を。

六朝美文とゲリラ
——高橋和巳『捨子物語』

1　文体論

中国文学における六朝美文体の研究者であったことが、高橋和巳の小説に規範を与えていたことは疑いない。「六朝美文論」冒頭にこういわれる。

文体というものは、いわば認識の坑道をささえる枠組のようなものであって、内に蔵された精神の宝は、その枠組の形状にそってのみ外に出される。一定の文柱の範囲内でなされる認識の深化が極限に達し、枠組自体の変容を必然的にせまられる異質な鉱脈の発見にいたるまで、いったん定立された文体はなかば自律性をもって継承されるのが、文学史の常態である。[*1]

文学における文体は「認識の坑道をささえる枠組」である。それは「認識の深化」の道筋であり、西洋文学でいう文体《スタイル》にとどまらず、〈ジャンル〉をも包摂している概念である。しかもそれは、対象とする事物そのものの変化をもうながす。つづけてこういわれる。

文体の歴史は、だから何よりも、その文体によって明るみにだされた認識の歴史であり、さらに一定の文体を選びつづけることが、やがて事物のがわの変化と軋轢を起すこととなり、ひとたび自己爆破し、さらに再生しようとする文人の文学的態度の歴史である。[*2]

文体の維持が「事物のがわの変化と軋轢」をもたらし、文人の「自己爆破」をきたすという文体史・文学史の理解が有している重大な知見については後述する。だがまず文体と論理の結合が文学作品の構成そのものを規定することについて確認しておきたい。陸機「文の賦」の四六駢儷《べんれい》体の対句表現を引用しながら、その具体的な機能について、さらに次のようにいわれる。

(…)もっとも古い宮廷儀事年代記である『尚書』にすでに対句は散見し、また『詩篇』の詩篇の各小節間の関係も、ほとんど、やがてより整備された対句を生むべき反復的〈畳詠〉で構成されている。漢代の賦家たちは、それを形式的に整備した。六朝の文人たちはその遺産を受け、中国語がもつ本来の運命を、いうならば運命的な美として普遍化し、さらに多様化し豊饒化しようとしたのである。もっぱら叙述のダメ押し、ないしは修辞の強調的反復であったものを、事象の類比に、事象の類比から思念の対応へ、そして対応から対比の緊迫へ、ついには対極化によって事物と思念の核心を暗示する象徴的弁証へと、対句の領海を拡大させた。[*3](傍線は引用者)

*1 高橋和巳「六朝美文論」『高橋和巳全集』第一五巻、河出書房新社、四五頁。
*2 同前。
*3 同前、五七頁。

対句が事象の類比を通して思念の対応を導き、それによって緊迫状態をつくりだしながら、「事物と思念の核心」の暗示にいたる。いわば歴史的時間と主観的な時間・経験との相互に一方的で非和解的な無‐関係性に対して、主体的な対句表現の飛躍を重ねることで、歴史的時間そのものの観念的な横領を可能とする、そうした次元にいたったというのである。高橋の長編処女作である『捨子物語』は、この方法論の具体的な応用ではなかっただろうか。語り手が病床で、友人たちと交わした哲学・思想問答を想起しているその冒頭から引用しよう。

> 男女の肉の交接が、陽の屈辱と苦渋、陰の諦念と無関心から抜けきれぬかぎり、不運は存在し、原罪とその罰は生活の下層につねにただよう。不幸はメンデル法則よりも確実に受けつがれてゆく。
>
> 論議ははじめキリスト者のいうあの〈不滅〉に関してであったが、貧困と豊饒のあいだに生れたエロスの性格へと話がそれたころから、命題は不意に、地上の〈呪詛〉あるいは〈運命〉へと転換された。*4

ここでまさしく文体はそれぞれの思念を次のステージへと運んでいる。「男女」の肉の交接は「陰陽」とその思念に置換され、「原罪」と「罰」、感受性をまとった「不運」「不幸」という緊迫状態に置かれる。しかもこの対句表現が、キリスト教の「不滅」を媒介して、「貧困と豊饒」「エロスの性格」を参照しながら、一挙に（「不意に」）、「地上の〈呪詛〉あるいは〈運命〉」という高次の緊迫状態が導入される。この冒頭部分は、『捨子物語』そのものの主題を象徴的に提示している。民俗習慣のなかの〈捨子〉という始原的な疎外を三題噺のように用いて、現実世界からの放擲に対し、美的な夢想をもって生き延びていた「私」＝荒井国雄少年が、家族に捨てられ、かつ家族（母と妹）を見殺しにして、積極的な疎外態となることで、あたかも救世主のように再生して現実世界に対峙することになるその瞬間までが、大阪大空襲というカタストロフィをクライマックスに置いて描かれる作品である。しかも作品冒頭のこの暗示は、『捨子物語』にとどまらず、高橋のその後の長編作品群の主題をも包摂している。荒井国雄の分身は、たとえば『悲の器』の正木典膳、『日本の悪霊』の村瀬狷輔、『堕落』の青木隆造、『憂鬱なる党派』の西村恒一、そして『邪宗門』の千葉潔へと分化していくだろう。もちろん『捨子物語』の綾子と美之、そして木下ひふみが『邪宗門』の小窪阿礼、行徳阿貴、堀江民江らの女性たちの性格描写に部分的に分有されているように、主人公にとどまらない長編処女作の諸要素も、その「対句の領海」をほかの作品群のなかで反復しながら拡大していく。

しかもまた、陰と陽、原罪と罰、貧困と豊饒、そして呪詛と運命といった対句は、『捨子物語』の作品そのものの構成でも貫かれている。「序章　神話」は、病床の語り手を通して作品全体が暗示されながら、若い夫婦の希望と堕落の対偶的関係が提示される。第一章では陰と陽の性格が相互に転移している荒井国雄の家族が紹介され、第二章は母や綾子、「直角先生」といった女たちと「私」＝国雄のあいだでの同様の転移、第三章は伊勢神宮への修学旅行と級友・久松との対偶的関係、第四章は家族のあいだで分有された対句的性格が、母の秘密＝中絶と綾子の失踪によって緊迫化され、それは第五章の母の狂気を経て、最終章の大阪大空襲と美之の死にいたる。しかもいくつかの物語上の主題も対句的に発展的に提示される。第一章の怪談噺や「ルンペン」老人が語る鉄道自殺は、最終章で「私」が美之を巻き添えにして試みられる鉄道自殺で反復される。怪談噺の続きを「それから、それから？」と「私」にうながす美之の「私」への無垢で従順な依存はまた、最終章での美之の死と、それを招いた「私」の原罪を構成することになる。

2　美文体の戦略

さらに、対偶的・対句的構成にとどまらず、高橋

＊4　高橋和巳『捨子物語』河出文庫、七頁。

の小説の美的な喩が六朝美文体の研究を下敷きにしていることも疑いない。

次は、『捨子物語』において、小学校五年までの同級生であり、その最後の時期に「私」とのわずかな情誼の時間を共有した「跛の少女」木下ひふみが、学芸会の終了後に「私」に見せた〈藤棚の舞〉の描写である。

> 私は夕刻、裏庭の藤棚で、求めていた姿を認めた。彼女はいくぶん深刻そうにして物思いに沈んでいた。近寄ってゆくと、彼女の眼差しは静かに私のうえにとまった。彼女はなにか合図をしたようだった。（…）そして、なにを思ったのか、松葉杖を塀に立てかけ、滑稽だった私の身振りをまねて、そこで踊りはじめたのだった。（…）彼女が腕を虚空にうち振ると、折目正しいスカートが波立った。柔和な、ほとんど優美な踊りの動作が、彼女の肉体の欠陥をおぎない、青と橙色の交錯が象嵌細工の蕩揺を思い出させた。藤棚から垂れさがった花の残骸と小葉とが、孤独な妖精の狂乱につれて上下動する。
> （…）
> 膝を屈して地につき、首を空に仰《あおの》けたまま、両手を、飛翔を夢みる家鴨のように揺する。
> （…）
> 突然、意表を衝いて少女は立ち上ると、短いスカートの裾を蹴って、病める足は地上すれすれに環を描いた。原始民族の祭典、巫女の犠牲〔いけにえ〕をまえにした狂乱のように。人知れぬ山深くの池畔で、影を水面に落して葦笛にあわす老耽美派、邪曲と衰退の傲りたかぶる舞踊のように。祈禱の夕暮れは、遠く西に馳せさり、閉ざされた静寂は、そのひそやかな宴《さかもり》のうえに金色に燦めく。やがて幻の太鼓の音がする。動悸のようにはげしく空ろに。少女は世界の悲惨、人の世のすべての懊悩を背負うもののように舞う。私の耳は、汽車の走りさった線路に身を伏せたとき、そのときに感ずる空おそろしい地響きにみちていた。*5（傍線は引用者）

ここには多くのイメージが参照されているが、『李商隠』から、まず「牡丹」の翻訳を参照してみよう。原詩の読み下しは「手を垂れて亂《みだ》れ翻える雕《ちょう》玉《ぎょく》の佩《はい》　腰を折りて争い舞う鬱金裙《うっきんくん》」の二行である。高橋はこれを次の訳をあてている。「やがて風が吹き始めると、庭園に花の舞踊が始まる。微風の調べに合わせて、垂手の舞いに、ちりばめられた硬玉のおび玉のように露を光らせた細長い牡丹の葉が乱れ翻える。やや強い風には、腰を折り体をくねらせ、渋い黄色のスカートのように牡丹の花が争い舞う」[*6]。ひふみの舞のほうは藤棚の花に重なって描写されているが、李商隠「牡丹」は牡丹の花を舞いにたとえて愛でる詩句である。「牡丹」は衛公の美夫人南子《なんし》の牡丹にあやかって、パトロンであった令狐楚の宴の席上で、そこに控えていた妓女をからかって作成された、と高橋は注釈している。「巫女の犠牲」の舞いになぞらえられる二番目の強調部分は、『詩経』の「雎鳩《みさご》」の詩句にあるような祖先祭祀の舞いを示すが、ここでの交感の対象は祖先ではなく、「私」である。ひふみの舞いを前にして、「私」は身動きすることは許されぬと感じる。それは二人が心的な情誼を交わすがゆえの緊張でもあった。

> 私の張りめぐらした想念の蜘蛛の網すれすれに、しかし、彼女の指先はけしてそれに触れることはなかった。それでも私は息を殺して、じっと待っていた。そのとき、少女の情感と誇り、孤独と悲しみが、一つの小石に凝結することができていたなら。おそらく彼女もそれを欲していただろう。忍従のなかから一瞬浮びでるその夢が、たとえ雑草の影の小石にでも宿り得るならば。[*7]

高橋が「六朝美文論」でいうように、「美文がもつ第一の特色は、惜しみない個人の感情の強調にある」[*8]。ここで情感を深く浸しているのは別離の感情

＊5　前掲『捨子物語』一三五－一三七頁。
＊6　高橋和巳『李商隠』河出文庫、九三頁。
＊7　前掲『捨子物語』一三七頁。

であるが、その情感はあふれだし、「雑草の影の小石」となることを期待するほどに、すなわち物理的で形而下の世界を動かすばかりになる。これは、対句を重ねることで展開をとげた一定の文体の維持が、「事物の変化と軋轢」に達している瞬間である。しかもこの働きかけによって、「私」に交感がもたらされようとしている。しかしこの交感はあえなく潰える。「少年のエゴイズムは少女の敏捷な感性とは、ついに一致することができなかった。私が求めたとき、もう少女は一つの抜け殻にすぎなかった」[*9]。「私」が少女と一致するならば、「私」は私以外の、別のものになるはずであった。広義の文学の運動と区別される、個別の作品それぞれのなかで生起している「自己爆破と再生」がここにある。そしてそれは他者への融合の可能性を意味する。

さらに「私の耳は、汽車の走り去った線路に身を伏せ」、その地響きを聞くという三番目の強調部分は、作品の最終部、美之をともなって鉄道自殺しようとして、「私」だけがあやうく助け出されるその瞬間の描写が予示的に借用され、引用されている。

六朝美文体からの借用による「事物の変化と軋轢」「自己爆破と再生」の表出の例をもうひとつあげよう。

裏木戸の幽霊の「幽霊か人魂」の気配ではじまる第四章では、中絶手術のために二週間家をあけていた母がもどり、綾子が失踪し、「私」の「若年の夢にたいする別離」が完了する[*10]。失踪前の最後の時間に、弟である「私」に別れを告げるため、かねて訪れたことのある山麓の僧院に行く。僧院からは不安な震えをともなう歌声が聞こえている。

> 「あのあずまやで腰かけなさい」
> 苔の青と石畳の白の対照のあいだを、綾子は跳び跳びに進んでいった。私は、いま聞えている歌声が、早くいかねば消えうせるのではないかと気が気ではなかった。四阿の、しめっぽい椅子に腰かけると、綾子は私をまじまじと見つめて、これからは、もっと美之のめんどうをみなくちゃいけないよ、とおなじことを繰りかえ

した。[*11]（傍線は引用者）

ここで「苔の青と石畳の白」は、李商隠の「重過聖女祠（重ねて聖女祠を過《よぎ》る）」からの借用である。「重過聖女祠」は日本の竹取物語の原型のひとつでもある「杜蘭香」伝説にちなむ詩であるが、この聖女を祀る祠がこう描写されている。「白石の巌扉《がんぴ》碧蘚滋《へきせんしげ》し」。高橋の訳は以下である。「東川より長安に帰る途次、ここ鳳州の泰岡山の懸崖、聖女を祭る祠に再び立ちよることとなった。祠の玄関は自然の峻しい巌石でできている。それが扉でもある白い石の門は時の色に古び、青い蘚《こけ》が、石の白さに対照して色鮮やかにしげっている」[*12]。仙女・杜蘭香は湘江の岸に捨てられ、漁夫の家で育って成長し、天上に帰る。杜蘭香の典故を参照しながら仙界へのあこがれを歌い、天上の歓びに与りたいという強い現実逃避への渇望が示される。「私」もまた、僧院の「苔の青と石畳の白」という「聖女祠」からの表現の借用によって、現実の綾子との別離を直視しようとせず、その代わりに仙界への渇望をたどろうとしているのである。実際、「私」は、僧院のなかを、「聖女祠」の典故にしたがうように彷徨する。「さよなら」という他人行儀な挨拶を残して綾子が「私」から離れたあと、「私」ひとり、扉をくぐって僧院に駆け込む。そこは「全体があって部分のない、いわば賓辞のない風景だった」。


山肌がなめらかに……。石ころの小径が……。祠と見まがう炭焼小屋が……。風と冷気が……。

（…）

その荒涼とした風景の中に、一人の人物が私のゆく手の小径につっ立っているのが見えた。それは漁師でも樵夫《きこり》でもなかった。（…）これが人間だろうか。人間と直観的に解ったことの

＊8　前掲「六朝美文論」四六頁。
＊9　前掲『捨子物語』一三七頁。
＊10　同前、二九八頁。
＊11　同前、二八六頁。
＊12　前掲『李商隠』五三－五五頁。

方が不思議なくらい、その者は奇妙な恰好をしていた。苔と歯朶《しだ》の褥《しとね》のうえに、その者は奇妙に体をくねらせて、直立していたのだった。[*13]

「全体があって賓辞のない世界」、すなわち日本語としての統辞が完成していない、それゆえ対象的な現実性をもたない夢想の世界で、「私」が出会った「沈黙の裸像」は、「漁師でも樵夫でも」ない。もちろん典故に従えば、この裸像は漁夫である。漁夫は右脚で立ち、左脚は太股を胸につけ、足首を首筋に巻き、踵を肩に足指を右耳にひっかけ、両手を虚空にむかってつきあげている。それは天上に去っていった仙女・杜蘭香をおいかけて自らの足を空に向かって引き上げたまま固まってしまった彫像である。「私」はこの男に共感を抱いて語りかけるが、それが共に愛するものに捨てられた悲しみにあることに気づき、「疼痛」が身の内をほとばしる。次にこの沈黙の裸像から遠ざかり、「私」は歌声の主である神仙女に出会う。

「――よ」私はことさらに力をつくして呼びかけた。[*14]

「私」はこの仙女に対して、杜蘭香の漁夫がそうしたように、「雫に濡れた薄い衣をはがしにかかった」。しかし彼女の「それだけは駄目なのです」という激しい拒絶と「顔中を皺だらけにしたその悲哀の表情」に遭い、「心を剃刀でひき裂く」衝撃を受ける。悔悟にとらわれた「私」のまえで、歌声は消え、水たまりはガスをふきあげる泥水にかわっていた。[*15]こうして「私」は夢想との同化を果たそうとして、「自己爆破」を引き起こしたのである。そしてまた、綾子の姿が消え、空襲にそなえた「家屋強制疎開」のために廃屋となった幽霊屋敷や街なみに、「私」はひとつの世界の消滅を経験する。「私はゆっくりと目を移動させ、その館がなくなることによってつき通しに見えるようになった裏町の朝鮮人長屋の瓦屋根から、依然として蒼く澄んだ空のカンバスのうえを幾本も幾本も抛物線をえがいて走る電話線や電燈線を見た」。それらの事物は「己れの生命を主張しつづける生物のごとく」あった。[*16] 私はまだ対象的世界の現象学的な実存に興味を抱いてはいない。しかし、「事物」はその方向に向かって変化を遂げつつあった。

『捨子物語』のあと、高橋和巳はその幼年時代を過ごした寄せ場・釜ヶ崎を『堕落』や『邪宗門』の主人公たちの終焉の場所として設定することとなる。それはこの長編処女小説のあと継続されていく文人・高橋和巳の「自己爆破と再生」の物語にほかならない。

対句的反復が必然的に先行する形式を爆破してしまうという六朝美文体の文学運動史が、単なる学的知見にとどまらず、実生活における高橋和巳の行動と発言をも規定していたことも疑いないだろう。それは京都大学における中国文学の恩師・吉川幸次郎との関係の〈爆破〉も含んでいた。しかもこれにかかわって、救い主としての「新しい父」との予定された裏切りについても、『捨子物語』の最終部分に書き込まれていることに、私たちは驚きを禁じえないだろう。[*17] すなわち高橋は、文と人格的存在との一致において、運命的な覚悟を抱いていたということを意味している。

3　ゲリラ

六朝美文体の歴史を学んだ高橋は、それを通してより普遍的な国家と文明の認識の歴史を体得した。それは文学固有の主題としての個の内面的な葛藤の重さに対する適切な評価をともなっている。『李商隠』「曲江」の末尾の二連とその翻訳を参照しよう。「天荒れ地變じ心折ると雖も　若し春を傷むに比ぶれば意《こころ》未だ多からじ」。高橋訳は以下の通り。「たとえ天変地変のようなはげしい革命がこのように続き、心は千千に砕けようとも、一人の女性の惨死を聞き

＊13　前掲『捨子物語』二八七頁。
＊14　同前、二九二頁。
＊15　同前、二九五―二九六頁。
＊16　同前、二九八頁。
＊17　同前、四二一頁。

知り、春にも喩うべきその人の死を傷む心にくらべれば、あい続く動乱にくじける心のかなしみも何ほどのこともないと思えるのだ」[*18]。

革命や動乱がもたらす悲劇と同様に、いやそれ以上に一人の死に対する傷心は重い。それが美文体の展開を生んだ晩唐中国文学の政治性と文学性である。しかし、この美文体の歴史は、先に引用したように、「一定の文体を選びつづけることが、やがて事物のがわの変化と軋轢を起すこととなり、ひとたび自己爆破し、さらに再生しようとする文人の文学的態度の歴史である」という、事物と主体の関係に対する重大な論点を提起している。この文体史論を「曲江」に重ねて解釈すれば、愛する一人の死に対する傷心を表現する美文と、それを支えてきた文学的レジームが、対象的世界と文の作者の双方に葛藤と変革を引き起こすということを意味する。いいかえれば、愛する一人の死に対する嘆きもまた、ひとつの革命をもたらすのであり、それは対象的世界を領有してしまうということである。『捨子物語』のいくつかの場面を通し、本稿が論じてきたことの論旨は以上に尽きる。このことをもう少しだけ敷衍して、本稿を終わりたい。

一人の女性の惨死を聞き知り、その人の死を傷むのは、単独者である。永遠の離別の嘆きは、それが単独者との関係であるからこそ深い。単独者はその嘆きがあまりにも深いからこそ、言説の権力の中枢にむかって、直接的か、あるいは象徴的に効果的な攻撃を行うことで、その嘆きに多くの人々を動員しようとする。しかもその嘆きが歴史的な記憶として、後世に残されることさえも望むのだ。それゆえ美文体という文学的レジームを熟知していることが条件となる。こうして、卓越した修辞の技術と文体史の知識を駆使して遂行するその文学的投企とは、文学制度のなかの政治的プロパガンダに等しくなる。したがってこういいかえられるだろう。美文体の戦略とは、単独者による、文という極小ユニットを用いた権力中枢への直接的な攻撃であり、同時により広範な対象の動員をめざして発せられる政治的プロパガンダである。それを遂行する作者は、まぎれもなく一人のゲリラである。

一九六〇年代から七〇年代の時空間において、やがて政治闘争の分野で多くのゲリラたちが、最小限の組織や極小のユニットを駆使して、権力に対する直接的な攻撃と政治プロパガンダを志すようになった。これは戦後日本にかぎっても、政治と精神の現象学におけるひとつの共通了解の形成であった。高橋和巳がその政治的精神現象学の渦中にいて、共産主義者同盟赤軍派の結成や、「少数者の革命」というイメージに並々ならぬ関心を抱いていたことは周知の事実であるが、[*19]そのとき彼は自分が生きている同時代の運命を、晩唐中国の詩人たちの文学的投企に重ねていたと私は推察している。

*18　前掲『李商隠』四九－五二頁。
*19　高橋和巳「同時代対談　大いなる過渡期の論理」（対談者・三島由紀夫）、高橋和巳『日本の悪霊』河出文庫、一九九六年。

ギギギ
——私闘するテロリスト漫画

被爆者である自分を隠して生きてきた中沢啓治は、一九六八年から、「黒い雨にうたれて」を第一作とする〈黒いシリーズ〉によって、被爆者たちの生を抑圧しようとする日本社会への告発を開始する。
ちょうど同じことが一九六〇年代から七〇年代にかけての第二次民話ブームでも起きている。松谷みよ子が被爆椅子をモチーフにした『二人のイーダ』を発表するのが一九六九年。松谷はこれ以降、「直樹とゆう子」のシリーズ五作品を書き継いでいく。

ちなみにやはり松谷の傑作民話「ほっかむりたぬきとじっさま」が一九七二年に発表されている。西瓜やメロンを食べてしまう狸被害の対策で畑にカーバイドランプが吊るされるが、それはＫ国の密航船の合図ではないかと一一〇番の電話がかかり大騒ぎになる。すると誰かが、その電話をしたのは狸ではないかと言う……。山形の庄内浜で採取された「現代の民話」である。じいさんはこういって騒動に落ちをつける。「たぬきらも人間に山をおわれとるでなあ、もともと、このへんは、おらたちの山だといいたいかもしれんの」[*1]。

もともとの所持者・所有者はおれたちだったと主張することと、戦争や被爆の経験を当事者が復権しようとすることとは同じである。どちらも、ずっと前からそこにいたにもかかわらず、いなかったことにされている。土地とその記憶の所持者はその記憶についてのいっさいの権利を失っている。その土地で起きた悲劇もいっしょに、である。総力戦と敗戦の時代が過ぎて、再び国土がレント化されていくとき、その土地の記憶──戦争や被爆の記憶──もまた抑圧されるのである。そうした一九六〇年代の後半に、少年や少女を読者対象にした漫画と民話の世界で、戦争経験の抑圧を告発する作品が発表されたのは偶然ではない。子どもたちは何も所有していないがゆえに、直観的に持つ者と持たざる者との敵対的な関係を知覚するからである。そしてその直観を表現の方法論の核心に据えた中沢啓治と松谷みよ子のどちらも、日本社会に鋭い神経刺激を加えて、その経験を掘り起こすことに成功した。

1　民話的運動

中沢啓治『はだしのゲン』は、先行する〈黒いシリーズ〉と、被爆という主題を共有しているとしても、その表現形式はまったく異なる。「中岡元」という少年の世界の物語は、オノマトペが台詞を埋め、エピソードのシークエンスを芸者小唄、浪曲、数多くの唱歌や流行歌の替え歌がつなぐ。「朝だ／五時半だ／弁当箱さげて／家をでていく／おやじの姿……／昼めしは／ミミズの／うどん／ルンペン生活／なかなかつらい／月月火火／ノミがいる」「八百余州の乞食〜／ざるをもって／門にたち〜／おっさーん／めしをくれ〜／はら　いっぱい／めしをくれ〜」「さよなら三角／四角いトウフ／トウフは白い／白いはうさぎ／うさぎははねる／はねるはカエル／カエルは青い／青いはバナナ／バナナはむける

＊1　「ほっかむりたぬきとじっさま」、松谷みよ子『松谷みよ子の本』第二巻、講談社、一九九四年、四五七頁。

……」。無限に続く少年たちの日常の時間を構成するこれらの歌と、はっきり描き分けられる善人と悪人。戦争協力者たちの日本人はすべて鬼の形相で描かれ、抵抗するゲンの一家は容赦なく叩かれ、額や口から血を流しながら「ギギギ」と歯ぎしりする。台詞の終わりはしばしば二回、畳みかけるように繰り返される。「どうしたんじゃ　どうしたんじゃ」「かんにんしてね　かんにんしてね」。収奪と怒り、ルサンチマンが反復されながら、歌が衝動をやわらかく抑え、非日常が日常のリズムに吸収されていくことで、ゲンたちは凄惨な日々を生き延びていくことができる。この民話的なリズムは『はだしのゲン』において確立された固有の表現であり、小津安二郎やイングマール・ベルイマンの映画のように、非西洋あるいは周縁的な世界から発せられた表現であるこの漫画が、世界的な普遍性を獲得した理由のひとつである。『はだしのゲン』はこうした民話的世界の形式に支えられた漫画なのである。[*2]

2　イメージ空間

中沢啓治の表現上の達成が、〈化け物〉と化した被爆者たちの非人間的な形象を漫画化したことにあることは、いうまでもない。高熱によって背中の皮がフンドシのように垂れ下がっている。突き刺さったガラスが体の表面を覆っている。そこでは人間以外のものが、人間の動きを演じている。抽象化され、非-個人化された犠牲者たち。しかしこの抽象化・類型化によって、生きた差異化がカットとカット、コマとコマのイメージの運動のなかに表出する。生きた差異によって、漫画の運動が私たちの身体に浸透作用を引き起こす。〝目を覆いたくなる〟ような描写は、目を逸らす・ページをすばやくめくるという〈関わり〉を私たちにもたらすのである。ゲンたちはしばしばこの被爆者の形象をトラウマ的に反復し想起（act-out）する。このイメージ空間を通して、私たちもゲンの経験を生きる。

被爆者サバルタンとしての中沢啓治の直接的な経験だけが、この表現上の成功を約束したわけではない。漫画表現が有している固有の制約をコントロールすることによってそれは可能になったのである。それは、ペシミズムの時代における表現という課題に意識的に取り組むことでもあった。繰り返しになるが、記憶の抑圧者たちが大手を振るっていた一九六〇年代後半という状況のもとで、中沢啓治が原爆を漫画の対象にするために、いくつかの決定的な表現上の工夫を必要としたことに留意しよう。ペシミズムの時代の政治的表現は、政治的メタファーを超えることができないかぎり敗北してしまう。表現者はそこで敗北しないための工夫をしなければならない。かつてヴァルター・ベンヤミンが次のように論断したとおりである。「ペシミズムを組織化するとは、政治から道徳的なメタファーを追放し、政治行動の空間に百パーセントのイメージ空間を発見することにほかならない[*3]」。

だが、イメージ空間と集団的身体との直截的な結合による革命を夢みたベンヤミンが、その成功例として分析したのは高度資本主義とファシズムであった。マイノリティであり、自らを他者による否定的な定義でしか表象することのできないサバルタンは、政治行動の空間を覆う「百パーセントのイメージ空間」をつくりだすことができるだろうか。いいかえれば、記憶の抑圧者たちを逆に支配する表現はどのように構築できるのか。

中沢啓治の答えのひとつが〈化け物〉と化した被爆者たちの形象の創造であった。そして中沢が用意したもうひとつの答えについては、被爆者たちの形象と同じくらいの注意を払わなければならない。それはルサンチマンを抱いて私闘を展開するテロリストたちを創造し、その身体性によって物語を支配することである。

＊2　『はだしのゲン』と「民話的手法」についてはすでに呉智英が言及している。呉「『黒い雨にうたれて』解説」、中沢啓治『黒い雨にうたれて』ディノボックス、二〇〇五年。

＊3　ヴァルター・ベンヤミン「シュルレアリスム」、浅井健二郎編訳『ベンヤミン・コレクション一　近代の意味』ちくま学芸文庫、一九九五年、五一六頁。

3　私闘

〈黒いシリーズ〉のひとつ、一九七二年の作品「黒い土の叫びに」は、中沢啓治のケロイド描写が完成した作品としても記憶される作品であるが、その終わりに、被爆者の遺骨を「黒い土」から掘り出した主人公＝隆二が、被爆者の無念の遺志を受け継ぎ、富士山を背景にした新幹線のなかで、隣席の客が読む新聞記事の見出し「中国またも核実験」「四次防きまる」を見てどす黒い怒りを抱くアップが描かれる。一人のテロリストが誕生した瞬間である。このイメージは、シリーズの第一作「黒い雨にうたれて」ではゴルゴ13とみまがうような殺し屋によって、「黒い沈黙の果てに」では、三葉工業という、明らかに三菱重工をモデルにした軍需企業の社長を暗殺する唖の青年で繰り返される。とりわけ後者は、すでに始まっていた東アジア反日武装戦線の侵略企業にたいする爆弾闘争との連帯を表明しているのではないかとさえ、思わせる。なお侵略企業・軍需企業に対する報復的な行動（「わしらを戦争と原爆で苦しめたかりをかえしてもらうぞ」）は『はだしのゲン』でも繰り返される。[*4]

『はだしのゲン』において、ルサンチマンが組織されるのは少年たちの遊びの延長としての窃盗や強奪を通してであり、それは常に身体的かつ情動的に組織される。

栄養失調で死にかけている赤ん坊の妹・友子の命を救うために、ゲンは弟分の隆太と米軍の備蓄基地を襲うことにする。ゲンは「くそったれ　わしらは死なんぞ　どんなことがあっても死んでたまるか」と言い、隆太は「そうじゃあんちゃん　犬殺しだって人殺しだってドロボウだってやろうぜ」と応える。先に泥棒に入ったが、逃げ切れず撃たれた浮浪児仲間の「カッチン」を前にして、その決意はさらに固まる。隆太は「あ　あんちゃん　とりにいこうカッチンのかたきうちじゃ」「それにアメ公が原爆をおとした　わしらこんなに苦しんでいるんじゃ」「アメ公からミルクや食糧をとったってわるくないぞ」と煽る。[*5]

ゲンの世界においては、生きることははじめから私闘であった。反戦思想を公言してはばからなかった父のために、戦時下には隣組から迫害され、父、姉、妹を原爆で失った戦後は稼ぎ手も家も土地もない家族であった。何も持たないものたちは、生きるために、持つものたちからより多く掠め取るしかない。より多く持つものたちは、同情さえも分けることを拒絶する。助けを乞い、一片の心配りも寄せられないときに、私闘は正当化される。そして私闘は集合的身体を組織する。集合的な身体として形成されることで、その集団の中の他の身体が自分の身体の一部になる。一ヶ所を刺せばほかもチクリとする、ひとつの神経組織が形成される。「かたきうちじゃ」は集合的身体を形成するイニシエーションであり、合言葉である。実際、成長するに従って分別を備えるようになるゲンに対して、ゲンの身体性を受け継ぐ隆太は、かたき討ちのために、二度にわたってヤクザを殺す。私闘とはまた、自分に対する闘争でもある。中学の同級生・相原は、原爆孤児であり、原爆症のために死に場所を求める究極のテロリストとして描かれる。

私闘の論理への制動がこの作品のなかで働いていないわけではない。中学生のゲンは、共産主義者で恩師の太田先生に対して珍しく大人の評価をくだす。「愛とかやさしさはもてはやされ大いに語るが 真の怒りについて語る人は、ざらにはおらん…… 太田先生は真の怒りを語るんじゃ」[*6]。さらに兄の浩二は、家族で出かけた京都で死んだ母親を背負って、天皇の謝罪を求めて東京行きを強行しようとするゲンを殴って諌める。「できることならわしもやりたいわい」「ほいじゃがたった一人の小さな声ではどうにもならんじゃないか……」「日本人一人ひとりがおまえと同じ気持ちになって大きな声に変えていくことじゃ」「戦争と原爆のけむりがたてば日本人みんなが力を合わせて消していくことじゃ」[*7]。

＊4 中沢啓治『はだしのゲン』第六巻、汐文社、一九九〇年、一七〇頁。
＊5 同前、第四巻、汐文社、一九七五年、六五、七〇頁。
＊6 同前、第八巻、汐文社、一九九三年、一〇二頁。

ゲンの決起を無限延期しようとする浩二の立場は、しかし私闘の論理を中断しないし、中和もしない。先に紹介した究極のテロリスト・相原のエピソードは、この京都での浩二とのやりとりの直後に書かれるからである。中沢啓治は私闘の無限延期＝待機主義を認めていないといっていいだろう。

4　労働＝無限のかっぱらい

戦後新左翼運動の組織者として活動し、谷川雁らの大正行動隊にも参加したアナキスト・山口健二には、一九六二年に書かれた私闘とかっぱらいについての洒脱なエッセイがある。

「自己疎外としての労働」などというスマートな言いぶりが沢山ある。ある炭坑夫にこの言葉をやっとこ説明したら、「要するにスミ掘ってるおれがかっぱらわれてるというのけ？　なアーに、かっぱらいはおれの方さ。仕事はみんなかっぱらいだ」と断乎言い放った。（…）

安保闘争というのがあった。今はもうなくなったのか？　今は「私闘」としてのみある。ということは、安保闘争はもともと私闘としてのみ存在しえたからではないか。

私闘はつづいている。例えば六・一五裁判というのが今あり、当然にも被告という人々がいる。この人々の闘いは、まさに私闘である。

（…）

「失うものは鉄鎖のみ」という鉄鎖は己れでしかない。つまりは失うものは何もない一揆の現場の、それは一塊の煉瓦であり、そのなかにおれのあらゆる時間＝空間がころがっているふうであるのだ。一揆の現場で、煉瓦は何ものにも何ごとをも委託しえないし、委託されえない。敵や味方の頭数を数えるのではなく。敵や味方の頭をぶち割る以外のものではない。つまり即座の労働であり、無限のかっぱらいとしての、それは私闘以外の何ものでもないのだ。[*8]

かっぱらいは私闘であり、それは眼前の敵に報復する即座の労働である。生産的労働にかかわるとしても、労働は常に身体的で道具的であるという意味で即座的である。一揆の際に投ずる煉瓦は、富む者に対する私怨以外のものではない。それは私怨を持った私闘である以上、政治的メタファーや公の論理を仮託する必要はない。何も所有しないものの労働は、労働力を搾取される賃労働かもしれないが、レント化された土地や資本を持つものに対する生存闘争である。ゲンの世界においては、所有するものたちが世界を根こそぎ奪ったのが、戦争であり原爆であり、日本帝国主義でありアメリカ帝国主義である。所有者たちはあまつさえ原爆症という災厄を背負わせた。そして、何も所有しない子どもにとっての〈所有〉であるところの、土地や人々にかかわる民話的で贈与互酬的な関係という生存の条件を破壊した。そうした生存条件を奪われた子どもたちにとって、そもそも労働とは私怨であり私闘である。そのような生存闘争としてのゲンの労働は、全的な所有者に対する全的な無産者の闘いになる。したがってその闘いは正当な報復となるのである。だからこそ『はだしのゲン』にはかっぱらいと報復に対する贖罪意識が存在する余地はない。

ゲンの世界観が正しいのは、世界はすでにすべてを収奪されてレント化されているという大前提に立っているということである。私たちは何かを所有している気になっているが、実は何も持っていない。しかしそのような直観を獲得できるのは、この現象世界においては何も所有することができない子どもたちと、すべてを奪われたサバルタンだけなのだ。

5　おわりに

東京をめざして看板屋として自立していくゲンと、ヤクザを殺して東京に脱出していく隆太と勝子には、後悔も、ルサンチマンも政治的な意味づけもない。

＊7　同前、第七巻、汐文社、一九九〇年、二五二頁。
＊8　山口健二「俺の敵はお前だ――あるアジテーション」『白夜評論』第七号（現代思潮社、一九六二年六月）三四－三七頁。

あまつさえ、勝子は逃亡を次のように正当化する。「正義の仮面をつけて　戦争の甘い汁を吸った奴らはみんな殺人者として刑務所に入るんじゃ　正義と言う言葉ほど恐ろしいものはないよっ」「戦争の犠牲にされた隆太が刑務所に入るのは不公平じゃ」「まず天皇が先に入るんじゃ」。さらにゲンも重ねてこういう。「おまえは原爆の恐ろしさを証言できる大事な見本じゃ　これからの地球上の人間を救える証言者じゃ　天皇よりよっぽど役に立つ偉い人間じゃ」「おまえを刑務所に入れとくのはもったいないわい　堂々と逃げろ」[*9]。

収奪者は相応の報復を受ける。その報復は私闘を通しておこなわれるから、他の誰かに頼んだり、組織化のスケジュールを調整したりする必要はない。自分のいまやり返せなくても、明日にはやり返す。自分のからだひとつがあればそれができる。さまざまな困難がゲンや隆太、勝子を襲うし、不測の出会いと別れがあるが、それが彼ら・彼女らに何かを付け加えることはない。低次の段階から高次の段階に止揚されていく弁証法はここでは無用である。彼ら・彼女らは成長していくが、その身体性と速度は、物語のはじまりから終わりまで保たれたままである。かっぱらい＝私闘という直截性をそなえた身体が、ゲンたちの未来の可能性を拓いていく。しかもそれは漫画というメディアに固有の運動でもある。漫画は常に登場人物たち＝ヒーローたちの視点で語られ、その言動によってしか物語は先に進まない。あくまで個的な身体を中心に展開していくメディアなのだ。中沢啓治の『はだしのゲン』の核心に〈テロリスト〉が位置しているとすれば、それはヒーローを描くことに適しているという、漫画というメディアが必然的に必要とする固有の条件に一致しているからなのである。こうして主題と方法の完全な一致によって、『はだしのゲン』は成功したのであり、すぐれて政治的なイメージ空間によって、現実の政治的空間を乗り越えていったのである。

＊9　前掲『はだしのゲン』第一〇巻、一九八七年、二四〇、二四二頁。

サバルタンと部落史

サバルタンと宗教
——被差別部落の経験から

0　はじめに

宗教による部落差別のありようを提起する論点として、「差別戒名」にかかわる一連の問題系がある。[*1]被差別部落民（以下、部落民）の葬送における仏教各宗派による戒名の手引書は、真言宗の『貞観政要格式目』（一五三九＝天文八年）をはじめとして、全体で六種のテキストが知られている。すなわち、『諸回向清規』（臨在宗、一五六六＝永禄九年）、『無縁慈悲集』（浄土宗、一六二六＝寛永三年）、『泥洹之道』（浄土宗、一六三四＝寛永一一年）、『貞観政要格式目僧官』（禅宗、一六四八＝慶安元年刊行）、『真言引導要集便蒙』（真言宗、一六八四＝貞享元年刊行）、である。このうち『無縁慈悲集』が示すところは、『観無量寿経』の「仏心とは大慈悲これなり、無縁の慈をもって諸の衆生を摂し給う」に従い、被差別部落（以下、部落）に対し慈悲をもって葬儀を行うというものである。[*2]慈悲に従って位牌の置字を位階化し差別化するこの作法には、同時にその根拠として仏教教団が有していたケガレ観念がその由緒とともに記されている。それは真言宗系が伝承していた御札の文言にも共通するものである。[*3]

仏教教団が部落民を身分差別の体系のうちに位階化する思想的根拠は、こうして仏の慈悲という大義によって担保されていたが、同時にまたこの大義は部落民の救済の根拠でもあった。差別と救済、いわば位階化による排除と包摂を同時に遂行する仏教教団と部落とのアンビヴァレントなこの関係は、部落民が近世の「平人社会」に包摂される根拠を与えるものでもあった。そしてこの関係は近代以降の部落と宗教との関係においても基本的に継続して現代にいたっていると考える。仏教教団による部落の位階化による排除と包摂、そのもとでの救済という契機は制度化され慣習化することで、地域社

＊1　仲尾俊博『宗教と部落差別――旃陀羅の考察』（柏書房、一九八二年）。先駆的には柴田道子『被差別部落の伝承と生活――信州の部落・古老聞き書き』（三一書房、一九七二年）が長野県内の差別戒名を紹介し、さらに小林大二による調査報告である長野県小県郡丸子町公民館内部落解放墓碑研究会『小県郡依田窪　被差別部落の墓標――調査報告書』（一九八〇年）がある。
＊2　藤井正雄『戒名のはなし』吉川弘文館、二〇〇六年、一六三―一六七頁。
＊3　門馬幸夫「「穢れ」と差別」、赤坂憲雄他編『いくつもの日本Ⅴ　排除の時空を超えて』岩波書店、二〇〇三年。

会における部落のあり方を規定している。現代につながるこうした論点は、近年研究が進展している真宗教団内および在地社会における部落寺院についての研究の関心とも重なっているだろう。[*4]

本稿では、こうしたアンビヴァレントな部落と仏教教団との関係を素描しながら、それを自律的な自己救済の契機へと転換していった部落民の主体の実践を記述しようとするものである。それを通して、サバルタン研究上の議論を参照しながら、より広義のサバルタン階級と宗教との関係についての論点を提起したいと考える。[*5]

1 「慈悲」の諸相

畿内および西日本の部落の檀那寺には浄土真宗が集中しているが、東日本では事情が異なる。次に示すのは、近世常総地域（茨城県）の部落と寺院の事例である。常総地域では、古河・結城・真壁などの部落において大半が時宗の檀家である。こうした傾向は下野の部落でも該当する。ところで部落と寺院との関係において、興味深い慣例が結城町（現・茨城県結城市）で記録されている。

結城町山下の部落の檀那寺は、白銀町の時宗常光寺の末寺・常照寺であり、年中行事で小作の直納や年始の年礼の習慣があった。結城町・白銀町の時宗・常光寺の年中行事記録である「常光寺年中行事早弁録」（一八六三＝文久三年成立）によれば、大晦日までに、末寺の山川・常照寺の小作人より年貢が直納されていた。そして、正月三日には「藪下穢多旦中共台所迄参り、銘々四十八文ツヽ、包ミ、

年礼ニ参候間、納所罷出返答致し遣候」とある。[*6] ここで「藪下穢多」とは結城町に位置するえた部落

＊4 安達五男『被差別部落の史的研究』（明石書店、一九八〇年）以来の近世政治起源説の枠組みのもとでの部落寺院研究に問題提起をおこない、真宗教団内における部落寺院の研究を大きく進展させたものとして、山本尚友『被差別部落史の研究――移行期を中心にして』（岩田書院、一九九九年）、また山本の研究を批判的に継承しながら大和国をフィールドに研究を進めているものとして、奥本武裕による「「部落寺院」の本末・寺檀争論をめぐって」（奈良県同和問題関係資料センター「研究紀要」第五号、一九九八年）など一連の論考がある。

＊5 「サバルタン subaltern」とは、イタリアのマルクス主義者、アントニオ・グラムシの用法にもとづく。もともとは軍隊の「下士官」を意味する「サバルタン」を、グラムシは、農民を含む下層民衆など、南アジアの非エリートの従属的被抑圧集団を指すものとして用いた。この語をキーワードにして、一九八〇年代初頭にインド出身の歴史学者、ラナジット・グハ、パルタ・チャタジーらを中心として、「サバルタン・スタディーズ」という研究グループが創設された。植民地主義の歴史を、植民地化された被抑圧階級の側から記述することをめざしたこの研究グループの活動は、国際的な影響を与え、各地域のサバルタン研究の展開を促し、ポストコロニアル研究の発展に貢献した。こうしたサバルタン・スタディーズの理論史・研究史において大きな結節点となったのは、ガヤトリ・C・スピヴァクのエッセイ「サバルタンは語ることができるか」である。一九八〇年代半ばに最初のドラフトが発表されたこのエッセイで、スピヴァクは、主に西洋知識人たちによってサバルタンの歴史が記述され、語られることの認識論的な暴力を問題化した。ガヤトリ・C・スピヴァク『サバルタンは語ることができるか』上村忠男訳、みすず書房、一九九八年、また、ラナジット・グハ他『サバルタンの歴史――インド史の脱構築』竹中千春訳、岩波書店、一九九八年。

であるが、年始の挨拶に訪れた部落の檀家に対して、末寺の常照寺は宗門改帳に「極楽」という印形を押す習慣があった。

　下寺山川常照寺穢多旦中宗判印形願来候ハヽ、頭え名々印形致し、尚又実名之下え同ク印形致し候、右印形之義ハ皆常照寺印《常光寺之寺印用申事》ニて極楽と申候印形也[*7]

末寺・常照寺の旦中である山川の穢多の人々の宗門改の実名の下の部分に「極楽」と印形していたというのである。ただし、この「極楽」印形の慣例に対して、一八六五（慶応元）年に壬生の寺社奉行からの指示によって、今後は本寺の常光寺による印形に切り替えるという措置が下された。

　是迄は極楽ノ印用来候得共、慶応元乙丑年宗判ヨリ常光寺印致呉候様申来候故、相用遣候、後年為見合記置候

　例年同寺旦中宗門改之節頭形仕候控

　　常光寺旦極楽誰
　　　同々
　　　同々

　右之者拙寺旦中ニ――

　　常光寺

如此頭印同様常照寺印形ヲ拙寺実名え押候、是ハ先年右様仕来候事也、為念相印置是迄常照寺印形ニて差出来候由候事、前後記置候、後日代印ニ候間常光寺印形ニて差出候様、寺社奉行所より沙汰之由来候、尤之事ニ候、兼帯中ハ常光寺印也、慶応元乙丑五月記之[*8]

実名　極楽

常光寺の過去帳と戒名を詳細に検討している『結城市史』第五巻「第四編　宗教と文化」（一九八三年）によれば、一六八一年から一七〇〇年ごろに四字戒名が一般民衆にまで普及する。寺院経営の観点からいえば、常光寺は「聖」「座頭」「下女」などの下層の人々まで過去帳に記しており、幅広い檀家を抱えることで寺院経営が成り立っていた。ところで末寺である常照寺には、幕末から明治初頭にかけて次の差別戒名が確認できる。「春隣革門」（一八六六＝慶応二年）、「源瑞革女」（一八六九＝明治二年）である。

ここで常光寺による、部落の人々の宗門改に対する「極楽」印形という行為は、部落民に対する特

＊6　結城市史編さん委員会『結城市史』第二巻（近世史料編）、一九七九年、六六三頁。なおこの史料は、友常「茨城の部落」、東日本部落解放研究所編『東日本の部落史Ⅰ　関東編』（現代書館、二〇一八年）でも紹介している。
＊7　同前、六六四頁。
＊8　同前、六七〇頁。

別の計らいであることは疑いない。本寺である常光寺の意思によって慣例化していったものと考えられるこの行為は、位牌と墓石に「差別戒名」を刻むこととは正反対の振る舞いである。ここには広義の意味での「慈悲」を部落民に施そうとする寺院側の対応が見て取れるだろう。だが、「極楽」の印形を押す行為も部落の差別化のための慣行と解釈すれば、両極端ともみえる「差別戒名」と「極楽」印形は、いずれも「慈悲」が有する位階化による排除と包摂として位置づけられる。このことは、常照寺において差別戒名が見つかっていることを踏まえればなお明らかであろう。また、幕末の慶応元年に変更されたのは、「極楽」印形を押すのが末寺の常照寺から常光寺に切り替わったことであり、「極楽」印形の慣行そのものが見直されたわけではない。印象深い「極楽」という印形について、何らかの積極性を認めたいとは思うが、それが部落の人々の要求にもとづいて始まったのか、それとも寺院側から出た行為であったのかは特定できない。また末寺から本寺に印形の責任主体が変わったことで何が変わったのか、それが幕末・明治初頭の日付を有する差別戒名と関係があるのか、詳細は不明である。ともあれここには、前述した、部落に対する仏教各宗派による戒名の手引書とは異なる作法が、時宗教団にあったことが確認できるのみである。

他方、部落民が救済を求めて教団に強い期待を示した事例が、浄土真宗の門徒集団において確認することができる。これは『甲子夜話』が書き留めているよく知られた事例である。次に参照しよう。

林曰。この十一月十五日、京東本願寺自火にて焼亡す。近頃かの地より来し人の話を聞に、本堂に火移りしとき、宗旨の穢多ども二百人余馳集りて消防せしが、火勢盛んにして防留がたく、其辺往来も協《かない》がたく成ると。半の人数は門外へ逃出たりしに、残る百人計は本堂とともに灰塵と成て失ける。その後に生残りし穢多、又その間に合ざりし者等打こぞりて後悔し、本堂とともに焼死せし者は真に成仏して、来世は穢多を離れて平人に生れ出べしと、皆羨しとなり。

又曰。その火は夜半に起り、暁方に熄《やみ》しが、京の市中その宗旨の者、半夜の内に集会して、各金銀を持寄り、夜の明る比《ころ》二千金に満しかば、先当用の料とて、門跡へ持出て納めしとなり。かく人心の傾くは、此宗門に限りたることにて、不思議と云べし。[*9]

著者松浦静山が林述斎から伝えられたというこの事件は、一八二三（文政六）年の火災を指す。このとき両堂と諸伝が焼失した。なお東本願寺の火災は一七八八（天明八）年の京都大火の焼失も有名であり、静山は先の記述のなかで、一時期林家の家来であった山井藤九郎の談として、天明の大火で東本願寺が焼け、西本願寺にも類焼の恐れがあったとき、「穢多ども多数馳集て、各所持の獣皮を出し、屋根の破風或は庇窓など、凡そ火の入べき処々を包みて防留たりしとなん」と、被差別部落の人々の東西本願寺への献身的な活動が、事件後四半世紀以上を経ても、すでに人々の記憶に残るほどに印象的であったことを紹介している。[*10]
静山が伝えているエピソードは、自力による努力を尽くして他力の救済による浄土への往生を待つ

＊9　松浦静山『甲子夜話』第三巻、東洋文庫、一九七七年、一四五頁。
＊10　同前。

という信徒たちの信心をよく表している。「来世は穢多を離れて平人に生れ出べし」と願った部落の人々が実際にどれほどいたのか定かではない。しかし静山の記述は、被差別部落の人々の浄土真宗に対する篤信を象徴的に伝えている。また同時に、その自己犠牲的で過剰な篤信の根拠を身分制と差別に結びつけて理解してきた、部落外の人々の部落に対する認識についてもよく伝えている。

ところでこの東西本願寺の火災に駆け付けた部落の人々には、一八世紀前半の開発移転で地域を形成し、現在の東海道線京都駅の東側に展開している旧柳原庄（現・崇仁地区）の住民たちも多く含まれていたであろう。東本願寺から直線距離にして一キロ足らずのところに位置する柳原庄の部落は、開発移転がおこなわれる以前の六条村の時代から、天部村とならんで京都府下有数の部落として、刑吏役や二条城の掃除役を担い、近世中期以降は雪駄業の拡大を背景として、皮革業の隆盛を実現してきた。そうした経済的社会的実力を自認していた部落の人々と、阿弥陀如来への帰依によって、来世で「平人」に生まれ変わることを期待したという部落の人々とは、簡単には重ならない。経済的社会的活動にもとづく階級的な集団としての部落と、自己犠牲的な信徒集団としての部落との間には距離があるのである。

ここで、宗教的な帰属の表明が、支配的文化と対抗するサバルタン階級の戦略として理解できることを指摘しておこう。ここで参照したいのは、南アジア研究者のジェームズ・C・スコットが、サバルタンをめぐる言説のポリティクスを解読しようとした議論である。

2 〈伝統〉をめぐるサバルタンのポリティクス

近代的な知から疎外されている「サバルタン」(=従属的被抑圧階級)は、知的体系的に自らを語る術を有していない。サバルタン、あるいは下層民衆は、その代わりに統計的なデータや、人類学者、歴史学者のモノグラフのなかで、エリートの知識人たちによって代理表象されてきた。それがたとえ良心的な知識人の行為であるとしても、否、むしろ良心的に当事者に「寄り添おうとする」知識人こそが、自らの認識論的な暴力に無自覚なまま、サバルタンの代理表象を繰り返してきた。それは、一九八〇年代半ばに最初のドラフトが発表されたガヤトリ・C・スピヴァクのエッセイ「サバルタンは語ることができるか」で問題化された。[*11]

これに対して、ジェームズ・C・スコットは、「サバルタンは語ることができるか」というアポリアに対して、まず主体のアイデンティティを登録しようとする近代のプロジェクトの歴史の新しさを指摘することから始める。そしてサバルタンの自己表出には異種習合的な多様性と重層性があることから、むしろそこに支配的な規範との抗争を見いだしている。

個人の正確な同一人証明とは、その由来を単独でとりあげるのは、歴史的にいうならばきわめて新しい現象である。理解可能で基準をもった住民登記を欠いていた近代初頭のヨーロッパ国家

*11 前掲、スピヴァク『サバルタンは語ることができるか』。

でも、麦の収穫を取り立て、家畜と兵士を徴発するための指針として、なんとか許容できる程度に正確な人口調査と住民登記調査をおこなうのが関の山だった。個人の証明とは本来的に地方レベルに限定されており、そこでは国家はローカルな協力者のいいなりであった。たとえ恒常的な父称が確立されていても、その記録、基準、複製、さまざまな表記において、人口移動は言うまでもなく、住民たちの正確で特別に土着的な存在証明というのはきわめて疑わしいものであった。[*12]

そもそも前近代社会において――そしてローカルな関係性が存続している現代の地域社会においても――自立した個人の登録という制度や習慣は確立されていなかった。そこにおいて、あえて人々が自己表象するのは、常に支配的制度やライバルの共同体に対抗する必要があるからである。そうした自己表象の作法は、ローカルで下層階級の農民たちの〈小さな伝統〉とスコットが呼んでいるものの一部である。〈小さな伝統〉について、スコットは次のように特徴づけている。

〝〔メキシコ革命におけるサパタの軍隊の兵士の証言〕そもそもおれは普通のサコレロ＝農夫さ。共有地の農地でトウモロコシを育てている。でも農林局が邪魔をして俺たちから仕事を奪った。やつらは、農林は国定公園でおれたちが開拓しちゃいけないというんだ。しかしおれたちには先祖がそうしたようにする権利がある〟（強調は本文ママ）

この例においては、村のほうでは自分たちの法を守るために戦う用意があったが、農林局の役人はうまく賄賂をもらって農業を続けることを許した。ここに農民の地域主義のポリティクスの究極のポイントがある。小さな伝統的権利は、ほとんど変わることなくローカルで、それらはほかの村々や、国家、地主から守られるべきものである。この伝統の特異性には次の二つの意味がある。第一に、村は大きく強大な伝統と直接対決するだけの制度的な手段を有していない。農民たちはローカルな社会を構成し、あるいはせいぜい最小の行政区を構成する。他方で政治的経済的上位者は、広域かつ国家的なレベルで相互にネットワークを結んでいる。衝突が発生したとき、小さな伝統の歴史的な強さは分散的で跛行的、そして受動的で非従順な態度において存在している。第二に、それゆえ農民は、より大きな目的のための国家的な闘争を維持するには、知識と利害関心において十分な準備がない。したがって、サパタの軍隊がそうであったように、農民運動や農民の軍隊は、ローカルな集団の集合で、ローカルに行動し、ローカルな利害で勝利するが、相対的に国家的な問題には、それがローカルな戦いに影響を与えることがないかぎり無関心である。スペイン市民戦争における地方のアナキストの集団は同様の精神を示している。彼らのローカルな行動が印象的だったのは、前線の兵士たちのために、寛大に食べ物とお金を分け合おうとしないことはいうまでもなく、ほかの村々を助けるように説得することがとても困難であったことである。小さな伝統のモラルの境界がローカルにその場を守る力を与える一方で、それは大きな伝統とは戦略的に一致しない。[*13]

＊12 James C. Scott, *Decoding Subaltern Politics: Ideology, disguise, and resistance in agrarian politics* (Routledge, 2013), p.130.

ローカルな共同体の〈小さな伝統〉による〈大きな伝統〉に対する闘いは直接的ではなく、自己の利害に規定されて限定的である。加えて、このローカルな共同体の信仰形態は、口承的伝統にもとづく習合性《シンクレティズム》に特徴がある。ベトナムの村落では「仏教、アニミズム、先祖崇拝、そして外のより明確な分類は、村人にとっては大した意味がない。〔…〕さらに新たな宗教実践が外からやってきては、それ以前の実践を変えることなく適用されていく」[*14]。一つの教義や信条体系に回収することができるようにみえても、口承的伝統にもとづくサバルタンの宗教実践は本来的に習合的＝シンクレティックで柔軟な構造を有している。そこでは既成宗教だけでなく民間信仰や慣習が融通無碍にからみあっているのである。そして共有地や資源、慣行に対する共同体の使用権などの〈小さな伝統〉はこうした柔構造のうえに発現するモラル・エコノミーとなる。

植民地主義的統治や国民国家を前提とした主体の登録＝レジスターという制度および制度的な言説のもとでは、上位の権力的存在に代理表象されるサバルタンは、しかしまた、〈小さな伝統〉としての口承的な宗教実践や共同体的慣行を通して、自己を表出している。いわばサバルタンは自ら語り、多様に自己を表現している。近代的主体性を前提とした枠組みを回避しながら、スコットはこの考察を通して、サバルタンの代理表象をめぐるアポリアを解きほぐしているのである。

ところでサバルタンの代理表象のアポリアを問題提起したのはガヤトリ・C・スピヴァクだが、スピヴァク自身も、南アジアのサバルタンの女性たちの口承定型詩という表出行為のうちに、グローバリゼーション化されず、ナショナリズムに回収もされずにおこなわれている、差異や他者を価値等価的に受けとめる開かれた等価性（equivalence）を見出している[*15]。スピヴァクは、コルカタのサバルタンの女性たちの口承定型詩のなかで歌われている、コルカタの土地の記憶や王の名前が、実は他の土地の名前や記号に代替可能な記号表象として用いられていることに気づき、驚く。祝祭行事や遠来からの客人の歓待の必要性に応じて融通無碍に変容するそのマナーにおいては、土地や王の名前は絶対的な帰属性を有していない。つまり、近代的なナショナリティから自由なのである。スピヴァクのいう等価性とは、この融通無碍なマナーのことである。そして、スコットの〈小さな伝統〉は閉鎖的で局所的だが、その柔構造においては、スピヴァクが見出した等価性の方向で理解しなおすことができる。なぜなら、共同体構成員のアイデンティティは、〈小さな伝統〉の範囲内であるが、そしてなるほど宗教は絶対性を有しているように見えるが、習俗や慣習もまた同様に重要なのである。そうした文化的な諸価値は、〈大きな伝統〉との対抗関係のなかで、あくまで相対的に恣意的に選び取られるのであり、常に唯一の絶対的な価値が存在しているわけではない。

スコットとスピヴァクの議論を踏まえて、部落と仏教寺院との関係についての議論を次のように展開してみたい。部落民にとって、〈大きな伝統〉のひとつである仏教寺院は、部落民たちの〈小さな伝統〉が、身分制社会の〈大きな伝統〉にアクセスする回路である。〈小さな伝統〉としての慣行や

＊13　*Ibid.*, p.41.
＊14　*Ibid.*, p.28.
＊15　ガヤトリ・C・スピヴァク『ナショナリズムと想像力』鈴木英明訳、青土社、二〇一一年、一三一―三〇頁。

既得権益、身分意識はこの〈大きな伝統〉に担保されている。だがそれでもなお、寺檀関係とともに、身分に規定された斃牛馬の処理や取得の権能、その職能に深くかかわる習俗や慣行が、融通無碍に存在している。もちろんこの二つの〈伝統〉をつなぐ回路と、それを担保する構造が、常総・結城町の部落民に対する「極楽」印形のように、常にアンビヴァレントで緊張をはらんでいることは忘れてはならない。だが寺檀関係に規定されたその緊張関係は、宗教の側からの一方的な支配関係ばかりではない。それは、部落の真宗門徒たちの振る舞いのように、身分的主体的な実践に、宗教的な強度を付け加えるものでもある。その宗教的な強度はまた、部落民に対して、身分制社会のなかでの対抗的なプレゼンスを保証する。東本願寺の火災の際に残した部落民の強烈なイメージは、彼らを侮ってはならないという認識を部落外に与えているのである。

　仏教寺院に信徒として、あるいは檀家として登録＝レジスターされるということは、〈大きな伝統〉への回収であり、部落民をきわめて受動的で保守的な主体に限定することになる。宗教と部落・部落民という問題系において、部落民が紋切り型の受動的な存在に切り縮められるのはそのせいである。だが果たして部落民の宗教実践は〈大きな伝統〉の、支配的な価値体系のうちにぴったりと納まるものなのかについては、検討が必要である。ここでの争点は、スコットのいう習合性、あるいはスピヴァクが見出した等価性をどのように理解するかにかかっている。サバルタンとしての部落民の宗教実践を、単一の宗派の観点から把握するのではなく、「分散的で跛行的、そして受動的で非従順な」実践の諸相のうちに理解する必要がある。このことを、部落の宗教者・芸能者である辻《つじ》田《た》良善《りょうぜん》の宗教活動を記述することで示してみよう。

3 〈信徒〉としての主体形成——「仏教講談浪曲蓮華節」逵田良善の場合

逵田良善は一八九〇（明治二三）年、旧大阪府泉北郡南王子村に生まれ、一九六三（昭和三八）年に没した。『逵田良善日記』（部落解放・人権研究所編、二〇〇一年）の年譜によれば、生後七日にして病のため右目は失明、左目は近視となった。尋常小学校を四年で退学、一九〇一（明治三四）年に阿呆陀羅経の門付芸人宮川由（善）丸の弟子となり、翌一九〇二年には浪曲師宮川安丸に弟子入りし、一九〇三年から宮川光登と名乗り、師匠について全国を巡業した。この巡業については良善が残した『浪花節興行日記』が高座順、開演場所、開演地、場主・座主氏名、口演者を詳細に記録している。

浪曲師としての逵田良善は一九一一年に宮川安丸を襲名し、座長として一座を率いていたが、一九一二年からは他の座に加入あるいは一人の巡業をこなすようになった。一九一三（大正二）年から書き始められた『日記』は、日々の巡業、収入を詳細に記録し、収支簿としての性格も備えている。さらに一九一九年から浄土真宗の説教師としての活動を始めた。最初は祖母の永代経の法師を、生家近くの本願寺派寺院である西教寺で務めたことが始まりであった。

在家の信者から説教師となった逵田良善の活動の特異性は、彼が阿呆陀羅経の門付芸人として出発し、そして浪曲師に転じ、その生活を続けながら布教活動を、その芸能を通して展開した点にある。一九一九（大正八）年から記録に残る逵田良善の演目には、早くも一九二〇年から「親鸞上人箱根別れ」が加えられ、さらに「蓮如上人」「石山合戦」などの聖人たちの一代記が得意の演目として演じられるようになった。篤信の信者としての活動に加えて、良善の活動は、「葛の葉の子別れ」で知られる説経節「信太妻」の発祥の地である南王子村の出身であることを抜きにしては語れない。良善は日々の門付や勤行とともに、「信太妻」の伝承を伝える聖神社への参拝を怠らなかった。

〔一九二〇＝大正九年〕十月五日　今日は氏神聖神社の大祭故村内共同浴場は早朝より沸き居る事にて一同相揃ひ朝湯に入り和歌山の父母や妹と相揃ひ親しく酒宴朝飯終りし後何分来る七日永代経の御供養の饅頭を信太村の饅頭屋にて誂へ其より氏神聖神社に参詣尚本年は我村にては九ヶ年目一廻の当番故村内の人達と相揃ひ御輿かつぎに楽しく日を暮し夜継父宅にて遊び床につきしは九時なり[*16]

聖神社は南王子村の部落の形成そのものにかかわる縁起を有している。そもそも南王子村はもともと聖神社の社地に位置しており、一六九八（元禄一一）年に現在の位置に移転した経緯がある。南王子村の地区内史料群である『南王子村文書』の「聖大明神供奉者・村由緒書上」では、部落が神社に牛皮でつくられた弓射の的を奉納してきたこと、遷座の際に供奉してきた者の子孫「箭取株七軒」が奉仕してきたこと、毎年七月二八日の角力の神前奉納の際には「箭取之者共」らが土俵づくりで奉仕していることなどが記されている。[*17]聖神社が位置する「信太の森」は、安倍晴明の生い立ちを題材にした説経節「信太妻」の成立の地として知られているが、その祭礼に奉仕してきた南王子村の部落は、穢村であるという理由で近代にいたるまでは御輿を担ぐこともできず、氏神とすることが許されなかった。その代わりに八坂神社を氏神として祀ってきた経緯があった。[*18]先の引用の文中で良善が「氏神聖神社」と記していることには、上記のような前史と南王子村の部落の自負がうかがえる。

さらに良善の『日記』で祭礼への配慮とともに留意しておきたいのは、肉親縁者への言及である。『日記』は門付先およびその合間に縁者をまめに訪う良善の日常を記しているが、継父や継母と良善との関係は、おって参照するように、必ずしも良好なものではなかった。だが良善は親類縁者への目配りを怠ることはなかった。そうした小さなエピソードを反復する『日記』の記述は、祭礼、勤行、親類縁者との関係を、常に等価に扱っている良善の態度を伝えている。それは多くの挿話や縁起が、原型をそこなわずに蓄積されている説経節のような記述スタイルである。しかも良善は当時勃興した水平社の集会にも参加していた。良善が水平運動に共感していたのかどうかは不明であるが、それもまた聖神社の祭礼や、縁者や隣人たちの消息とほぼ同じ扱いである。良善の日記では、こうして、位相の異なる事項が、均等に距離を置きながら記述されている。その結果、位相の異なるさまざまな出来事が等価の事実となって反復されている。そうした均等に距離が置かれた事実の積み重ねによって、良善の生活はできあがっていた。

＊16　部落解放・人権研究所編『逵田良善日記』解放出版社、二〇〇一年、九七頁。なお引用にあたっては、和泉市人権文化センター所蔵の逵田良善日記にもとづいて、適宜、誤字・欠落を補った。
＊17　南王子村文書刊行会編『大阪府南王子村文書』第五巻、解放出版社、一九八〇年、二九六頁。また、盛田嘉徳他『ある被差別部落の歴史――和泉国南王子村』岩波新書、一九七九年も参照。
＊18　前掲『ある被差別部落の歴史』一九四－二〇五頁。

4　宗教的転回

良善の日常に非凡な性格を与えたのが、真宗の宗教者としての活動であった。演目としての蓮如の一代記では、「下賤の出自」が伝えられる蓮如の母のことや、蓮如自身の不遇の生い立ちに、良善自身の幼少期の苦労が重ねられて口演されていた。同時に、良善が布教者となるにあたっては、一九一九年に巡業先で彼が経験した生命の危険とそれを救った奇瑞も大きくかかわっている。これが良善における宗教的転回を意味した。

前述のように、一九一九年二月二三日に逵田良善は祖母の永代経の法事を開催した。その後、同月二七日に泉北郡長から「善行者」として表彰される。こうした公私にわたる充実の余勢を得てか、三月の巡業は一日から連日続き、兵庫県神崎、須磨、相生、上郡町を経て岡山県三石町、和気町、瀬戸町を廻り、岡山市に宿泊した。良善の巡業では門付の流しおよび投宿先の講演がおこなわれていた。三月半ばの『日記』は毎夜の疲労を記している。「三月十四日　夕方より八時三十分まで村内を廻り金一円十九銭稼ぎし処折柄烈しく降り出す雨に殊に毎夜の労れにて音声も大いに痛みし事なれば早々も帰宿し当家の人々と雑話後床につきしは九時三十分なり」[*19]。

そして体の異変を感じたのは三月二二日であった。

三月二十二日　当日は何分去る一日以来連日連夜の道中歩行の上一日たりとも休業を致さぬせいか身体は何となくだるく又は胸の動気も高くして心地常ならねども当地に足留めしても見込無

く依りて今日は岡山迄行かんものとて前八時〇五分瀬戸町土手町三好屋方を出発し身体の労れをこらへ〳〵つゝ約四里歩行なし本県第一の都会地と聞ゑし彼第十七師団の本営地たる岡山市に来り市内小橋町安宿備中屋方へ投宿せしは十一時五十五分にして[*20]

この時は深い疲弊を感じたにとどまっていたが、翌々日の二四日、体調が急激に悪化する。

三月二十四日　当日は早朝より烈しく降り出す雨されど当地に逗留して見込無し依て今日は「にはせ」と云ふ町迄行かんものとて前七時二十分岡山市小橋町備中屋方を出発し（…）后一時四十五分岡山市大供梶原〇〇方を出発し未だしと〳〵降る雨を洋傘にて凌ぎつゝ約一里程進みしと思ふ折柄俄に目がかすみ身体の様子は急に変わりとても一歩たり共進まれず道に道端の草の上にどつかりとへたりし処益々身体に変状をきたし其苦しき事如何共筆紙に尽し難し今にも落命なす折りの苦しみは斯くやと思ふ有様尚も烈しく降る雨にて身体はぬれ鼠の如く相成るも我身は苦しくして如何共詮方無く嗚呼情なき事かな最早此所に於て死なねば不成事なるや何地にて死ぬるも是前生よりの定まりし因縁事とは云ひ乍我今此場にて死なば何人様は故郷の祖母や両親に知らせ下さる事ならん殊に幼き時より十二才の春迄も永の年月其間海より深き山より高き御厚恩受けし

＊19　前掲『逵田良善日記』八三－八四頁。
＊20　同前、八四頁。

祖母且又両親の野辺の見おくり致する迄は死にたくない嗚呼願はくば南無阿弥陀仏日本八十五ヶ国津々浦々に鎮座座ます神々様何卒此急死一生の身の上御救ひなされて給へかしと

息も絶え絶えになったこのさなか、良善は岡山市内の公園で売薬屋から熊の胃を押し売りされて買ったことを思い出した。そこでそれを服用して休息をとると、心地がよくなった。そのあとまた動こうとすると、今度は前に進むことができなくなる。しかし後ろに帰ろうとすれば別に変わりがない、という奇妙な経験をする。そこでこれは「神仏の御知らせ」に違いないと考えたのである。

苦しき中より諸仏諸神に御願ひの折しも心づきしにはほんに昨日岡山の公園に於て売薬屋に勧められていや〳〵乍も買ひ求めし熊の胃の効能書きには胃病流行病又は目まひ等に効を有すと記したり依て携帯せし熊の胃なりと服用せんとて其小貝に入れし熊の胃を残らずなめ其場にて約一時間余も休み居りし処諸仏諸神諸菩薩衆の御利益なるや心地もよろしく相成りし故忝なしとて此場を出発して向ふへ進まんとすれば不思議にも何となく進まれず然るに後ろへ帰らんとすれば何事も別に変わりし事もなし実に不思議の次第なり我思ふ様此より前へ進まば天災は有るや又は故郷には何か変りし事は生ぜしやさもなくば一度故郷に帰りゆる〳〵と養生致さねば一命にも抱はる事や三つに一つ何か間違ひ有るはしつじょうなり神仏様の御知らせ下さるに相違なし（…）

この奇瑞の経験のあともなお心臓の発作に見舞われたため、四月四日には天理教の「御きとう」に預かり、同月七日には祖母の知人で和歌山県太地町出身の奥野某が、四国巡礼のときに弘法大師のお告げで得た薬を服用して心臓病がなおったという話を聞いて、同じ薬を和歌山の実父に送ってもらうように依頼した。本職のほうでは、善行者として表彰された良善は、一四日には泉北郡横山町の教員住宅落成祝賀会の余興として講演会を依頼され、「宮川安丸」名で「五郎孝子伝柳生の誉れ」などの「講演」をおこなっている。日記では「講演」と記述されている演芸は、芸名でおこなっていることから、講談だったと思われる。同時に三月二四日の奇瑞のあと、西教寺に毎日参詣（五月二三日付）、「真宗正信念仏偈けいこ和讃」の本を貰い受け、毎朝西教寺で「御僧侶の御勤行を聞」き、和讃を続けた。その結果、六月一四日には和讃の勤行もできるようになった。そして一〇月一四日には、和歌山県楠見村で仏の霊前での供養のために読経することを依頼されるようになる。良善は「僧侶にあらねども（…）尊き弥陀の御慈悲共々喜ばせて頂かん」と断りながらもこれを引き受ける。さらにそこでは読誦のあとに浪花節の披露も求められている。[*21] 日記のなかで明記しているわけではないが、「仏教講談浪曲蓮華節」の誕生であった。

一九一九年、良善は泉北郡で「善行者」として表彰され、重篤と奇瑞を経験し、神仏の加護のもとでの宗教的転回を経験した。そして芸能者でありながら真宗の布教者となるという自己形成を遂げた。僧侶にかわって読経を依頼されて、「尊き弥陀の御慈悲共々喜ばせて頂かん」と記しているように、良善の宗教者としての自己形成は弥陀の慈悲を衆生とともに享受しようとする姿勢の獲得である。し

*21 同前、九八－九九頁。

かもここで良善が依頼によって読経や講演をおこなった衆生は、彼の知己の部落であった。すなわち、良善の宗教活動とは部落の衆生に向かって、阿弥陀如来の慈悲を施す役割に限定されていた。とはいえ良善は得度を受けたこともない、一信者に過ぎない。したがって良善に読経を依頼することも、それを受諾することも真宗教団の組織原則からすれば横紙破りの振る舞いにほかならないだろう。こののち一九二四（大正一三）年四月一〇日、良善は西教寺において、本願寺門跡の善智くきから剃刀を施され、母とともに帰敬式をおこなっている。

良善が僧侶としての資格を持たないまま宗教活動を実践していたことについて、教団とのあいだに緊張関係がまったくなかったとは思わない。広域の巡業のネットワークを有している良善の行動は、厳格な教団の規律に規定されつつ在地社会に根を張っていた、個々の寺院の動きを超越していたからである。良善が生まれた南王子村の部落の檀那寺である西教寺は部落寺院である。その歴史は、本願寺教団のなかでの差別に抗しながら、西教寺を自立した寺として成立させ、運営してきた部落の人々の努力の積み重ねであった[*22]。しかしそうした歴史を有する西教寺のような部落寺院の活動を超えて、良善のような民間宗教者が創出され、必要とされたことの意味を考えなければならない。本稿の趣旨からいえば、そこに等価性を発揮したサバルタンの宗教的実践がある。そのような含意をこめながら、一九一〇年代後半から二〇年代にかけて際立った良善の活動を、思想史的に位置づけるという課題があることをここでは確認しておきたい。

5 「蓮如上人御実伝見聞集」第一巻

「真宗正信念仏偈けいこ和讃」を貰い受け、和讃の稽古を実践していた良善は、法然・親鸞・蓮如らのテキストの理解を、講談・講演として表現しながら深化させていった。聖典テキストの理解としては異質であるが、しかしまたそれは法話によって教義をひもといていく真宗のスタイルに合致していた。そうした講談によって獲得されたスタイルにもとづいて書かれたテキストとして「蓮如上人御実伝見聞集」第一巻（以下、「見聞集」）がある。最晩年に作成されたこの「見聞集」は蓮如の生涯を講談説教浪華節として語るための台本としての体裁をとって、吉野金峰山寺への奉納を企図していたものと想定されている。[*23]

蓮如の生涯に自らの人生を重ねて語られるこのスタイルは、良善の講談説教のようすをよく伝えている。同時にこれは、聖典テキストおよび聖人たちの説話と対話しながら思想形成をはかろうとする、良善の思索を知る手がかりである。それは阿弥陀如来による慈悲についてのひとつの理解の姿である。「見聞集」は蓮如の一代記であるが、良善がパフォーマティヴに自分語りを挿入するのは、蓮如の困苦の場面である。それはテキストによって促されるような語り方である。まずは本願寺教団が青蓮院の末寺として衰退の極みにあった時代である。

＊22　前掲、盛田『ある被差別部落の歴史』一八五－一九四頁を参照。
＊23　前掲『逵田良善日記』「解説」三三八頁。

本願寺に於せられては御拂底も御拂底真に御零落御困難の最中に御出現遊バ被　枡したハ御本山第八代中興大師即ち蓮如上人にて被在父御ハ申上る迄も無く本願寺第七代御相続の存如上人にて在され母御ハ其当時御名も聞こえし大江大納言信高公の御息女蓮ハス前妃と被申て此御方ハ勿体無くも江州石山寺の御本尊救世観世音菩薩の御代身に被在との御伝況今猶石山寺御本前様が本願寺より持帰られし布袋丸君六つの折に別て居られしといふ[*24]

蓮如の母は信太の部落の出身という説がある。これにかかわっては、蓮如に近侍していた法専坊空善の記録「空善聞書」が一七四六（延享三）年に「蓮池堂釈法沢」によって出版され現在に伝わっているが、刊行時に蓮池堂が書き込んだと思われる「見返し」に、蓮如上人御母公御歌とその由来が記されている。すなわち、「恋しくは　たづ子てもこよ　からさきの　石立つ山の　救世の誓いを／此の御母儀は藤原の信高公石山観音に申し子也。御名を蓮の前と申す（…）」とある。[*25]この歌が説経節「信太妻」の歌「恋しくば尋ね来て見よ和泉なる信太の森のうらみ葛の葉」に擬《なぞら》えて作成されていることは明らかであるが、良善の語りはこの後世に構成された伝承に依拠している。それが後世の語りであっても、実際に南王子村の部落の形成に重ねられていることにこそ意味がある。そして良善はまさにこの伝承を参照しながら講談説教を仕立てあげているのである。

蓮如の生母は、幼名布袋丸と称した蓮如が六歳の折に母が本願寺を去ったといわれる。その後、蓮如は継母如円尼との確執に苛まれることになる。ここで良善は、「御幼年の御時より愚僧如きが申上るさへ勿体無く乍事今日手前如き生活に比べ枡でさへ比較に成らぬ程の御難を被遊すと」と、「愚僧」と遜りながら自らの発話を添える。そして、継母の苛責に耐える布袋丸の幼少時の苦難の語りのあとに、困苦をきわめた半生を経て、その終わりを迎えつつある良善自身の境涯を語るために、蓮如の「御文章」から「三首詠歌章　四帖目　第四通」を引き写す。

何事も自身其在が体験せなければ真実理解ハ出来兼升が今此御願発心布袋丸様御幼年時代なさぬ中にての御苦労を伺升に連れ思ひ出すハ自分が幼年時代の状況で有升　抑《そもそも》私生国ハ元大阪府和泉郡南王子村今日の和泉市王子町父ハ理髪師土田国吉の倅として明治廿三年五月十六日生れ昭和卅八年の今日数え年七十四歳を迎へ升たが蓮如上人御著述御文章第四帖に「それ、秋も去り春も去りて、年月を送ること、昨日もすぎ今日も過ぐ。いつのまにかハ年老のつもるらんともおぼえずしらざりき。しかるにそのうちにハ、さりとも、あるひハ花鳥風月のあそびにもまじハりつらん。また歓楽苦痛の悲喜にもあひハんべりつらんなれども、いまにそれともおもひだすこととてハひとつもなし。ただいたづらにあかし、いたづらに暮らして、老いのしらがとなりハてぬる身のありさまこそかなしけれ。されども今日までハ無常のハげしきかぜにもさそハれずして、わが身ありがほの体をつらつら案じるに、ただゆめのごとし、まぼろしのごとし。いまにをひてハ生死出誕の一道ならでハ、ねがふべきかとてハひとつもなく、またふたつもなし。これによりて、

*24 同前、三四二―三四三頁。

*25 『蓮如上人・空善聞書』大谷暢順全訳注、講談社学術文庫、二〇〇五年、三一一頁。

ここに未来悪世のわれらごときの衆生をたやすくたすけたまふ阿弥陀如来の本願のましますときけバ、まことにたのもしくありがたくもおもひハんべるなり。この本願をただ一念無疑に至心帰命したてまつれば、わづらひもなく、そのとき臨終せば往生治定すべし。もしいのち延びなば、一期のあひだは仏恩報謝のために念仏して畢命を期とすべし。これすなはち平生業成のこころなるべしと、たしかに聴聞せしむるあひだ、その決定の信心のとほり、いまに耳の底に退転せしむることなし。ありがたしといふもなほおろかなるものなり[*26]」。

何ごとも自らが体験しなければ理解はできかねる。そのように述べて、自力修行が至らなくても、阿弥陀如来の本願が必ずあり、往生がすでにさだまっているという「御文章」の言葉がそのまま語られる。これによって、蓮如＝布袋丸の生涯を引き写し、それを自分の身の丈の高さで感得しているとき、良善にとって蓮如は自らの分身か、あるいは同伴者のような存在となる。このように阿弥陀の本願に身を任せた境地を述べ、蓮如＝布袋丸を参照しながら自身の半生を語るのである。しかし「見聞記」はしばしばそうした悟りの境地に安住していない。「御文章」における弥陀の慈悲に感謝した言葉を引き写したすぐあとで、再びその生涯にわたって悩まされた生活苦と、その理由の一つであった養父母によるいじめが想起される。先の引用に続けてこう語られる。

此御文章を熟読の度毎に中興上人布袋丸と被申御幼年以来のよりの御苦労の程をしみじみと偲ばせていただくとそこに此身の幼年時代より中年に至りての困難の程を思ひやられ（…）私生れ出時

て僅に一ト七日より目を煩らひ遂に右眼ハ盲左眼ハ近視となり翌年に至り家庭の事情に心致母親は離縁と成り父は後妻を迎へ母は再嫁其で私漸く二才の頃より祖母に依りて養れ八つの年より入学十二才尋常卒業前生活の事情是非なく退学祖母の許を離れ自活の道を求めものと種々思案の結果芸道に入りて生る事最も近道とて其頃阿ほだら経の軒づけ芸人宮川由丸の弟子と成りて約半年十三才の明治卅五年十月廿八日に至り今日の浪曲其当時今かれ節宮川安丸に従つて拾年間孫代の荒波に厳々もまれて漸く今日に至り升たが恐らく明治時代の人ハ兎も角大正昭和時代の今日の人と致し升てハ私程の生活難に出会されし御人は皆無と申ても過言でハ無ことかと存じ升右の次第故継父継母の許にて養育ハされませぬが幼年頃にハ随分いぢめられし居而し同じ成さぬ中でも継父と継母とハ安程隔たりが在升〔…〕継母の悪口に於てハ隅から隅へ心を配り三度の食事に至るまで箸に当り茶碗に当りていじめられるのでそれは中々辛ひ事[*27]〔…〕

蓮如も継母に冷遇されたことを引き写す「愚僧」としての良善はここで再び自分自身が継母に厳しく当たられたことを思い出し、語らずにはいられなくなるのである。興味深いのは、赦しと憤怒が交互に去来しているこうした自分語りを良善は解決しようとはしていないことである。そこには煩悩を

＊26　前掲『逵田良善日記』三五〇－三五五頁。なお蓮如「御文章」の部分は引用にあたって適宜句読点を補った。

＊27　同前、三五四－三五五頁。

抑制したり禁欲したりする心の作法とは異なる自己肯定の作法があるといっていいだろう。自分自身のことであっても、感情のしこりや喜怒哀楽に対して、それぞれに等しい距離を置いて扱うという作法である。ここには心をコントロールする技術がある。

6 終わりに

本稿では、習合的な宗教的実践と、自他に対する等価な心配りと関係形成という作法において、サバルタンの宗教的自己表出を確認した。そしてその一事例として、逵田良善という宗教者＝芸能者の宗教的転回とその後の実践を素描した。部落の経験において確認される宗教との関係は、宗教教団とサバルタンが示すアンビヴァレントな関係として一般化できるだろう。同時に、「平人社会」あるいは近代社会という〈大きな伝統〉に登録され包摂されるサバルタンが、〈小さな伝統〉を守り抜く作法に注目した。逵田良善に従えば、それは抵抗というよりも、自分たちにふさわしい救済のあり方を追求した結果、パフォーマティヴに実践されていった作法であるといったほうが適切である。

良善の生を可能にしたのは、阿弥陀如来による本願が保証されていることからくる安心ではあっただろう。だがその作法は、受動的な生の態度を意味しなかった。逆に位相の異なるさまざまな出来事に対して、進んで等距離に向き合うという作法であった。矛盾に満ちた生のありようは、それによって主体的に肯定することが可能となる。それゆえ良善にとっては、被差別の芸能民であることや、聖神社の神人としての系譜は、そこに教団の秩序を融通無碍に踏み越える部分が含まれていたとしても、いずれも等価な、欠かすことのできない思想的な根拠であったと考える。*28

だが本稿はまだ、サバルタンがその習合的で等価的な生の作法を実践するにあたって、どれほどの緊張や犠牲が強いられるのかについては論じつくしていない。それ以上に、まだまだ多くの方法論や視点が、サバルタンの経験を記述可能にするために必要である。それは私にとって、今後の、しかし喫緊の課題である。

〈補〉

逵田良善の宗教的活動と、その主な舞台となった南王子村（現・和泉市）の近世の状況との関係に

---

*28　このような態度は、大江健三郎がかつて正岡子規の病床日記を評して表現した言葉である、「デモクラティック」を想起させる。「デモクラティック」とは、「自身を綜合的、全体的に呈示」しあらゆることを相対化し、それゆえ「あらゆる他者たちに対して、全体的、綜合的な姿をいかにも自然にあらわすことができる」というものである（大江健三郎「子規の根源的主題系」、『子規全集　第11巻　随筆一』「解説」、講談社、一九七五年）。死に際して頂点に達した子規の方法論としての「写生」は、一九世紀後半の国民主義的歴史主義やロマン主義を条件として可能になった。本稿はスピヴァクのいうサバルタンの言語実践としての「等価性」において良善の作法を理解しようとしている点で、大江の議論を単純に良善に適用できるとは思わないが、子規と良善をつないで考えることには意味がある。子規の写生論については、拙稿「痛みの「称」──正岡子規の歴史主義と「写生」」を参照（本書最終章）。

ついて、最近の研究成果に触れながら、補足しておきたい。『和泉市の歴史4　信太山地域の歴史と生活』（和泉市史編さん委員会編、ぎょうせい、二〇一五年）所収の論考「信太山と村むらの形成」は、一九世紀の南王子村の生活状況について以下のように記述している。

一九世紀に入り、南王子村では人口増加がさらに進んだ（…）。一九世紀初頭には二三〇軒・一一〇〇人程度であったものが、幕末には三五〇軒・二〇〇〇人近くとなった。この間、無高（借地／借家人）軒数はほぼ倍増している。この時期、村内で雪踏産業が定着し、小間物屋五兵衛や住吉屋安右衛門など、村には富裕な雪踏商人も登場した。無高の一部も、大坂の問屋などと雪踏関連の取引を行っており、「無高」がすべて零細であったわけではない。一方で高持とはいっても、その大部分は、屋敷地だけ、あるいは屋敷地とわずかな田地を所持していたにすぎず、零細な下層であった。一八世紀段階との決定的な差異は、村内の下層がおそらく限界点を超えて増加したことにあった。天保飢饉の際には、村全体の四分の一強にあたる四八〇人余が餓死するという悲惨な状況に陥っている。これは村びとの多くが飯米購入層であり、物価の高騰が生活に直結していたからだろう。（二〇三頁）

さらに同書は、「耕地の屋敷地化」の進行も指摘している。人口増加にあわせて集落内に小家屋がひしめきあうようになっていったのである。「無高の場合、梁間一・五間×桁行二〜二・五間程度

（一間＝約一・八二メートル）が平均的な家屋であったようだ」。（三〇四頁）。雪踏商人たちが有力高持に成長していくことと対照的に、下層民たちに博奕・無宿問題が起こる。続けて参照しよう。

南王子村において、史料上、初めて博奕の摘発が行われたのは寛政一二（一八〇〇）年のことである。当初は堺奉行所による摘発も多かったが、次第に一橋家の川口役所による「吟味中村預け」という措置が増加した（…）。（三〇七頁）

奉行所による摘発があると、本人の召し捕り、堺への入牢（二週間程度）、裁決と進む。同書は、召し捕り入用、牢飯代、村役人の出役経費などが嵩み、村にとって重い負担となったことを指摘している。同書による博奕発生状況によれば、堺奉行所召捕：一八〇〇（寛政一二）年に六人、川口役所による村預け：一八〇二（享和二）年に七人（女四、男三）、同村預け：一八〇九（文化六）年に一一人、堺奉行所による召捕：一八一〇（文化七）年に一一人、一八一八（文政元）年には川口役所による村預けで九人が吟味中過怠手鎖（博奕）・四人が吟味中手鎖、一八二〇（文政三）年には一六人が吟味中過怠手鎖と続く。一八三五（天保六）年には二七人の村預けが記録されている。こうした事例から、同書が注目しているのは、「無宿ネットワーク」である。

一九世紀には、たびたび博奕で村預けになった者が、盗品売買などに関与するようになり、さらに村外の無宿と共に不法行為に及び、ついには本人も無宿になる、という事例がある。そこに至る経緯は、貧しい家に生まれ、生活の糧を得る手段がなかった、あるいは壮年になって突然生活基盤を喪失するなど悲惨なものがあり、やむにやまれない事情のなかで選択された、生きるための手段であった。そうして無宿となった存在は、欠落とは異なり、村の近辺に滞留し、不法行為を繰り返しながら生活していた。近隣のかわた村でも同様の事態が進行していたようで、「かわた村間のネットワーク」を基礎に、「かわたの無宿ネットワーク」が一九世紀には存在した。これによって、無宿になっても生き抜くことができたのである。（三一〇頁）

この無宿＝アウトローのネットワーク論にもとづき、次の事例も参照される。一八三〇（天保元）年に、無宿・惣四郎が、死牛を購入し、村人と解体するという一件が起こっている。「本来、死牛は無償で草場株を所有する南王子村の集団（一九世紀には番郷と呼ばれた）のものとなるもので、株を持たない惣四郎が購入し、かつ解体までする、という行為は、草場の原則に抵触するものであった」というものである（同前）。

無宿が横行し、博奕が盛んになり、その博奕＝無宿人が村内の風紀と仕来りを破壊するという状態は、どこか中上健次の小説を想起させる。先廻りしていえば、逵田良善日記も大正期の南王子村内での傷害事件や殺人事件を記録しており（それは刊行された『逵田良善日記』には収録されていない）。これは次の課題としたいと考えている。ただし、博奕－無宿－草場慣習の破壊というストーリーには疑問があることを指摘しておきたい。問題は「無宿」という表象である。村側からすればそれは村内下層であるが、村人であることには変わりはない。そして村内に家族も姻戚関係も存在する。それが近世の村方の支配制度において共同責任を取らせることから、厄介者として現れるが、無宿であることも、博奕にかかわることも、濃密で地縁的な人間関係で生起していることを見落としてはならない。

私自身、奈良県および岡山県の事例で草場＝斃牛馬処理慣行が、幕末にさまざまな逸脱や危機にさらされることを検討してきた。それはより広域の牛馬市場・皮革市場の状況に目配りしてはじめて把握できる事態である。

すなわち、『和泉市の歴史4　信太山地域の歴史と生活』において描かれた表象については、そのデータを踏まえつつ、もういちど史料に即して、そして関連史料を用いて再構成する必要がある。そして、そのような再構成にしたがって、村内外の風紀と秩序の回復という課題を意識した逵田良善の宗教活動を位置づけることができるのではないかと考える。

〈矢田教育差別事件〉再考

0　はじめに

本稿は、一九六九年に発生した〈矢田教育差別事件〉を検討する。この事件を契機に、同和教育は学校現場で燎原の火のごとく広がった。同時にこの事件はそれ以前から表面化していた部落解放同盟と日本共産党とのあいだの深刻な対立をさらに激化させ、一九六九年一〇月の部落解放同盟正常化全国連絡会議、そして一九七六年の全国部落解放運動連合会の結成という、部落解放運動における決定的な組織分裂の一因となった。またこの事件が「矢田事件」とも呼ばれているように、そこに差別行為があったか否かについて、正反対の解釈が存在する。私の立場は本稿の表題が示すとおり、事件には〈差別〉があったとするものである（以下、この事件の名称について括弧を省略する）。

しかし、次の点を留意する必要がある。かつて江原由美子が〈差別問題の構図〉として指摘したとおり、差別される側と差別する側には認識の非対称性が存在する。[*1] 被差別の側はその非対称的な差別を差別する側に訴えようとするが、非対称性のゆえに、差別する側はみずからの認識のうちに共約的な参照項を見出せない。ここに差別－被差別の深刻な断絶が存在している。このことは〝何が差別か〟という問いも規定している。〝これが差別だ〟という被差別者の主張には、市民的諸権利の侵害やそこからの疎外といった支配的なレジームに照らしての排除から、対面的な関係における侮蔑や無視、あるいはその逆の過剰な対応までの差異が含まれうる。しかしそれは、差別する側にとっては混乱の要因となる。たとえば「結果的に差別につながる」という場合に、差別する側は、その「つながり」が理解できない。他方、差別される側にとっては相手に伝わらないこと自体が「差別である」。差別－被差別の関係性において、〈差別〉の含意はそれぞれ異なっているのである。〈差別〉をめぐるこの非対称的な振幅の存在は、糾弾行為も含む、差別される側からの問題提起においてもふまえられなければならない。

だが一方で、次のことも事実である。経験の非対称性を突破するために、糾弾は〈強制性〉を必至としているということである。そうでなければ、マイノリティが受けた傷に、マジョリティが振り向くことはないからだ。

＊1　江原由美子『女性解放という思想』勁草書房、一九八五年。

矢田教育差別事件では、部落解放同盟大阪府連合会矢田支部の二人に対する監禁罪を問うた裁判の第一審大阪地裁判決が、二人を無罪とし、問題となった木下浄の「挨拶状」を、「結果的に差別を助長することにつながる内容を包含する差別文書」だと規定した。一審判決を部分的に破棄して有罪を認定した控訴審判決でも、「挨拶状」に対するこの解釈は踏襲された。研究史においては、師岡佑行が、『戦後部落解放論争史』第四巻第Ⅳ章「解放同盟と共産党との敵対化――矢田教育差別事件」において、事件の主な原因となった「越境問題」と、その解消をめぐる大阪市教組における日本共産党と部落解放同盟大阪府連合会との対立の経緯を記述しつつ、「挨拶状」を「悪質な挑戦状」と規定し、日本共産党批判に立脚して事件を論じている。[*2] これに対して、事件当時の『赤旗』報道や成澤榮壽編『表現の自由と部落問題』（部落問題研究所、一九九三年）は、「挨拶状」は差別文書ではないという前提のもとで、一九六九年三月から四月にかけての「逮捕・監禁」を問題にし、部落解放同盟に対する批判を基調とする。

これらの研究に対して、本稿では、この事件はその発端を行為遂行的に読みなおす必要があり、そこに重要な論点が残されていると考える。その論点とは、実際には糾弾の場であった一九六九年三月一八日の「話し合い」が、政治的な敵対的対立の合間を縫って、糾弾する側とされる側のあいだで、非対称性が破られ、差別‐被差別関係が有している原理的な構造が共有された瞬間があったということである。本稿の課題はこの論点を提起することである。同時に、この提起によって、糾弾そのものが有している意味をあらためて考察することである。

1　事件の経過と「挨拶状」の論点

1－1　経過

矢田教育差別事件は、一九六九年三月の大阪市教組東南支部の役員選挙に立候補した中学校教員・木下浄の挨拶状（以下、「挨拶状」と略）を、部落解放同盟大阪府連合会矢田支部（以下、矢田支部と略）が差別文書と指摘して糾弾、自己批判を求めたことを発端とする。同年三月一八日、木下浄および木下の推薦者となった岡野寛二、山本和雄の三人の教員は、矢田支部執行部との「話し合い」のなかで、挨拶状の差別性を認め、同月二四日に予定された糾弾集会への参加を承諾した。二四日の糾弾集会には大阪市教祖委員長、東南支部役員、教員が参加したが、出席を承諾した三人の教員のうち一人（山本）が出席したのみで、当の木下も出席しなかった。大阪市教組はその後、木下ら三人の説得を続けたが、糾弾集会は実現されなかった。四月九日、矢田支部は市民会館で糾弾集会を開き、木下を除いて、そこに出席した教員三名に対して糾弾をおこなった。糾弾は同日午前一一時すぎから翌一〇日の午前三時まで続いた。この糾弾に対して、三名の教員は矢田支部幹部を監禁罪で告訴した。こうして、①「挨拶状」および推薦状が差別文書にあたるかどうか。②四月九日の糾弾会にいたる糾弾行為が監禁罪にあたるかどうか、が争点となった。

＊2　師岡佑行『戦後部落解放論争史』第四巻、柘植書房、一九八四年、二七二頁。

なお、矢田支部員二名を被告とする監禁罪について、大阪地裁の第一審判決（一九七五年六月三日）は無罪を言い渡したが、大阪高裁第二審判決（一九八一年三月）は原判決を一部破棄し、戸田政義のみを有罪とした（一九八二年、最高裁での上告棄却により有罪確定）。また民事訴訟では、糾弾された教員たちが一九七三年に大阪市に対する民事裁判を提訴し、大阪地裁で賠償命令が出され、その後大阪市の敗訴が確定している。

ここで、この事件で焦点化した越境問題について共有しておきたい。それは矢田の被差別部落にとっての重大な懸案であった学校教育の荒廃に直結していた[*3]。

一九五七・五八年に朝日新聞で「矢田中学校暴力事件」が三度にわたって報道された。当時、授業態度が悪いと注意された生徒が教員に暴力的に反抗するなど、生徒と教員とのあいだの関係は悪化しており、たびたび教室の窓ガラスが割られた。同時期に住宅要求期成同盟や生業資金獲得期成同盟に参加するようになった矢田の部落の父母たちは、学校での暴力事件は部落差別に起因すると認識した。そして、一九五九年に部落解放同盟大阪府連の矢田・日之出・加島・西成の四支部は勤評闘争に際して「差別教育反対」のための闘争委員会を組織し、大阪市との交渉をおこなった。

その後、一九六七年に矢田支部の提唱で、地域の教育を教師と父母とがとりくむ組織として、矢田同和教育推進協議会が結成された。同年の高校進学率は、大阪府下全体が八二・三％であったのに対し、矢田の部落は三〇％台であり、部落の子どもたちへの補習授業・補習学級が強く要望されていた。越境問題もまた、教育における部落差別の現れであった。矢田中学校では、三六・七％におよぶ生徒が通学区域外に越境し、矢田小学校でも三〇・三％が越境通学していた。この問題は、一九六八年の部落解放全国研究集会でとりあげられた。同年には、矢田支部と市教組東南支部が中心になって、矢田教育共闘会議が発足している。そして一九六九年には、小中学校あわせて三〇人の教員が同和加配教員として増員されることになっていた。

1-2 日本共産党『今日の部落問題』

ところで、矢田教育差別事件の背景としての部落解放同盟と日本共産党との路線対立は、「国民融合論」をめぐる一九七〇年代以降の状況とは異なっている。一九六五年の「同和対策審議会答申」および六九年の「同和対策事業特別措置法」について、日本共産党ははじめから批判的であった。一九六九年に公刊された日本共産党農民漁民部編『今日の部落問題』は、部落解放同盟内部の「日本のこえ」派批判を目的として書かれたへゲモニー闘争の書という側面を持つが、同時に「差別と結びついたプロレタリア化」がすすんでいる被差別部落民に対して、運動を融和主義的に右傾化させ、階級的に分裂させるための策動の一環として、「答申」「特措法」を位置づけている。[*4] 一九六九年のこの立場は、「国民融合論」に移行した一九七〇年代の日本共産党の運動方針とは真逆である。「国民融合論」

*3 ここでは部落解放同盟中央本部編・発行『人間として——矢田教育差別事件の真実と虚構』(一九八二年)を参照する。

*4 日本共産党中央委員会農民漁民部編『今日の部落問題』日本共産党中央委員会出版局、一九六九年、一一七-一一八頁。

は、「日本の社会は、前近代的な身分社会的性格を克服して近代社会へと進化しつつある。以上のような変化は、部落差別の衰滅を促進する客観的条件の成長といえる」と把握した北原泰作の議論を採用しているからである。[*5] 一九六九年当時において、戦後社会において被差別部落に対する差別は存続しており、そのための取り組みが必要であるという点では、日本共産党と部落解放同盟とのあいだに相違はなかった。[*6] 争点は、「答申」を部落解放運動における成果（「武器」）とするか、それとも階級的な分裂を企図した反動的策動ととらえるかどうかにあった。

2 「木下挨拶状」と一九六九年三月一八日「話し合い」

では本論に入ろう。木下挨拶状の本文は以下のとおりである。[*7]

書記次長候補　阪南中学分会

木下浄〔以下略〕

組合員のみなさん

①労働時間は守られていますか。

自宅研修のため午後四時頃に学校を出ることができますか。仕事においまくられて勤務時間外の仕事を押しつけられていませんか、進学のこと、同和のことなどで、どうしても遅くなること、教育こんだん会などで遅くなることはあきらめなければならないのでしょうか。また、どうしてもやりたい仕事もやめなければならないのでしょうか。

②教育の正常化に名をかりたしめつけや管理がありませんか、越境・補習・同和など、どれをとりあげてもきわめて大事なことですが、それに名をかりて転勤・過員の問題や特設訪問や、研究会や、授業でのしめつけがみられて職場はますます苦しくなります。(…)

③最後にもう一つ、平和を守り沖縄の即時無条件・全面返還と安保廃棄の闘いを暴力集団を除いた全民主勢力でかちとる、東京都や沖縄の三大選挙のような統一戦線をつくりましょう。(以下略、傍点は引用者)

ここでは、全体で四三丁・八六頁からなる、一九六九年三月一八日の木下ら三人に対する矢田支部の「話し合い」記録のテープ反訳を中心に、一審・二審の公判調書も参照しながら、「挨拶状」を検討する。[*8]「話し合い」の場所は矢田市民会館で、時間は午後四時半から七時過ぎまでの約二時間半で

---

*5 北原泰作「部落問題の基本的認識に関する覚書」(一九六七年)、『北原泰作部落問題著作集』第二巻、部落問題研究所、一九八一年、一四三‐一四四頁。

*6 「国民融合論」の公的な表明は、日本共産党の理論政策部長・赤旗編集局長を歴任し、部落問題の理論的整理をおこなった榊利夫(一九二九‐二〇〇三)による、一九七五年の第四回部落問題全国研究集会での記念講演「『同和行政』と部落解放運動」である。榊利夫『国民的融合論の展開――部落問題と同和行政』(大月書店、一九七六年)参照。

*7 前掲『人間として』口絵写真および三四‐三六頁。

あった。矢田支部の側からの参加者は戸田政義ら一〇名あまり。そのうち、糾弾要綱にあたる文書「差別者・木下一派を糾弾する」を作成して「話し合い」に臨んだのは村越末男で、当時は部落解放研究所の理事・事務局長を兼任しながら、矢田支部の教宣部を担当していた。他方、糾弾の対象となった教員の側の参加は、木下浄およびその推薦人となった岡野、山本の二名であった。

文書の差別性の根拠について戸田は次のように述べる。

戸田　まず一つは、はじめはいいんです。（…）「労働時間は守られておりますか」、それはそれでええわな。聞き方についてもええわな。しかし、「進学のことや同和のことなどでどうしても遅くなること、教育懇談会などで遅くなることはあきらめなければならないか」と書いていること、それが一つですわな。（…）この書き方やったら、なんや越境の問題を取り上げても、やはり越境の問題は、わが部落解放同盟大阪府連の指導に基づいて、差別につながるんや、という形でやっておるわけですわ。ところがそのことが、なにか教師の皆さん方に、逆に部落民が労働強化を押しつけているというような形に考えられるんと違うかなと。（五－六頁）

「挨拶状」は、労働強化と管理強化が進む現状を訴え、その根拠として「同和のこと」「越境・補習・同和」を列記している。言い換えればこの記述は、同和教育と越境問題解消がいずれも労働強化と管理強化の要因になっていると主張することで、〝負担を強いられている教員〟の共感を得ようとしていた。

ただし、「教育の正常化に名を借りたしめつけ」と書かれているように、管理職の側から押しつけられている現状を問題にしていることも事実である。この点については、岡野が次のように釈明している。

岡野 僕は組合の一つの、ことし矢田地域共闘という形で万事発展を受けているわけですけどね、それもやっぱり、支部ですが、東南支部のここにもやっぱり弱さがあるというふうに思うわけですよ。僕自身が執行委員としてやりながら、実は、同和の問題について支部としてとり上げたのは、一般地域に対してとり上げたのは、一度、地域共闘が始まる前ですが、この前の七月の段階で、矢田中学近辺の小、中越境をしているようなところを中心にして越境の問題を話し合いました。(…)ところがそのへんが僕の弱さで、中学校単位ぐらいにそういう小集会を開きながら、もっともっと考えていかないかんやないかな、ということを言うてたのが、いうふうにやりきれないままで今日に至っておると。(…)その中で校長さんが、もう十年以上の人は、中学校はそういうふうなことがあるんやし、結局変えていくから、すまんけど、腹くくって騒がんようにしてくれ、と言うて、というような形ができてるということに、やっぱり大きな問題点があると。

(一五—一六頁)

＊8 無題・表紙なし。最終頁に「大阪市東住吉区桑津町八丁目五八 有限会社大阪速記社 篭本芳郎(印)」。部落解放同盟大阪府連矢田支部所蔵。以下、このテープ反訳からの引用は本文中に頁数のみ記す。

つまり、教組主導による同和教育と越境解消問題ではなく、管理職である校長から公的なルートを通さずに(「腹くくって騒がんように」)、対応を求められているということである。それによって、組合員や教員個々の意識改革になっていないことに、「東南支部の弱さ」があるというのである。この弁明は、そもそも同和教育や越境問題に対する教員の意識の低さを裏づける。それはまた、「挨拶状」が、事態の一面しか問題にしていないことを示している。すなわち、同和教育と越境問題に対する組合員の無関心や消極性は問題にせず、労働強化と管理強化に対する反感に訴え、その負の感情を組織化しようとしたということである。そこで差別性の有無は、そうした「負の感情」を組織化する際に、部落に対する否定的なイメージを利用したかどうかにかかっている。[*9]

ところでこの「話し合い」の所要時間は、午後四時半から午後七時までの約二時間半であった。テープ反訳においては六二頁、全体の七割を過ぎたあたりで木下は「挨拶状」の差別性を承認する。単純に計算して一時間半前後が経過したあたりと推定しておく。そこにいたるまでの木下の発言を確認していこう。

岡野の発言から明らかになる問題のねじれ——同和教育・越境問題に対する組合員・教員の無関心と管理職による「おしつけ」——が「挨拶状」に反映していることは、木下も認める。まず、村越末男による、「挨拶状」が、差別意識の動員につながっているのではないかという指摘に対する答えである。

木下　最初にちょっとお話ししたんですけど、決してそういうことではないんですね。はがきに書いたんで、文章的には非常につたないし、まずかったと思うわけです。だけど、僕自身がそういう遅れた層を結集しようとか、それからそういう遅れた層に依拠して、組合の役員になろうとか、そういう意味で書いたわけではないんです。このへんはいわゆる〔不明〕、文書の上からはちょっとわかりにくいかも知れませんけれども、ことばの真意は、決してそういうものではないんです。（七‐八頁）

この答弁に対して、村越は現在の矢田近辺の小中学校の組合員や教員における「挨拶状」の受容を問題にする。一方、岡野は同和教育をすすめていくことの困難さを訴える。そして矢田支部の河内（書記次長、当時）は「挨拶状」は運動の分裂を意味すると主張した。それに対する木下の答弁である。

木下　越境とか同和教育というのは、解放同盟の方が一生懸命やって非常にすばらしい成果を挙げていることには敬意を表するわけです。ところが、われわれの回りに出てくる時には、それがものすごくゆがめられてくるわけです。（…）それで、僕らは闘っているわけです。ところが、ゆ

＊9　一九六九年三月一二日、「挨拶状」の配布を受けた大阪市教組の斉藤弥彦はすでに、木下挨拶状が「教師たちの持っている劣情を組織して、『同和』教育に水をさし、解放運動の足を引っぱるというそういう役割をはたすものであるから、これは差別文書である」と指摘していた。前掲『人間として』四二‐四三頁。

がめられているのを正すために、われわれががんばらなくてはいかんということで、書いたつもりなんですけれども。（四〇頁）

この答弁を受けて、「話し合い」は、木下の同和教育の経験の有無と部落に対する認識の検討へと移行する。木下は一九五九年から大阪で教員をつとめてきたが、同和教育の経験はなかった（「木下いわゆる同和教育というのはないです」（四九頁））。そうした応酬を経て、木下は「さっきからいろいろ聞いていて、やはり僕が軽率に、非常に軽率に書いたことは、非常に悪かったと思ってます。（…）非常に不足して、内容が、むしろ逆の立場になったことに、非常にいま自分自身で残念に思っているわけです」と謝罪する（五五頁）。そして「挨拶状」に問題があったのは、「思想的な傲慢さ」があり、また、越境生が多く、非組合員ばかりの職場であったことが原因であったと述べる。

木下 ただ僕が思想的に傲慢になっている点がそれはあるかもしれません。分会の中でも、やはり越境生の多い学校ですし、いままで、いわゆる組合もなくて、非組合員ばかりの職場だったので、そういう影響も非常に大きく受けていると思うのですよ。そういう中で、やはり思想的に傲慢になったり、おかしくなったりしているところもあると思うのですけどね。（五七－五八頁）

勤務校に越境生が多いということは、矢田の小中学校のように部落を校区にもつ学校を忌避する父母や生徒に取り囲まれているということである。さらに組合員が組織されていないということは、労働問題のみならず、同和教育や部落問題に対する認識も取り組みも進んでいないことを意味している。そうした環境からの影響を「大きく受けている」ことが「挨拶状」につながったと、木下はここで認めている。つまりこの言明は、部落問題と同和教育を忌避する〈負の感情〉に依拠して「挨拶状」を書いたと認めたに等しい。そして木下は「挨拶状」そのものが差別文書だと認めるのである。

村越 そういうことですね。木下先生ね、あなた自身のこの文章が差別文書だということ、おわかりですか。

木下 いま、いろいろ話を聞いている中で、確かにそういう面があるなという、（…）ここ〔「差別者・木下一派を糾弾する」を指す〕に書いてあること、ずっと書いてあること、その通りやな、と思うわけです。

村越 差別文書として、われわれが指摘しているのは無理ないと思うでしょう。

木下 はい、それは思います。（六二頁）

木下はこうして「挨拶状」が差別文書だと認めた。ただし、彼の認識は、あくまで自分が置かれた環境のなかで「思想的に傲慢に」なったことが、同和教育と越境問題解消に否定的な態度を自分に許した、という点にとどまっている。この「話し合い」のなかで言及された同和教育の経験の不在や、部落問題についての理解と結びつけて、彼の認識が統合されたわけではない。だがこれは差別－被差別関係の非対称性が破られ、「挨拶状」と部落差別との関係がつながった瞬間である。

しかしまた、〈負の感情〉を動員しようとすることには理由があり、それは「思想的な傲慢」という説明では不十分である。大西巨人が「俗情との結託」で示した心理主義的な分析を参照するならば、それは大衆の俗情に迎合して大衆を組織しようとする政治戦術である。[*10] このとき、木下浄の政治活動を勘案すれば、日本共産党の「答申」批判や、事件直前の一九六九年二月に発行されていた日本共産党『今日の部落問題』にみる運動路線が、「挨拶状」に反映していなかったのか否か。そうした政治的な判断は、木下の教育経験に照らしてどれほど確固としたものだったのか。こうしたことが掘り下げられる必要があった。そうした内省を促すことは、部落解放運動の路線論争を政治文化的に高度化しうる実り多い議論を可能にしたと考える。だが、この糾弾は中途で止まったのである。

「話し合い」の成り行きから察するに、このときの矢田支部の糾弾方針は、三人の自己批判にとどまらず、糾弾会への参加と「挨拶状」回収という具体的な行動を約束させることを着地点としていた。追及はここから性急に、木下らに「対策」を求めているのである。実際、「話し合い」では、木下の謝罪のあとに激しい言葉が立て続けに発せられるが、その追及は「責任をどうとるか」という方向性へと導かれていく。とりわけそれを主導していたのは村越末男である。

村越　差別文書を書き、ばらまき、保管し、広めたことの責任、これはいったい誰がとるのか。（六三頁）

村越　どうしたらよろしいですか、これ。これは、これが昔だったら、ほんとにあんた方の首を切っていますよ。水平社やったら、竹ヤリでぶすぶす、のくちや。ほんまに。（七七頁）

「水平社やったら」という村越の発言は、裁判過程で脅しの言葉として問題になる。だが村越の発言のあと、「挨拶状」の推薦人である山本は急ぎ決着点を提起している。

山本　あのね、僕はやるべきことはたくさんあるんだし、やらなきゃいかんことがたくさんあると思うし。それが、どういうふうにして具体的にやったらいいか、ということについてはすぐに知恵は浮かばんのですけれども、少なくとも、われわれその推薦者全員は、どこかすぐに集まって、そういうことは自己批判せないかんと思います。少なくとも。それから、やっぱり出された文書については、全部撤回する。撤収するということはできなかったら、そういうふうにやりたいと思う。(七七頁)

この発言のあと、矢田支部幹部は、木下ら三人による「差別文書に対する自己批判書」と「今後に対する方策」を明らかにすることを要求する。そして「木下挨拶状」はできる限り回収すること、矢田支部による糾弾の経過をふまえた自己批判書と決意書を分会に配ること、それを二四日までに印刷して提出することを求めた。木下はこの間沈黙したままであったが、次のように山本と岡野の両人によってこの要求は承認された。

＊10　この論点については次の拙稿でも触れておいた。本書所収「〈党〉と部落問題――大西巨人『神聖喜劇』」。

山本　自己批判書というのは、共同で書いたらいいのですね。（八五頁）
川本　岡野先生、何を放っといてでも、みんな出てきてくれ、と言わんなりませんよ、あんたから。
岡野　わかっています。ただ、文章的にきちんとしないかんやろうし。（八六頁）

先回りしていえば、差別行為を認めた、あるいは認めようとしている相手の差別‐被差別関係に対する認識のあり方に迫るのではなく、「今後に対する方策」を性急に要求した矢田支部の方針は、具体的な責任を代償として要求する行政闘争における糾弾闘争の方式を踏襲している。このことの意味は後述する。

3　検証——一九六九年三月一八日「話し合い」と公判供述

以上の経過を踏まえて、第一審の公判調書および他の二人の「挨拶状」推薦人の教員の供述調書も参照しながら、矢田支部と木下浄とのやりとりを通して明示化されなかった部分を補い、糾弾の続きを考えてみよう。それは次の三点に絞られる。すなわち、①官製同和教育批判、②部落解放運動と教育闘争の関係について、③糾弾の強制性、である。

まず①官製同和教育批判である。テープ反訳四〇頁で木下は、「ゆがめられた同和教育」に言及していた。これについて、木下は一九七四年八月一三日の第一審第三〇回公判調書において、「官製の同和という意味ですから」と言い換えている。[*11]

さらに、この答弁の意味を再確認した弁護人の質問に対して、木下は「教育委員会のやる官製同和教育には、反対ですね」と答えている。公判での木下は、「職員会議というのは、決定機関じゃありませんから、校長の諮問になっていますから、もしくは校長の伝達機関になっています」とまで断定し、主体が教員ではなく管理職あるいは教育委員会であるかぎり、すべての同和教育は「官製同和教育」であり、組合運動にとって批判克服の対象となるという論理を形成している。しかし、この主張にもとづけば、教員の自主性による意思決定機関が不在であるかぎり、おしなべて拒否の対象になる。この極論は第三〇回公判の争点のひとつとなり、裁判長も、教育内容を教員が実質的に決めているような職員会議が存在している学校はあるのかと木下に質問している。その質問に対しては、木下は「それはありません」といわざるをえなかった。「ゆがめられた同和教育」を「官製同和教育」と言い換えることに大きな齟齬はない。問題は、それならばなぜ「官製同和教育」批判であることを「挨拶状」で説明しなかったかということである。それは、「官製同和教育」を批判する観点が、「挨拶状」の時点では不在だったことを意味している。それはつまり、「挨拶状」が「同和教育」一般の忌避にもとづいていたということを意味する。

次に、②部落解放運動と教育闘争の関係についてである。木下は、先に「越境とか同和教育というのは、解放同盟の方が一生懸命やって非常にすばらしい成果を挙げていることには敬意を表するわけです」と主張していた。しかしこの主張は公判供述では大きな修正が加えられる。

＊11　一九七四年八月一三日第一審第三〇回公判調書、部落解放同盟大阪府連矢田支部所蔵。

これに先立って、弁護人（山上益朗）は、同和教育を受ける主体は誰かと問うている。同和教育の進め方を決定するのは教員・組合員なのか、それとも解放同盟支部あるいは部落大衆なのかを明確にするための質問であった。この質問を補足すれば、教員による自主的な同和教育が存在しないかぎり、管理職が主導する「官製同和教育」を活用する運動方針も可能だという前提がある。これに対して木下は、（誰が同和教育を受けるかといえば）「同和教育は広い意味に解すれば多くの児童生徒ですね」、（では同和教育を徹底させるために立ち上がったのは誰か、という問いに対して）「教員組合であり、解放同盟だと思いますね」と答えている。この答弁を受けて、弁護人の質問は解放同盟の運動に対する評価に移行する。それに対して木下は、自らが経験した一九五〇年代の勤評闘争をふまえて、「勤評闘争に部落解放同盟の人達が非常に大きな力を与えたということは知っています」と答え、その理由として、「やはり勤評が教師に対する差別ですね《（ママ）》、それを部落の人達が差別に対して、いわゆる経験深い人達が、そういうふうに連帯してやったんだと思いますね」と述べている。しかし、それは現在の評価ではないと答弁する。

解放同盟の闘いについて、敬意を表しているというのは、その勤評当時の闘いについてであって、昭和四四年のこの問題の時に、私のハガキを問題にした時は、そうではなかったように思っていますから、《（ママ）》だから《（ママ）》この問題については、意見が違ったんですね。

この理解は一九六九年三月一八日の「話し合い」では言及されなかった。「私のハガキを問題にした時」、つまり、「木下一派を糾弾する」という糾弾要綱が書かれた一九六九年三月一八日の前後か、その直後か、いずれにせよ、この時点で木下にとって部落解放同盟との関係は、非和解性を有していたということである。だが、「挨拶状」への糾弾によって突然、木下が部落解放同盟とその運動方針に対する認識を転換したようには思えない。「挨拶状」が言及した「同和のこと」が「官製同和教育」であり、それが部落解放運動の方針にもとづいた組合・管理職ふくめた同和教育推進の方針を指していたことからすると、「挨拶状」の立場が、そもそも一九六九年当時において、解放同盟とは異なっていたと考えられる。勤評闘争の当時と一九六九年のあいだに横たわっているのは、一九六五年の「答申」と六九年の「特別措置法」の評価をめぐる部落解放同盟と日本共産党との対立であった。したがって「挨拶状」はそもそも解放運動と同和教育についての路線対立の産物であると考えられるのである。[*12]

そして最後の論点である、③糾弾の強制性である。三月二二日の糾弾会への出席をみあわせた木下浄たち三人の教員は、いったんは認めた自己批判を事実上撤回した。その過程で、三月一八日の「話し合い」が実際には軟禁であり、自己批判は強制されたものであることを主張した。その主張の典型は、岡野寛二の一九六九年五月二二日付の大阪地方検察庁に対する供述調書である。[*13]

＊12　この点について、師岡佑行はより明確に越境問題解消をめぐる大阪市教組執行部内部の抗争のなかに「挨拶状」を位置づけている。師岡前掲書、二六四頁。

＊13　以下、「岡野寛二供述調書一九六九年五月二二日」部落解放同盟矢田支部所蔵。

（矢田支部員たちから）差別文書であると認める／ことを強要されましたが、／それでも／そうではない。／と云って頑張っておりました。／云われれば返事もしておりました。
しかし、いくら云っても判ってもらえないし、答えれば更にやられるし、すっかり戦意もそう失してしまったので／午後七時ごろからは／私たちは黙ってしまいました。／私たちが黙り込んだので／解同側の態度が激しくなりました。／河内書記次長はすごい剣幕で　お前らのドタマ張りたわしたいぐらいぢゃ。／水平社時代には竹槍で突き殺すところぢゃ。／と脅しをかけました。

この供述調書は先に「話し合い」テープ反訳で確認した内容と異なっている。テープ反訳のほうでは、「水平社の竹槍でぶすぶす」と発言したのは村越末男である。しかもこのくだりは、自己批判をしたあと、自己批判書を配布するという「対策」を迫られた時点でのやりとりのなかで発せられた言葉であった。つまり脅しによって自己批判がされたというのは順序が異なる。ここでは、自己批判の強制性を強調するために、岡野の記憶が加工されている。なにゆえに矢田支部の激高が始まったかを理解するためにも、「話し合い」の時系列は重要である。差別は行為をもって償わなければならない。行為のともなわない自己批判は無意味であるという理解が矢田支部の側にあり、それは行政への糾弾闘争の前提であった。だが、はじめから行政の責任を問う行政闘争の枠組みとは異なって、この事件は発端においては「話し合い」の場での個的な自己批判を目的としていた。しかし、追及のなかでそれは瞬時に具体的な責任の追及へと飛躍した。いわば自己批判の飛躍も〈強制〉的に求められたのである。矢田支部にとってこの飛躍が当然だったのは、行政闘争方式が念頭にあったからでもあるが、事柄が同和教育にかかわっていたからである。それは個人の責任に還元される差別とは異なる。

こうして加えられた〈強制性〉の急激な負荷と、岡野による記憶の加工とのあいだには重要な連関があると推定しておく。本稿冒頭で論じたように、被差別の側からの告発は、本質的に〈強制性〉を免れえない。それゆえ主体的な内省化をともなわないかぎり、糾弾という行為は常に非対称的な、外在的な圧力として受け止められる。この強制性と外在性を口実にして、記憶を加工することはたやすい。公判過程では、三人は「話し合い」のときよりもはるかに政治的な判断にもとづいて理論武装し、自身の立場や見解を整理して供述している。それが可能だったのは、自己批判にもとづく主体的な内省化を放棄しているからである。そして何よりも、糾弾が外的な圧力だと自らに向かって強弁することによって可能になったのではないかと考えるのである。

4 終わりに

「話し合い」および公判での供述の検討をふまえて、「挨拶状」に立ち戻っていえば、それは部落解放運動の路線対立を背景として、同和教育への忌避感情に依拠して書かれていた。〈負の感情〉を利用しようという政治的な意図があった点で、そこには差別性が存在した。しかし、木下浄および推薦人の二人の立場の差別性と政治性は、矢田支部の追及のなかでただちに揺らいだ。「話し合い」が示している自己批判は、中途まではそれぞれの主体的な内省をとおして、差別–被差別関係の原理的な構造の認識にまで進められたと考えるからである。この内省過程をさらに進めることができれば、三人と矢田支部の関係は、その後の実際の展開とは異なっていたかもしれない。私の立論においては、その可能性が失われた要因に、行政闘争の方式を踏まえて進められた糾弾闘争があった。個人に対する糾弾と行政権力に対する糾弾の区別がなかった点で、ここには総括点がある。

しかし、次のことも忘れたくはない。社会運動のダイナミズムはその行為遂行性にある。その行為遂行性は、〈革命〉がそうであるように、制度化され硬直した思考停止状態をただちに乗り越える。戦後部落解放運動における糾弾闘争は、被差別部落民の自己回復の過程であると同時に、政治的前衛によって代理表象された主体性を再獲得する営為であった。日本共産党との対立とそこからの離脱は、その意味で同時代的で普遍的な展開であった。そうした政治的主体性の獲得をめざす徹底性と、戦後市民社会の同質化圧力への抵抗が重なった点に、戦前の水平社運動の糾弾闘争とは異なる、戦後の糾弾闘争の固有性がある。部落解放運動の路線対立は組織分裂を生んだが、それは社会運動のダイナミズムが健全に機能していた証しでもある。

矢田教育差別事件において、矢田支部と三人の教員のあいだには、差別－被差別関係についての認識の共有の瞬間が存在した。それは政治的に非和解的な他者とのあいだでも共闘は可能であるという、社会運動のダイナミズムそのものが有している奇跡の存在を示している。

〈付記〉大賀正行氏、廣岡浄進氏、および資料の利用を許可していただいた部落解放同盟大阪府連合会矢田支部に感謝申し上げる。いうまでもなく、すべての文責は私にある。

部落解放運動の現在とこれから

1　はじめに――今日の被差別部落

一九七〇年代後半の最盛期には一八万人の同盟員を組織していた部落解放同盟の同盟員数は、二〇〇二年の同和対策事業の法的失効を境に減少し、二〇一二年には六万人にまで激減した。これは社会運動としての部落解放運動の力量の低下を意味している。同時にこのことは被差別部落（以下、部落と略記）そのものの変化と深く関係している。まずそうした部落の変化から考えることで、私に与えられた表題のテーマに即し、限られたリソースを通してであるが、可能なかぎり建設的な論点を提示してみたい。

被差別部落に関する全国実態調査は一九九三年以来おこなわれていない。この年の調査では、全国平均と被差別部落とのあいだには明らかな格差が存在していた。高校進学率は全国平均九六・三％に対して、部落は九一・八％であった。就労については、全国平均の常勤雇用六五％に対して、被差別部落は五八・二％であった。貧困の観点からいえば、生活保護世帯と住民税非課税世帯を併せた合計では、全国平均が一五・九％、部落は二五・八％であった[*1]。

就労構造はどうであろうか。かつて部落の主要な産業というと皮革産業や食肉産業が想起された。しかし、実際には、近代以降、高い皮革技術を有してきた一部の部落は別にして、農村部落の生業は基本的に農業である。これに次いで高い比率を占めてきたのが土木建設業である。一九七一年に総理府によって全国三四都道府県、四三七四地区で、一九七五年には三二都道府県、二五一三地区で実施された部落の実態調査においては、七一年には地区内の事業所数の四〇％、一万五四一四事業所が土木建設業であった（七五年調査では一万一四九八事業所で全体の三八％）。皮革や靴製品の事業所はこれに次いで全体の一九％であった（一九七五年は二三％）。さらに比較的近年の調査結果である、奈良県における二〇〇〇年と二〇一〇年の県内一六地区の調査では、建設業は「製造業」「卸売・小売業」に次いで第二位の比率を占め、天理市と御所市内の部落では第一位の比率を占めている[*2]（それぞれ一五・二％、一八・六％）。

土木建設業の比重が高いということは、その産業構造が重層的下請け構造に組み込まれているということである。土木建設業は、工事量の増減や工事の種別化によって労働力や資機材が変動する。そこでそうした部門をあらかじめ外部化しておく。それによってゼネコンおよび系列の企業は経営が安定する。しかし特殊技術を持たない多くの下請け業者は、契約関係が結ばれるまで、何の保証もない不安定な状況にさらされる。

三〇年あまり継続した同和対策事業によって、部落内の土木建設業は優遇措置が取られ、公共事業も優先的に発注されることがあった。しかし結局は大手ゼネコンが支配する業界の末端に従属している零細な下請けであり、同和対策事業はそうした零細性・下請け構造を変えるものではなかった。それでも一九九〇年代以降、皮革業から土木建設業の労働市場への労働力移転が報告されている。[*3] これは部落内の産業構造の変化を示すものである。例えば先の奈良県の調査で、皮革関連・靴履物関連業が多数を占める「卸売・小売業」は二〇〇〇年から二〇一〇年までのあいだに三〇・二%から二一・六%に減少した。奈良県の部落は皮革関連・靴履物産業を中心的な産業としてきたことで知られているが、そうした産業構造が劇的に変化した結果、他の業種に労働力が移動したことが想定される。しかし土木建設業に余剰労働力が流入したとしても、それは十分な受け皿にはなりえないだろう。そうした産業構造の転換と、主要な産業の零細状態によって、部落の中では新たな仕事を創出できない。

＊1　部落解放研究所編『図説　今日の部落差別　各地の実態調査より』部落解放出版社、一九九七年。
＊2　井岡康時「国勢調査小地域集計にもとづく奈良県同和地区の変化と現状に関する考察」『奈良人権部落解放研究所紀要』第三二号（二〇一三年）。
＊3　吉村臨兵「土木・建設業」、部落解放・人権研究所編『新訂　部落問題・人権事典』解放出版社、二〇〇一年。

これが、次に述べる部落の人口流出の一要因となる。実際、奈良県内一六地区の人口・世帯は、二〇〇〇年：一万二二一四人、四三六〇世帯から、二〇一〇年：一万六八九人、四二二九世帯と、一〇%以上の減少が生じている。また六五歳以上人口は九%以上増加しており、高齢化が進行している。

2 棄郷化

日本社会の少子化・高齢化は全般的な傾向である。しかし被差別部落で進行している人口流出には、日本の少子化とは異なる理由が考えられなければならない。しかも、都市部落や都市近郊の部落からの若年層・稼働層の流出は、東京の部落も含めて全国的な傾向なのである。

この人口流出傾向について、廣岡浄進は「市民社会空間への人口流出」と呼び、それが被差別部落出身者の「棄郷化＝diaspora」であると問題提起している。

二〇〇一年度末を以て、国の同和対策事業の法的根拠であった時限立法〔地対財特法〕が失効した。これに前後して、同和対策事業として建設された改良住宅の家賃に「応能応益」制度を導入する自治体が相次ぎ、とりわけ都市部落では同和地区指定された部落から比較的に安定した所得の世帯が地区外に持ち家〔…〕を購入して転出する現象が、それ自体は以前から緩慢な傾向として報告されていたのだが、その後の一〇年間で劇的に進行した。[*4]

同和対策事業は一九六五年の「同和対策審議会答申」を踏まえて、二〇〇一年度末まで成立・継続してきた、被差別部落に対する環境改善事業をはじめとした総合的な行政施策である。それは基本的に属地属人主義をもって進められてきた。すなわち、事業を行う法的主体として被差別部落が「同和地区」指定を受け、その地区に居住する被差別部落出身者に法的事業が実施されるのである。しかし、二〇〇一年度末の法律の失効は、被差別部落からの急激な人口流出を生み出したのである。しかしそうして流出した部落出身者たちは、ただちに部落との関係を切断したわけではない。廣岡はこう続けている。

大阪市内などの都市部落では、これらの転出者がしばしば部落の近隣で開発される住宅地やマンションに入居して部落内の親族との関係を保っていること、その一方で〔…〕相対的に低所得の世帯が流入してきているなどの実態変化が、現場から報告されている。部落の境界がモザイク状に曖昧になり、同時に通婚によって「血」の周縁領域も拡大している。[*5]

さらに廣岡は、こうしたモザイク化の傾向において、「部落民でありながら部落民であることを嫌

＊4　廣岡浄進「被差別部落の地名を言明すること――『週刊朝日』連載「ハシシタ」打ち切りをめぐる政治」、畑中敏之・朝治武・内田龍史編著『差別とアイデンティティ』阿吽社、二〇一三年、三六四頁。
＊5　同前。

悪する、否定する傾向」が先行して存在してきたことを問題視し、大阪府が二〇〇〇年に実施した生活実態調査および意識調査の結果を例示している。まず同和地区において、すでに住民の四割以上が部落出身者ではないという「流動性」が確認される。次に意識調査を詳細にみれば、部落出身者においても、同和対策事業を受けていることによって部落民と考える自己認識があり、事業が切れると「そうは思わない」に転じることが推測されるというのである。[*6] 部落出身者は、終始、出自の否定に追われ続けているということである。そうした進路選択はきわめて功利的にみえる。しかしそこには、同和地区に居住して事業を受けながら、機会があればその自己規定から脱したいと願っていた、強い自己否認がある。私は東京の被差別部落・皮革産業地帯で歴史調査をおこなってきたが、[*7] その調査地における東京の皮革業者・部落出身者に対するインタビューでも、同じような自己否認の言葉を聞いている。廣岡が「ディアスポラ」と呼ぶに足るだけの自己否認的な傾向が、現在の被差別部落に内在しており、法の失効はその表出をもたらしたといえる。

　歴史的には、「ディアスポラ」化という潜在的な流動化の実現を抑制してきた力が同和対策事業であり、部落解放運動でもあった。部落からの人口流出が部落の消失ではなく、「モザイク化」であるように、マイノリティとしての紐帯は流動化のなかで常に維持されている。そうした紐帯維持を、部落解放運動と同和対策事業は制度的に支える役割を果たしてきた。それによって、皮革産業や土木建設業に従事する部落出身者は、その生活のあり方を自己肯定することができた。しかし、今日の部落における同和対策事業の失効と部落解放運動の後退は、こうした自己肯定の根拠の喪失につながる。しかも、現在は、部落のモザイク化と棄郷化という事情のゆえに、定住化と安定雇用を促す、同和対策事業と部落解放運動が用意してきた従来の戦略の中身が問われなければならなくなっている。その戦略における市民＝良民というモデルの排外主義が問題となるのである。

3　下層社会と被差別部落

同和対策事業の終焉によって人口流出が加速するまで、流動化に対抗する定住的なコミュニティとして被差別部落は防衛されてきた。しかしそれは隣接する下層社会との差異化――ときに敵対的な関係――をともなうものであった。たとえば、京都市内最大の被差別部落であり、同和事業と解放運動の先進地域であった崇仁地区の場合である。この地域における一九五〇年代初頭からの同和対策事業の進展は、隣接する在日朝鮮人の同和事業からの排除と空間的な圧迫をもたらした。これは同和対策事業が「日本国民」である被差別部落民を対象としていたからである[*8]。定住化を志向する被差別部落の排外主義は、部落と「寄せ場」との関係においても表出していた。

＊6　同前、三六五頁。
＊7　「荒川部落史」調査会『荒川の部落史　まち・くらし・しごと』現代企画室、二〇〇一年、および木下川沿革史研究会『木下川地区のあゆみ・戦後編――皮革業者たちと油脂業者たち』現代企画室、二〇〇五年。
＊8　友常勉『戦後部落解放運動史　永続革命の行方』（河出書房新社、二〇一二年）のとりわけ第一章を参照。

大阪の旧西浜地区（現在の浪速区の東・西浪速町、蘆原町、久保吉町など）は戦前から日本有数の皮革産業地帯を形成してきた部落であるが、それに隣接する西成区に、沖仲士や土木建設業に従事する日雇い労働者の下層労働市場＝「寄せ場」としての釜ヶ崎地区が位置している。東京の山谷と並ぶ「寄せ場」である釜ヶ崎において、一九五〇年代後半に、釜ヶ崎労働者のための独身寮を西浜地区内に建設するという大阪府の計画が浮上した。しかし当時の部落解放同盟の支部は反対し、この計画を撤回させた。その理由は西浜地域内に釜ヶ崎の労働者の独身寮ができると、飲み屋も集まり、水商売の女性たちも集まるからというものであった[*9]。ここには流動性の高い日雇い労働者の空間形成に対する、部落解放同盟支部の排外的な感情があったといえよう。

　しかしこうしたことは、被差別部落出身者が日雇い労働者の街である「寄せ場」＝釜ヶ崎に存在しないということを意味しない。統計的なデータはないが、一九七〇年代初頭に釜ヶ崎で発生したいくつかの労働争議と暴動に際して逮捕された日雇い労働者のなかに、部落解放同盟員の身内がいた[*10]。また、事例はわずかであるが、隣接する畿内の部落から釜ヶ崎地区内に移り住んだ被差別部落出身者のライフコースも明らかになっている。

　さらに、原発労働に従事してきた部落・部落出身者の存在も、下層社会と被差別部落を分離できない事例のひとつである。二〇一一年三月一一日の東日本大震災と直後の福島第一原発事故にともない、福島県を中心にした原発の収束作業・除染労働に多額の国家予算が計上され、事故後、すでに数万人の労働者が投入されている。この原発の収束作業・除染労働の労働者＝作業員は、特殊訓練を受けたこともない、一般労働市場で集められた労働者である。この原発被曝労働において、多くの不法就労や暴力的な労務管理がおこなわれている。[*11] これは土木建設業の重層的下請け構造そのものに起因している。そして、原発被曝労働のための労働者を集め、東北に送り込んでいるのは、釜ヶ崎など「寄せ場」の「人夫出し業者」と呼ばれる業務請負業者たちである。釜ヶ崎で集められる労働者のうちに被差別部落民がどれだけいるのかは不明である。しかし、「原発銀座」の一角をなしている北陸・福井県には、原発に依拠して生計を立ててきた部落がある。したがって、数は少なくとも、原発労働に従事する部落出身者がゼロであると考えることはできない。

不法就労や不当な収奪、争議に対する暴力的な弾圧を繰り返したかつての寄せ場の業務請負業者の多くはヤクザ組織を上部団体としており、そうした経営体質は現在も継承されている。ところで、今日の日本社会における下層労働市場の拡大は、こうした構造を再生産している重層的下請け組織が拡大していることを意味している。

あたかも同和対策事業の終焉と交代するかのように、日本において新自由主義的経済と新たな下層労働市場が出現した。被差別部落は「ディアスポラ化」に直面したが、可視的で対面的な下層労働市場を有さない労働者群や、マイノリティが吸収されている下層労働市場全体が、「ディアスポラ」的

＊9　寺島珠雄編著『釜ヶ崎語彙集』新宿書房、二〇一三年、五一－五二頁。
＊10　同前、二〇七－二〇八頁。
＊11　被ばく労働を考えるネットワーク編『原発事故と被曝労働』三一書房、二〇一二年、また同『除染労働』三一書房、二〇一四年。

分なのである。

な心理的圧力を受けている。被差別部落の現在をめぐる分析はこうした労働市場の新たな動向と不可

4 市民＝良民化をめぐって

部落と部落出身者が、下層社会から自らを差異化し、自己区別しようとする市民化＝良民化という圧力は、近代社会においては一般的な機制である。ところでこの圧力は、部落の〈生〉を規定してきただけではなく、部落解放運動の路線対立をも規定してきた。その一例として「八鹿《ようか》闘争」をあげよう。

一九七四年秋、兵庫県南但地方の八鹿町で、「八鹿高校差別教育事件」が発生した。これに先立つ一九七三年五月、部落解放同盟兵庫県連合会が結成され、南但支部連絡協議会が同年七月に結成された。それまで「組織力も弱く融和運動的であった運動」が、これ以降活発となった。この時期に部落解放同盟が学校・行政に対しておこなった確認・糾弾会は、一九七三年から七四年一月にかけて八回、さらに七四年に結婚差別にかかわる差別文書事件が起きてからは四五回と激増した。そのなかで、七四年一〇月に、兵庫県教組朝来《あさご》支部が組織した北原泰作講演会の開催と会場使用をめぐって、部落解放同盟と日本共産党のあいだで衝突が数回発生した（朝来事件）。そして、八鹿高校に部落解放研究会をつくろうとした生徒たち（教頭・校長はこれを約束した）と、その要求を拒否した八鹿高校教師との対立が激化し、部落解放同盟による八鹿高校教員たちに対する糾弾闘争が組織された。こうして八

鹿闘争が起きた。八鹿高校にはすでに部落問題研究会があったが、生徒たちによればそれは日本共産党による反解放同盟キャンペーンの場になっていた。

A――部落研〔部落問題研究会〕のなかでは解放同盟のことを「解同朝田一派の暴力集団」と、公然と言われています。(…)

一般生徒の証言③　あの解放研作ったときにな、八鹿高校は職員会議の伝統ということがあるんやいうてな、それを校長と教頭が破ったとそればかり言うんや。それでなんで解放研を作ることが認められんかぜんぜんいわんとってな、そればっかりいうんや。[*12]

確認会・糾弾会を拒否した八鹿高校教員は集団登校する一方、解放研設置をもとめる生徒たちは、抗議の座り込みを続けるなか、七四年一一月二三日に、解放同盟との共闘で教員たちに対する確認・糾弾会を学校の体育館でおこなった。当日、部落解放同盟側と共産党の双方が全国動員で大集会を八鹿町で開催した。この確認・糾弾会で教師の側に負傷者が出ており、八鹿闘争では解放同盟の暴力が強調されるが、日本共産党側も、朝来事件から八鹿闘争までのあいだに解放同盟を挑発し、暴力を引き出す方針で臨んで全国動員をかけていたと想定される。[*13]八鹿町での糾弾闘争は、従来の融和主義的な地域社会の歴史に対する部落民の反動であっただろう。しかし日本共産党はこれを解放同盟との組

---

*12　兵庫解放教育研究会編『凍った炎――八鹿高校差別事件』上、明治図書、一九七五年、五四、六二頁。

織対立のピークと位置づけ、その組織方針によって事件は全国化したのである。

ところで「八鹿事件」の歴史研究を提起している大森実は、国民融合論の立場から、全国総合開発計画（全総）がもたらした地域間格差という観点からの分析が必要であることを指摘している。[*14]

大森によれば、一九六三年に八鹿町をふくむ南但地方は全総を補完する低開発地域工業開発促進法の対象に適用された。しかし、当然ながら低開発地域に投下される公的資本・民間資本には制限があり、さらに「中核農家」育成を柱にした農政とあいまって、高度成長期に但馬の過疎化は歯止めがかからなかった。七〇年には過疎地域対象の緊急措置法の適用も受けた。大森はこうして国・県に対する過疎の各町の行政依存が深まったとしている。国・県からの予算の期待は子どもたちの文集にもあらわれていた。[*15]そして、八鹿高校事件が緊迫していた当時、南但各町の町長たちは河川改修の増額のために建設省や国会議員、さらに県に対する陳情に回っていた。すなわち、どのような手段をもってでも地域開発を獲得するしかない地域社会の苦境が存在していたのである。こうした地域社会において、同和対策事業の実施は低開発地域開発のための財源確保という意味を持つ。そして実際の施行では、地域社会の商慣習や力関係が機能することになるだろう。そのとき、日本共産党は同和対策事業に連なる一切の係累を反民主主義勢力と位置づけ、革新自治体を推進する革新勢力に対する分断・破壊勢力と位置づけたのである。

ここには、日本共産党の部落問題対策としての国民融合論が前提にある。国民融合論は、近代化によって部落差別は漸次解消過程にあり、同和事業はその解消過程の逆コースであると理解する。その場合、同和事業や部落解放運動を提起するものは、革新勢力に敵対する反民主主義勢力と規定される。

部落差別の解決を喧伝する部落と部落解放運動には、存在理由もアイデンティティも必要ない。ないことを「ある」というのは、反民主主義・反市民的・反良民的な反社会行為となる。こうして、部落差別や部落出身者という差異は暴力的に消されている。逆にいえば、日本共産党のこの民主主義イメージにおいては、自立した市民的個人による近代的私的所有の権利や公正な自由競争だけが許されるのであり、そうした近代的原理とは異質な地縁・血縁的な関係が介在する余地がない。しかし、実際にはそのような係累を有さない人間は地域社会に存在しないだろう。いずれにしても、部落の表象は、このときの日本共産党にとって、「潜在的に再教育可能な対象」ではなく、市民＝良民と共存できない「潜在的に危険な存在」とみなされていたのである。[*16]

＊13　当時和田山町町長をつとめていた並川實治によれば、「わが党は、八鹿を天目山として闘う。ワナをかけて誘いこめ」という情報を聞いたと記している。並川『和田山雑記』北星社、一九九三年、四二〇頁。

＊14　大森実はその結論で、鈴木良の論文から、同和対策事業特別措置法などの制定とは、当時自民党総務局長であった奥野誠亮が「革新自治体を推進する革新共闘を阻止し、これを支える社会党・共産党の共闘を分断・破壊する」意図をもって立法化をおしすすめた、とする議論を参照している。この推論をここで機械的に適用すれば、八鹿闘争はまた国・県が革新共闘分断のために解放同盟の暴力を放置したという推定をもたらすことになる。大森実「八鹿高校事件研究への課題」、部落問題研究所編『部落問題解決過程の研究』第一巻（歴史編）部落問題研究所、二〇一〇年、三六二頁。

＊15　同前、三六〇－三六一頁。

八鹿闘争に話を戻せば、開発事業にせよ同和事業にせよ、実際の施行において民主主義の実現を共同ですすめることができたはずであった。しかし実際には、民主主義勢力と反民主主義勢力として擬似化された構図のもとでの殲滅戦になってしまったのである。

しかし、市民＝良民的な姿に自らを適合させようとしているのは、今日、棄郷化を志向する部落出身者たちでもある。部落差別はもはやない、と自らを納得させることによって。

5 差別糾弾闘争とエンパワーメント

以上、部落解放運動の「現在」にかかわる論点を提示してみた。最後に、「これから」にかかわる論点をあげてみたい。ひとつは差別糾弾闘争にかかわってである。

部落差別を概括的に定義するならば、部落出身であること、あるいは部落に居住することにもとづく市民的諸権利の制限であり、疎外である。だから部落差別に対して被害者の権利を復原するということは、市民的権利を回復することを意味する。だがその場合、「市民」という理念的なモデルが存在しているわけではない。地縁・血縁・職能など多様なつながりで生きている人間が、その多様につながっていることで保障されている権利と尊厳を、多様なあり方のままに回復することが、求められているのである。そして差別糾弾とは、人間の権利と尊厳の否定があるかぎり常に必要とされるものである。その回復は誰かに代行してもらうことができない。差別糾弾闘争が直接行動主義であるのはそのためである。

戦後の部落解放同盟による差別糾弾闘争は、所定の手続きを定めることで社会的常識の範囲内でおこなわれるようになった。しかしその糾弾闘争は戦前の水平社以来の部落解放運動のなかで継承されてきた、部落の身体性にもとづく文化である。それは国家のみが許されるはずの暴力を、民衆が公然と分有していることにほかならない。八鹿闘争がよい事例であるが、糾弾はしばしばエスカレートした。しかもそのルールを決めるのは被差別者であり、国家でも第三者機関でもないのである。それゆえ権利回復の行為でありながら、差別糾弾闘争は常に政治的に焦点化されてきた。一九八〇年代に中曾根内閣の「戦後政治の総決算」路線は、今日につながるネオリベラリズムの先駆であったが、課題としていたのは、国鉄分割・民営化とともに、同和対策事業の縮小・廃止であり、部落解放運動の市民化＝良民化であった。その突破口が、総務庁地域改善対策室を通した同和対策事業における不正やエセ同和行為キャンペーンであり、差別糾弾闘争という「民間暴力」の抑制にあった。そして、糾弾＝暴力というキャンペーンは奏功する。何よりもその論理が内在化することで、部落解放同盟は糾弾の行使を自己規制するようになったのである。こうしたことは、現在、国家保守主義を遂行した官僚主導の政治によって、当事者の自己決定権を剝奪された国民の臣民化が進行してきた過程と軌を一にしている。[*17]

差別事件についていえば、東京都の連続大量差別はがき事件（二〇〇三－四年）や、麻生太郎によ

＊16　Giovanni Picker and Gabriele Rocchegiani, "Abnormalising minorities: The state and expert knowledge addressing the Roma in Italy," *Identities: Global Studies in Culture and Power*, 2014, Vol.21. No.2 185-201.

る野中広務に対する差別発言（二〇〇一年）、在特会による水平社博物館前差別街宣事件（二〇一一年など）などが象徴するように、そしてネットのなかでは「インターネット版地名総鑑」がほとんど閲覧可能になってしまっているように、減少しているとはいえない。部落や部落解放運動が孤立しないために、大衆路線と、直接行動による糾弾闘争を回避する政治判断は必要である。そしてもちろん、同和事業の継続や展開に利することを目的として、差別糾弾闘争が組織化されるような運動の手法も見直さなければならない。それは同和事業の不正行為を根絶するために必要である。しかし糾弾闘争を一般的に回避してしまうことが、部落解放運動への広範な共感をつくりだすわけでもないし、部落解放同盟の組織化の拡大につながるわけでもない。差別との直接対峙の回避は、むしろ部落出身者の棄郷化を促す結果を招いているといわざるをえないだろう。

しかも、先にみたような部落の産業構造・就労構造を参照すれば、下層社会や流動する下層労働者に依拠することが現在の解放運動の課題となるだろう。それは差別糾弾闘争がめざすものをも規定している。同和事業の獲得に結実する行政闘争よりも、下層労働市場における解放運動という課題が意識されるはずである。これに関連して、一九六九年に、その後の狭山闘争の高揚の口火を切った浦和地裁占拠闘争を実行した「全国部落青年戦闘同志会」が、部落差別と下層社会、高度資本主義との関係を強調し、そこに部落解放の核心を置いていたことを想起したい。戦闘同志会に参加した青年たちは、実際に行政闘争や解放同盟の支部活動を担いながら、階級闘争と部落差別という課題意識にもとづいた闘争形態を構想したのであった。私が言いたいのは、地裁占拠のような実力闘争を待望するというのではなく、差別糾弾闘争と部落解放がめざすイメージをどこに置くかにかかわっている。これは、二〇〇一年に南アフリカ・ダーバンで開催された、「反人種主義・人種差別撤廃世界会議」において、世系差別としてのダリト差別を国際的な人権問題として提起した、南アジアのダリト解放運動の現在的な課題に重なっている。今日のヒンドゥー・カースト主義は新自由主義的な資本の支配と結合してダリト差別を再生産しているのである。

部落解放運動の「これから」にかかわってあげておきたいもうひとつの論点は、次世代の運動のあり方をどう構想するかということである。これについては、昨年の香港の「雨傘運動」と台湾の「ひまわり運動」とを参照したい。香港では、香港行政長官選挙における普通選挙要求であり、台湾では、中国とのサービス貿易協定の撤回と、それぞれの要求の内容は異なっていたが、いずれも中国によるメディア支配、貿易と市場支配、政治的民主主義の支配に対する運動であった点で共通している。実際、香港と台湾の学生運動は相互にエール交換をすることで、組織的に運動を進めていた。同時に重要なのは、どちらの学生運動もその親たちが支援をし、時に運動の当事者としてかかわっていたということである。学生の親たちは、香港返還後の「中国模式」＝チャイナ・モデルによる道徳教育と中国共産党ナショナリズムの普及に対して広範な抵抗運動にかかわった世代である。家族という係累がここではラディカルな運動の単位へと反転しているのである。

自立した〈個〉による自立的な連帯をとおした社会運動のモデルとともに、さまざまな係累を連帯

＊17　今日の国家保守主義による官僚政治については、中野晃一『戦後日本の国家保守主義——内務・自治官僚の軌跡』（岩波書店、二〇一三年）を参照。

の単位とした社会運動が構想されてよい。その点で、地縁・血縁・家族などの係累を基盤としてきた部落解放運動こそ、それに対応した運動のモデルを考えるべきであろう。ここであらためて想起すれば、部落出身作家としての中上健次が、〈路地〉というキーワードを用いて執拗に追求し、反転をめざしたのは、良民＝市民をモデルとした支配的な文化であった。生活現場としての係累共同体にこだわることは、そうした反転を展望することでもあり、下層ガバナンスを運動の課題とすることでもある。

かつて、部落解放運動の主体となることを選択するためには、部落の親たち・その子どもたちのどちらも、飛躍が必要であった。対面的な差別事件があり、それに対するラディカルな糾弾闘争が、その飛躍を可能にした。路上から家族の集う場まで、いたるところが運動の現場であった。社会運動の起爆剤は常に怒りである。差別に対して怒ることを後回しにすることは、人間の尊厳を自ら奪うことに等しい。それを社会運動に育てるためには、怒りがともなう暴力の弁証法と、それを力に変えていくための対話の弁証法が必要である。そのような不可避的できわめて自然に表出する暴力も、そして暴力を経験しながらなされる対話についても、日本社会はいま、うまく共有できずにいる。部落解放運動の「これから」という問いが直面している課題は、ひとり部落解放運動だけの問題ではない。

〈党〉と部落問題
——大西巨人『神聖喜劇』

1 東堂太郎の「回生」

不起訴処分に終わったとはいえ、「左翼反戦活動」の容疑で検挙され、大学を退学処分になり、収監されのちに獄死する友人に対して無力なまま、新聞社に勤めながら転向の時代状況を生きていた東堂太郎は、対馬要塞重砲兵聯隊の教育補充兵としての三ヶ月の教育期間を経て、「回生」の第一歩を踏み出す。光文社文庫版『神聖喜劇』第五巻は次のようにこの物語を終える。

> 私の兵隊生活（ひいて私の戦後生活ないし人間生活）は、ほんとうには、むしろそれから始まったのであった。しかし、たとい総じてたしかにその胚胎が一期三カ月の生活に存在したにしても、もはやそれは、新しい物語り、——我流虚無主義の我流揚棄、「私は、この戦争に死すべきである。」から「私は、この戦争を生き

抜くべきである。」へ具体的な転心、「人間としての偸安と怯懦と卑屈と」にたいするいっそう本体的な把握、「一匹の犬」から「一個の人間」へ実践的な回生、……、そのような物事のため全力的な精進の物語り、――別の長い物語りでなければならない。[*1]

東堂太郎のこの「回生」「転心」は、軍隊内における反身分差別闘争、とりわけ部落差別との闘いによって遂行された。それは近代資本制社会の支配を一瞬ではあれ停止させ破壊する叛乱と蜂起を創りだし、その〈生〉を生きたことにつながっていた。一八四八年革命が、都市の職人や農村から追放された農民、女たちの暴力とともに生まれたように、叛乱と蜂起は〈プロレタリアート〉と呼ばれる原初的な反抗者たちの誕生とともに遂行される。そして〈組織者〉たちもまたその叛乱と蜂起とともに誕生した。叛乱と蜂起、原初的な反抗者〈プロレタリアート〉、そして〈組織者〉は、そのつど、同時に誕生する。米騒動の女たちや出口なおが叛乱と蜂起のエージェントであり〈組織者〉であったように、近現代日本社会における叛乱と蜂起は、近代的プロレタリアートの闘争というよりも、常に、なにがしか反身分差別闘争の相貌を帯びている。いいかえれば、近現代日本社会における叛乱と蜂起は、社会の関係性を近代社会成立時の姿に差し戻すのである。

そして、ひとつの蜂起から次の蜂起までのあいだ、団結を持続させヘゲモニーの獲得を図る〈組織者〉たちの集合を〈党〉と呼ぶならば――長崎浩はかつてそれを「結社」と呼んだが――〈党〉、あるいは「結社」は、おのずから原初的な反抗者〈プロレタリアート〉の蜂起と叛乱に対応していなくてはならない。[*2]

そこで、『神聖喜劇』の物語が提示している問いとは次のようなものである。原初的な反抗者〈プロレタリアート〉の戦列はいかに生成するか、いいかえれば、〈党〉ないし「結社」はその叛乱と蜂起をいかに創り出し、いかにそれを生きることができるか。

2　「権道」と情感の拡充

自ら意図するものではないとしても、組織者としての役割を担う東堂太郎が作り出す叛乱と蜂起の第一階梯は、「いささかいかがわしい」「権道《けんどう》」の行使である。[*3] 軍隊内で横行する、『軍隊内務書』に便乗した脱法的な法解釈と、そこでまかりとおる「責任阻却の論理」に対する、超人的な記憶力と法論理による闘争である。福沢諭吉『文明論之概略』は、西洋的文明思想の検討の果てに、結局のところで近世的な慣習的身分秩序の再生を近代日本の「方便」として正当化する。そのような方便を内容とする「権道」は、便宜的で相対的な規準を意味する〈権〉(秤と道義)というもともとの語義に基づいている。それはまた『荀子』が王制論で説くところの、「王道・覇道・彊(強)道」の「彊(強)道」に通じる。「王はこれ人(心)を奪り、覇はこれ与(国)を奪り、彊(強)はこれ地を奪る」の「彊道」である。[*4]「権道」(=彊道)は「地」を奪ることはできるかもしれないが、人心や国を獲得することはできない。あくまでその場しのぎの便法だからである。だが敵に対して味方の陣地を確保するために、「権道」は必要なのだ。虚勢も虚偽も必要である。何よりも対面関係における優位の獲得は不可欠である。東堂には虚勢や虚偽の自己申告に対する潔癖主義がある。しかしそうした潔癖主義が損失を招くことも知っている。「このような潔癖が、あれこれの条件の下では、ただに滑稽、無意味、傍迷惑あるいは他人にたいする思いやりの欠如ともなり得ること、特に敵との対立関係の中では、無思慮、あやまり、自己武装解除あるいは魯迅が否定排斥した類の「フェア・プレイ」

＊1　大西巨人『神聖喜劇』第五巻、光文社、二〇〇二年、四九五頁(以下、とくにことわりがないかぎり、『神聖喜劇』からの引用は、巻数と頁数のみ記す)。
＊2　長崎浩『結社と技術　長崎浩政治論集』(情況出版、一九七一年)、とりわけ第一論文「結社と技術——叛乱の組織問題」を参照。
＊3　第一巻、二一六頁。
＊4　『荀子』上、金谷治訳注、岩波文庫、一九六一年、一五三頁。

ともなり得ることを、新兵私も、まんざら知らなくはなかったのであった」[*5]。

　この「権道」は組織者・東堂にとって、組織技術的な実践としては第一歩でしかない。しかも形式論理の駆使は、狡知をきわめる敵の論理と精神性において同一性を共有してしまう。東堂はそのことを特高警察による審問ですでに体験していたし、さらに、東堂を陥れようとする片桐伍長との対決において、自らもまた審問者となることの可能性に気づく。「件の審問者と私と、あるいは件の審問者と片桐伍長と私と、それら両者あるいは三者における一定精神機能上相似性のような物の存在」を知覚し、「生と存在との深淵をふとのぞき込んだような身震い・一種悪寒のような畏怖の念」に襲われ、怖気づいたのである[*6]。すなわち、理性を（その暴走までも）差配しているかのような絶対的な存在に気づくのである。そのようなロゴスの絶対的な同質性の世界では、駆け引きと権謀術数の政治しか残らない。そうした政治の共犯関係が育てるのはスターリン主義である。

　これに対して、「権道」を超えて、人心の獲得のためには他者に触発され共感する情感の拡充が必要である（さらに、〈国〉の獲得のためには軍団や技術者集団が必要である）。

　他者に触発される情感の拡充については、『神聖喜劇』全編を覆う、精華を集めた詩歌物語の引用がこれを証明してあまりあるだろう。すすんで他者との関係性を開き、なおかつ自己の世界を守り、それによって他者に対する異和を吸収する必要があるとき、古今の文学の引用は他者とのそのような媒介となる。斎藤茂吉を引用して展開される「明治期日本人民」の「うらわかきかなしき力」への共感、斎藤史の短歌とともに噴出するロマンチシズム、「十一月の夜の媾曳」で引用されるアラン・シーガーら第一次大戦時のイギリス愛国詩人たち。「虐殺者」大前田軍曹の戦争リアリズムとの対決に際しては、その悪逆非道ぶりを軍記物語『保元物語』の為朝の暴虐へと転位させ重ね合わせる。膨大な引用・博証が澱みせず無理でもないのは、常に、他者に触発されることによって、その触発にふさわしい文学が発見されているからである。ロマンチシズムや追慕の情、さらに嫌悪や憎悪さえも、文学の言語によって普遍化される。同時にそうした触発は、時代の言葉と情動として五感で感受される。さらに兵器と兵器操作の技術に対して東堂が覚える愛着である。野砲に「特別の異性が発揮する類の官能的な魅力」を感じ、大前田軍曹の拉縄《りゅうじょう》引きには「雄雄しく花やかな姿」「時には芸術的とも呼ばれ得るべき男性的壮麗をその操作に見出」[*7]す。個は貶められることがなく、個々の兵器もまた質感を有する。技術を評価することは、感受性において他者および外部世界を能動的に受け止めることでもある。周知のように大西巨人は野間宏と宮本顕治に対して「俗情との結託」批判をぶつけたが、大西にあって「俗情」は文学的に昇華された、他者に触発される情感の拡充の契機であるだけではない。他者、ひいては他性そのものとの開かれたつながりの基盤である。野間宏や宮本顕治にとって思いもよらなかったことは、大西巨人の「俗情」とは人間、自然、機械にまで及ぶことである。[*8]だからこそ大西巨人には他者との異和を能動的に肯定することも可能なのである。それは相互に異質なものたちの集団である軍隊内で遺憾なく発揮される能力であった。そしてそれは下からの構成的権力の条件でもある。

3　反身分差別闘争

父親ゆずりの反差別意識が伏線になっているとはいえ、部落民・冬木と、同じく部落民で「隠亡」身分であった橋本への差別に対する抗戦は、軍隊内における東堂の闘いの基調をなす。その抗戦は、東堂が所属する第三班を、蜂起する戦列へと変貌させる。ブローカー・吉原が仕組んだ謀議である、「剣〔鞘〕摩り替え事件」に対する東堂・冬木の意見具申・上

＊5　第一巻、二三一頁。
＊6　第四巻、一一三頁。
＊7　第一巻、三八二－三八三頁。
＊8　同様に、高澤秀次もまた大西巨人の「俗情」を卑小に理解している。高澤『「俗情との結託」再考――大西巨人と野間宏』『文学界』二〇一三年五月号。

申闘争を経て、「正真正銘のガンスイ」――強者の技術者・戦闘集団である軍隊における〝落伍者〟――である末永になされた「模擬死刑」を阻止するために、決起した東堂と冬木に連なった戦列は、叛乱と蜂起の性格をよく示している。最終巻・第五巻のクライマックスである「模擬死刑の午後（結）」の章において、村崎古兵の支援を得て、東堂と冬木に連なった顔ぶれに共通するのは、近代的プロレタリアートとしての性格ではない。


「橋本二等兵も、いっしょに身代わりに立ちます。」

「鉢田二等兵も、おなじであります。」

「白水二等兵も、おなじであります。」

「生源寺二等兵も、おなじであります。[*9]」


橋本は火葬場に従事する被差別民・「隠亡」身分であり、鉢田は坑夫、白水は佐賀出身の旋盤工、生源寺は神官であった。さらにこの決起に続く室町は印判屋、曾根田は職工、村田は床屋、若杉は力士である。ほとんど幕末世直し一揆の貧農・貧民――横浜開港後の生糸暴落による困窮に端を発して蜂起した――や、明治維新直後の新政反対一揆にただ乗りしたアウトローにみまがうこの顔ぶれは、いずれも近代市民社会における「市民」の範疇から放逐された職能と身分を帯びた存在として、書き込まれている。彼らは帝大出身者の学閥や、郷土ナショナリズムでつながる「厳原《いずはら》閥」、さらに「土百姓」出身・大前田のように序列化された下士官たち・職業軍人たちと対抗的に描かれてきたのである。この原初的な〈プロレタリア性〉こそが、この決起の動機であり条件である。むしろ彼らはここにこうして戦列を形成することによって、新たな自己認識を一瞬で獲得したのである。職業軍人・大前田が一貫して敵視した「物騒なものたち」として。その現前化こそが、近代世界の支配を停止させる蜂起にほかならない。そしてこの瞬間に、組織者・東堂は大衆に乗り越えられ、同時に蜂起を生きる。だがそれは一瞬にして消え去る。それが蜂起のゆえんである。

4 蜂起のあと

蜂起と蜂起をつなぐために、組織者・東堂は大衆の団結をさまたげる障害をあらかじめ取り除いておかなければならない。そこにひとつの紐帯が必要である。『神聖喜劇』が用意したその紐帯が、『正法眼蔵随聞記』の次の一文である。

たとひわれわれ道理を以て云ふに、人はひがみて僻事を云ふを、理を攻める云ひ勝つはあしきなり。亦われは現に道理と思へども、わが非にこそと云ひてはやくまけてのくもあしばやなり。ただ人をも云ひ折らず、わが僻ごとにも謂はず、無為にして止みぬるが好きなり。耳に聴き入れぬやうにして忘るれば、人も忘れて嗔《いか》らざるなり。[*10]

道理を貫いて勝利することは妬みやひそみを招くので正しくはない。実際、道理がこちらにあると思っても、いち早く非を認めてそこを立ち去るのもよくない。言い負かすのではなく、非難も口にせず、無為に済ますことが好ましいのである。相手に言葉が残らないようにして忘れてしまえば、禍根を残さない――。

道理によって相手を追い詰めてはならないという道元のこの教えに従って、東堂と冬木は「剣［鞘］摩り替え事件」の真犯人探索を目的にせず、意見具申・上申闘争によって事を治める。ブローカーとしての詐欺が発覚して逮捕・収監された吉原が残した告白状も、東堂は密かに焼き捨てる。軍隊内の法務闘争においては、イェーリングの「誰もが社会の利益のために権利を主張すべき生まれながらの戦士なのだ」という言葉を実践した東堂は、[*11]しかし、権利主張という目的を遂げたあとは、その主張の矛先を

＊9　第五巻、三二六頁。
＊10　第五巻、一三六頁。なお『正法眼蔵随聞記』和辻哲郎校訂、岩波文庫、一九八二年、二六頁。
＊11　イェーリング『権利のための闘争』村上淳一訳、岩波文庫、一九八二年、八六頁。

収める。道元が「第一の用心なり」とした教えは、報復の無限連鎖を回避するために、「権道」に優越する倫理規範として設定されるのである。報復の連鎖が招く内ゲバは回避しなければならない。そしてそれによって、抗争よりも団結を、集団のうちに残したのである。

こうして、東堂によって、帝国主義国家の中枢であり最前線権力である軍隊は、「責任阻却」の論理と暴力がまかりとおる帝国主義の縮図でありながら、同時に、抗争する民衆が団結する場へと作り替えられたのである。

5　終わりに

職役離脱の罪によって裁かれる大前田を見送り、他の教育補充兵から二週間遅れで東堂は中隊編入を命じられ、臨時招集の身の上となる。堀江隊長の「本能を出すな」（「本性を出すな」）をはなむけの言葉として配属先の砲台に出立する東堂には、二週間遅れの配属命令が示すように、あらかじめ要監視対象としての処遇が待っているだろう。配属先にはさらに東堂に対する厳しいシフトが敷かれているだろう。組織者となった東堂は自らの役割にまだ自覚的ではないが、冒頭に示唆したように、東堂は蜂起する〈党〉の組織者として「回生」した生を生きていくであろう。

身分的ヒエラルキーによって支配され、抗争し対立する兵士たちのなかに反身分差別闘争を持ち込み、団結を形成し、蜂起を準備するひとりの組織者。それは日本の共産主義運動および部落解放運動が幾度となく失敗してきた反身分差別闘争・反帝国主義闘争・階級闘争の結合のための思考実験である。むしろこう言いうるだろう。反帝国主義と階級闘争の〈党〉は、反身分差別闘争による乗り越えを経験しなければならない。そして、叛乱と蜂起がさしもどす近代世界の成立時の姿に向きあわなければならない。その姿は、近代的プロレタリアートに依拠する〈党〉にとっても、市民社会になじんでいった反身分差別の解放闘争にとっても、きわめてスキャンダラスな存在となるのである。

アイヌ民族

日本が滅びたあとで

1

一九八四年に制作されたNHK『ユーカラ　沈黙の八〇年――樺太アイヌ蠟管秘話』は、のちにサハリン（樺太）アイヌ「最後の語り部」となる浅井タケをはじめとしたサハリンアイヌの人々が、八〇年の歴史を隔てて、サハリンのアイヌ語と劇的に再会する瞬間を記録していて感銘深い。[*1] この映像が、取材班の前でアイヌ語を語ることを拒絶するアイヌの人々を記録していることも忘れてはならない。映像に挿入されたひとつの拒絶の場面は、この映像の制作過程全体が直面していた強い拒否やタブーを示唆している。しかしだからこそ、この映像における奇跡の記録は忘れがたい。のちに木下順二他監修の『新訂中学国語』（教育出版）にも教材として収録されたその映像制作の過程は、ポーランドのアイヌ研究者であり、「樺太アイヌ統治法案」の起草者でもあったブロニスワフ・ピウスツキ（一八六六－一九一八）が残した蠟管レコードの再生作業を介して、北海道アイヌ、千島アイヌとならぶサハリン・アイヌの言葉と物語世界を現代によみがえらせる。[*2] ただしその「よみがえり」は、調査時の一九八三年に浅井タケが存命だったからであり、サハリン・アイヌのシャーマンであった塚田ヌサラケマの遺族が、その声を聞きわけたからこそ可能であった。

蠟管に記録されていたハウキ（英雄叙事詩）やレクフカラ（喉鳴らし）、イフンケ（子守歌）は、二重の意味で異邦人の声である。第一には死者たちの声だという意味で。映像のなかで、取材班が最初に訪れた平取町二風谷の萱野茂は、平取のそれとは違う方言であるから聞き取れないという、同席していたアイヌのフチの言葉に対して、それに応える代わりに、その声を聞いたら祓いが必要となる〝あの世の声〟なのだと語っていた。そこには、NHKと研究者によってもたらされた、ピウスツキの録音という行為がはらむ、死者への冒瀆に対する非難が暗に含まれていた。第二には、その声を、浅井タケや塚田ヌサラケマの遺族たちを通して、さらに卓越したアイヌ語研究者・話者である村崎恭

＊1　その出会いの詳細と浅井タケの記録は、浅井タケ口述・村崎恭子編訳『樺太アイヌの昔話』（草風館、二〇〇一年）、『浅井タケ昔話全集Ⅱ』（村崎恭子編訳、横浜国立大学、一九九九年）に詳しい。

＊2　山岸嵩「よみがえったモノとコト、よみがえらせた物と者」『研究報告集　ポーランドのアイヌ研究者　ピウスツキの仕事：白老における記念碑の序幕に寄せて』北海道大学、二〇一三年一〇月。

子の通訳を通して、私たちをより大きな力の前に導くものとしての異邦人の声である。一般的に、こうした場合には異邦人の力を我有しようとするホスト＝家主の暴力の危険が存在するが、しかし異邦人の声の存在は、私たちにその受け入れを無条件に迫るものでもある。そして、その声を受け入れることは、私たちが表象としての異邦人にむかってふるまう意識的・無意識的なさまざまな暴力を、そしてその根拠として私たちの身体を構成している国家や母国語を、一挙に相対化する。それは驚きをともなうからである。この映像における驚きとは、私たちにはどうあっても不可能な、浅井タケや塚田ヌサラケマの遺族たちの、死者の声を聞くことで死者に一挙につながるその関係のあり方に対する驚きである。生者と死者のつながりは、死者への冒瀆を恐れながらも、それを超えていた。

ところで今日のアイヌ語研究は、アイヌ史・アイヌ文学史研究の前提として、地方差をわきまえたアイヌ語の構造を学ぶ必要性を指摘しているが、*3 そうした、アイヌ語の地方差・地域差によってもたらされるものは、エートス〔ἔθος: ethos〕とでも呼ぶべき何かである。

「習慣」とともに「出発点」の語義を持ち、「道徳」などの意を有するエートスについて、デリダは、それは「言語に宿っている文化の総体、価値、規範、意義など」とする。*4 言語はエートスをともなう。そのエートスによって、とりわけ異邦人にとって言語は「最後の住まい」となる。「『強制移住させられた人々（…）』すなわち亡命者、強制収容所の被収容者、追放者、故郷喪失者、遊牧民などは二つの願い、二つのノスタルジーを持っています。それはおのれの死とおのれの言語《ランゲ》です。一方で、彼らは殉教の地としてでもよいから、埋葬された死者たちが最後の住まい（＝墓所）（…）を持つ場に戻りたいと考えています。（…）他方で〔こうした〕絶対的な異邦人たちは、言語、いわゆる母語をおのれの祖国、さらには最後の住まいと認めることが多いのです[*5]」。だが母語となる言語は、「もっとも疲れを知らぬファンタスム」である。「私から離れないものである言語は、実は、そして必然的に、ファンタスムの彼方にあるもの、私を放棄することをやめないものなのです。言語はまさに私から出発して去っていきます[*6]」。ここでデリダが述べているのは、言語、とりわけ母語とされるものが引き起こす脱構築の作用であるが、アイヌ語にひきつけていうならば、それはヤマト国家と和人による、言語＝母語という圧力のことであり、それがアイヌ民族自身の自己抑圧に転化する暴力の連鎖を意味している。ただし、アイヌ語を母語として持つことも、持たないことも、自己抑圧に転じるこの事態に対する糾弾が、私が主張したいことのすべてではない。むしろ考えてみたいのは、デリダがいうような意味で、脱構築を通してしか、牢獄からの解放がないような言語の一般的な特性をふまえたうえで、口承言語としてのアイヌ語が「（最後の）住まい」となることの条件である。

＊3　中川裕『アイヌの物語世界』平凡社ライブラリー、一九九七年、また、同「口承文芸のメカニズム——アイヌの神謡を素材に」、藤井貞和・エリス俊子編『シリーズ言語態　創発的言語態』東京大学出版会、二〇〇一年。

＊4　ジャック・デリダ『歓待について　パリのゼミナールの記録』廣瀬浩司訳、産業図書、一九九九年、一三六頁。

＊5　同前、一〇五頁、傍点原文。

＊6　同前、一〇七頁、傍点原文。

2

『アイヌの世界に生きる』（筑摩書房、一九八四年）の著者である茅辺かのう（井上美奈子）は、戦後アナキズム運動に身を置き、六〇年安保闘争の後、世の中が落ち着きはじめたころ、生活と意識のズレを感じ、そのまま惰性的に生きることを拒否して、北海道で季節労働に携わる仕事を選んだ。彼女には、『階級を選びなおす』（文藝春秋、一九七〇年）という好著もある。[*7]『アイヌの世界に生きる』は、一九七〇年代のはじめに、十勝平野の北東、足寄町の「七十歳近いアイヌのトキさん」のアイヌ語の口述筆記をした記録である。茅辺には「アイヌの人たちと〔…〕生活を通して出会いたいという望み」があった。「生活を通して」あるいは労働を通した出会いを求める思想性は、北海道に行く前の茅辺の労働運動へのかかわりにも一貫していた。生活と闘争を一致させて、なおかつ自らを裏切らないその態度は、学術的な興味や党派的な関心をまじえないかかわりの実践であった。その茅辺かのうは、一九六四年から六七年まで、阿寒湖畔のみやげ物屋で働いていた縁から、アイヌの青年たちと和人の青年たちが結成した「ペウレ・ウタリの会」の釧路支部に賛助会員として参加していた。「ペウレ・ウタリの会」釧路支部解散に際して、茅辺が寄稿した一文「本部への直言」は、彼女のアイヌ民族とのかかわりの原則性をよく示している。

釧路支部発足についての特色はふたつある。ひとつは、支部の独自性、自主性を生かすこと、つまり釧路の風土に根ざした活動をすることであり、もうひとつは、会員はそれぞれ、その時までの「ペウレ・ウタリの会」の行き方にかなり批判的であったことである。（…）アイヌ問題に関心をもっている人といえば、個人的なつきあいのない場合、どうしても限られてくるし、知名度の高い人ということになる。元図書館長、博物館次長、前公民館長の各氏が会にたいして関心を向けられ協力を惜しまなかった。しかし、そのことが会の負担になったことも事実である。

特に、その中で考古学研究グループの会員（高校生）の占める割合が大きく、自然に彼等の研究テーマが優先し、結果的にはそのために釧路支部を利用したといってもいい例があらわれた（調査など）。（…）

ともあれ、「ペウレ・ウタリの会」は、学生の研究サークルと、心情的仲よしグループとふたつが分裂したまま、ひとつの名称で感覚的一体感をもっている組織だと私には思える。[*8]

和人の「善意の」利用主義を批判するのはよく理解できる。興味深いのは、釧路支部としての独自性、自主性、釧路の風土に根ざした活動への注意喚起である。これも当然といえば当然だが、アイヌ民族それぞれの「エートス」を考えたとき、ここには卓見がある。差異をひとつの名称のもとで「感覚的一体感」によってつないでしまうと、独自性、自主性、風土に根ざした活動への阻害が生まれる。

＊7　茅辺かのう、およびその著作については太田昌国氏の教示を得た。記して感謝申し上げたい。
＊8　『ペウレ・ウタリの会　三〇年の軌跡』ペウレ・ウタリの会、一九九八年、一八四－一八六頁。

正当にも茅辺かのうはそのことを指摘している。

さて、『アイヌの世界に生きる』の「トキさん」は、十勝に入植した開拓農家の子どもであった。一九〇六年に福島県相馬に近い農村でうまれた「トキさん」は、飢餓に瀕していた開拓農家の赤ん坊だったとき、子守の男の子に川に投げられ、九死に一生を得る。その事件を聞きつけたアイヌ女性が、「トキさん」を貰いうけたのである。同様にアイヌ民族に貰われたり、買われたりした和人の子どもたちが明治期にいたこと、開拓初期には、古来の暮らしを守っていたアイヌ民族のほうが入植する和人たちより北海道での生活を熟知していたこと、そして入植と開発によってアイヌの生活を侵していた和人を心の底では許していなかったことなど、「トキさん」の半生が得た経験が歴史過程を背景にして書き込まれている。さらに病名を口にすると疫病神を呼ぶと考えたので、「変な病気」としか言わないなど、伝染病に対する生活の智恵と風習。そしてアイヌ語の口述筆記である。それは夕食のあと「毎夜二時間」、二〇日間たらずであったが毎日続けられた。夜におこなうのは「明るいうちからこんなもの（筆記用具やテープレコーダー）拡げて二人で喋っているところを人が見たら、変に思うべさ。〔…〕万一ということがあるから昼間は絶対いやなんだ」という理由である。[*9]

「トキさん」のアイヌ語口述の目的は「自分で説明をつけたアイヌ語の単語集を作ること」であった。それを後代のひとがアイヌ語の勉強に利用し、アイヌのことに関心をもってもらうためである。その前提として「人間と生活を知らなければ言葉は理解できない」という当たり前のことを主張する。「アイヌ語を聞きにくる人は、山の名前やら昔話やら面白そうなことばかり知りたがるけど、いちばん肝腎の人間と生活を知らなかったら、本当の意味はわからないんだよ。人間と生活の言葉がわかれば、ほかの言葉の意味は自然に解けてくるんだ」[*10]。そこで、最初は人間の体の各部分の呼び名から始める。そして生活→家と進み、衣食・道具・人間関係・動植物・地形・気象へと進むプランを立てる。

萱野茂がかつて示したように、「トキさん」のアイヌ語についてのこの信念はアイヌ語の構造に起因している。「チセ＝家」（ci=set）がチ＝私たち、セッ＝寝床の複合であり、「チプ＝舟」（cip）はチ＝私たち、オ＝乗る、プ＝物、となる。生活や仕事、衣食住が言語素を形成し、動物や植物はそれに関連づけて説明される。

「トキさん」の言葉を記述する茅辺は、彼女たちの共同生活の様子を記述はするが、自身の過去への言及や「トキさん」の解釈の検討については終始禁欲を守っている。それは、茅辺自身が責任のとれる範囲で活動し、その域をけっして超えないという思想性にもとづいているからである。その点で、生活と仕事を基礎的な視点として世界を言語化していくアイヌとアイヌ語の世界は茅辺の思想の様式に対応していたといっていいだろう。しかしある日、「トキさん」は「これで終りにしよう、アイヌ語の話をするのは止めた。もう絶対何も喋らないからね」といって、口述筆記を打ち切る[*11]。『アイヌの世界に生きる』は、「トキさん」が意図した単語集を含んでおり、十勝アイヌの言語を理解するための好材料である。それとともに、アイヌと朝鮮人との関係、ベトナム戦争に対する「トキ

＊9　茅辺かのう『アイヌの世界に生きる』筑摩書房、一九八四年、八八頁。
＊10　同前、九二頁。
＊11　同前、一四三頁。

さん」のユニークな見方まで、アイヌ史観にもとづくひとつの近現代史記述の試みとなっている。そのアイヌ史観の由来と個性を茅辺は次のように記している。

トキさんと養母との強い結びつきは際立っている。(…)それは、人間としてこうありたいという願望、理想であり、養母のもっていたアイヌの誇りと言ってよい。トキさんは養母の傍で知らず識らずのうちにそれを体得し、与えられるものを残らず吸収しようとした。(…)

トキさんは、実感や経験で捉えられないものは存在しない世界に生きてきた人である。あるのは目に見える自然であり、個々の人間の顔であり、日本人かアイヌかよりも、善悪や直接的な利害で判断して暮らしてきた。生活を取り巻く世の中の動きや政治は、どうしようもない強制や運命として、自分の生活に引き受けてきたのである。(…)私はそれをもどかしく思うけれど、生活そのものに徹することによって身につけたトキさんの鋭い感覚と自立心とは、どんな現実にも生き抜くだけの力として蓄えられている。観念に足をとられない生活の底力ともいえる。[*12]

養母との強い結びつきと、和人の神ではなく、アイヌのカムイに助けられたという感謝、そしてアイヌ語の世界への同化。ここにあるのは、異邦人が「ノスタルジー」として抱く言語との関係ではないだろう。それゆえこの場合には「習慣」「出発点」そして「道徳」の語義を持つ「エートス」という表現もあたらないだろう。身体における実感や経験と言語とのあいだでの分離が起きていないからである。だがもちろんそうしたアイヌ語世界の優位性の保持が可能なのは、「トキさん」が参照項として日本語を話す、日本語話者でもあるからで、逆にアイヌ語の損壊を防ぎ、自分の内面を守ることができるからである。それによって、二つの言語世界はアイヌ語の世界のもとに調和が保たれているのである。「トキさん」は「住みか」としてのアイヌ語の世界から出てきて茅辺かのうにアイヌ語を伝え、そしてまたその「住みか」にもどっていったのだ。

茅辺かのうの『アイヌの世界に生きる』について、鶴見俊輔は「日本が滅びた後の日本を指さしている」と評している。[*13]言い得て妙だが、鶴見の意図はわからない。私は同じ評言を、次のような意味で用いてみたいと思う。それは、国家が消滅したあと、言語と生活と労働だけで人々がつながっている社会を描いている、ということである。アナキストとしての出自を持つ茅辺かのうは、彼女の思想性をその著作で遂行したと考えるが、それがアイヌの世界と重なったのである。

3

「トキさん」が日本語の世界が及ばないアイヌ語世界を、内面で守っていたその態度は、J・C・スコットが「ゾミア論」で描いた東南アジア高地民の脱国家の技法を想起させる。[*14]

＊12　同前、一七四頁。
＊13　那須耕介・鶴見俊輔『ある女性の生き方　茅辺かのうをめぐって』SURE、二〇〇六年、四四頁。

「ゾミア」とは、ベトナムの中央高原からインドの北東部にかけて広がり、東南アジア大陸部の五カ国（ベトナム、カンボジア、ラオス、タイ、ビルマ）と中国の四省（雲南、貴州、広西、四川）を含む広大な丘陵地帯を指す新名称である。およそ標高三〇〇メートル以上にあるこの地域全体は、面積にして二五〇万平方キロメートルにおよぶ。約一億の少数民族の人々が住み、言語的にも民族的にも目もくらむほど多様である。

〔…〕ゾミアは、国民国家に完全に統合されていない人々がいまだ残存する、世界で最も大きな地域である。〔…〕山地民とは、これまで二〇〇〇年のあいだ、奴隷、徴兵、徴税、強制労働、伝染病、戦争といった平地での国家建設事業に伴う抑圧から逃れてきた逃亡者、避難民、〔…〕マルーン共同体の人々である〔…〕。

ゾミアの人々の生業、社会組織、イデオロギー、〔…〕口承文化さえも、国家から距離を置くために選ばれた戦略、と解釈できる。[*15]

スコットは、文字言語の拒絶と書記化されない言語の使用をふくむこの「ゾミア」の人々の脱国家の技法を、文明化に抗する「自己野蛮化」としている。[*16] スコットのゾミア論は水稲国家形成による文明化を機軸にして説明しており、より普遍的な国家と非国家的領域との関係への適用が可能である。しかし、実態的な「逃亡者」「避難者」という規定はアイヌ民族にはあてはまらない。だが、文字言語と中央集権的国家の結合がすすめる植民地化のプロセスにはリアリティがある。それはアイヌ民族、アイヌ語、その物語世界が対抗してきたものの正体でもあるからである。これに関わって、沈黙交易とコロポックルとの関係をめぐる瀬川拓郎の問題提起を参照しよう。[*17] 瀬川は、千島アイヌの習慣であったと考えられる「沈黙交易」とは、「文明化」しつつあった道東アイヌとの接触を避けようとした結果なのではないかと推定している。

「沈黙交易」とは、交易の両者がけっしてすがたをみせず、交易品とその代価を中間地点に置いておこなう交易である。これに対して、コロポックルの伝承では、コロポックル＝小人がけっしてすがたをみせず、アイヌに食物を送り、それを見ようとすると、小人たちが遠くに去るというものである。ここから、「外部との交流に異常なまでに臆病で神経質だった千島アイヌ」こそがコロポックルのモデルではないかと瀬川は考える。[*18] 瀬川がこの推定の根拠とするのは、松宮観山『蝦夷談筆記』（一七一〇年）にある、北千島ウルップ島のアイヌたちが、釧路や厚岸のアイヌたちとラッコ交易をする際に「出入りを三年重ねて」から交易を許したという記述である。それは北千島のアイヌたちが外部からの病魔に対して強いおそれをもっていたという解釈を可能にする。これによって、文化人類学がコ

＊14　J・C・スコット『ゾミア——脱国家の世界史』佐藤仁監訳、みすず書房、二〇一三年。なお原題は The Art of not Being Governed: An Anarchist History of Upland Southeast Asia である。
＊15　同前、ix‐x頁。
＊16　ただしスコットは「ゾミア」の空間について「本書で展開される議論は第二次世界大戦以後にはほぼまったく通用しない」とも述べている。同前、xii頁。
＊17　瀬川拓郎『アイヌの沈黙交易』新典社、二〇一三年。
＊18　同前、九五頁。

ロポックルや椀貸伝説と結びつけて解釈してきた沈黙交易論に、ひとつの新たな解釈を加えつつ、重要な問題提起をしているのである。「千島アイヌの沈黙交易はケガレの忌避を目的とするものでしたが、ひょっとするとそこには、市場社会との交易に特化し、贈与の精神を踏み外していこうとする道東アイヌへの違和感がふくまれていたのではないでしょうか[*19]」。

アイヌの伝承において疱瘡神（pa-kor-kamuy ＝年を・支配する・神、流行神：payoka-kamui ＝病気の神様）は、天然痘の意味だけでなく、遊行する神の意もあり、さらに悪神であるともかぎらない[*20]。その意味で疱瘡神の伝承を中世日本のケガレ論と結びつける瀬川の推論に異論がないわけではない。そこでケガレ論よりもむしろ、「贈与の精神を踏み外し」文明化していくことに対する忌避という視点に注目したい。

ともあれ、脱国家の技法という観点から、書記化されない言語としてのアイヌ語の戦略的な位相が想定できるのではないだろうか。そのように考えれば、アイヌ民族にとってのアイヌ語とはノスタルジーのなかの「最後の住まい」なのではなく、戦略的に選択される現実的な技法なのだということになる。それは日本が滅びたあとの社会を生きる人々のすがたを先取りしている。

4

最後にもういちど茅辺かのうを参照したい。茅辺かのうがめざしたような、アイヌの人々と生活と労働を通した出会いは、学術的な調査や政治闘争を通しては実現しない。しかし、生活と労働の場が、幸福な出会いを約束するわけでもない。アイヌ民族が置かれてきた状況を最も鋭く提起してきたのは、下層労働の現場であった。一九七二年に白老町出身のアイヌ・橋根直彦はよく知っていた友人の在日朝鮮人を、酒を飲んで差別発言をされたことから刺して致死傷を与えてしまう。[*21]そしてその直後、一九七三年の越冬闘争において、橋根直彦のアイヌ・モシリ裁判支援のための立て看に、「滅びゆくアイヌ民族」という文言があったことから、玉姫公園の焚き火の中で寝ていた、幕別町出身のアイヌ・酒井衛はこれに強く抗議した。酒井はこれを機に山谷現闘委（悪質業者追放現場闘争委員会）の活動に参加する。[*22]酒井衛は一九八七年に水死体で発見されるまで、山谷の闘争に関わり、アイヌ解放運動を組織していった。

下層運動の領域から橋根や酒井が提起した状況は現在も変わっていないだろう。政治的言説で武装しなければならない国家の只中において、そしてその国家との闘争において、アイヌの人々と私たちはどのように出会い続けることができるのか。そして国家が消滅したあと、生活と労働を通して人々がつながっている社会を、私たちは思い描くことができるのか。そのとき私たちはどのように言葉を

＊19　同前、一一九頁。
＊20　知里真志保『知里真志保著作集』別巻Ⅱ（分類アイヌ語辞典 人間編）平凡社、一九七五年、三五三―三八五頁。
＊21　橋根直彦『蝦夷地滅びてもアイヌモシリは滅びず』新泉社、一九七三年。
＊22　イフンケの会『イフンケ［子守歌］　あるアイヌの死』彩流社、一九九一年。

用いているのか。そうした社会についてどれだけ語ることができるだろうか。遠い未来のことのようなそうした課題は、実際にはまったなしなのである。

新谷行『アイヌ民族抵抗史』を読むために

1

本書の著者である新谷行について、日高文芸特別号編集委員会〈編〉『日高文芸』特別号「鳩沢佐美夫とその時代」(二〇一三年一二月二〇日)所収の盛義昭氏による「回想『日高文芸』」のなかに一章がある。盛氏は一九六九年の日高文芸協会の創立メンバーのひとりで、一九七五年の終刊まで『日高文芸』の発行・編集に携わった。この特別号編集委員会の代表である。以下、盛氏の回想から引用する。

新谷行《しんやぎょう》(本名新屋《あらや》英行)は、一九三二年(昭和七年)北海道留萌郡小平で馬喰の子として生まれる。近所にアイヌ部落があり、そこは雨が降れば流されてしまう土地だった。差別がつくり出す貧困、その環境から生まれる差別を目の当たりにして育つ。小学校で同級生のアイヌの少女がいじめられていたことがきっかけになってアイヌ問題に関心をもつようになったという。新谷にかぎらず、このようないじめに加担したり、傍観者としてなすすべもなくその場に居合わせた体験を持つ人は多くいるはずだ。彼は、アイヌの問題は自然に対する人間の価値観の問題だという。(…)

新谷の著書は、『アイヌ民族抵抗史』(一九七二年(昭和四七年))をはじめ全てアイヌの側から国家と少数民族の問題を見つめ続けたといって過言ではない。(…)

新谷が亡くなったのは一九七九年(昭和五四年)である。彼にアイヌの血が流れていることを知っている人は数少ない。(…)

一九七二年(昭和四七年)一一月一六日付北海タイムス(夕刊)文化欄に、「私の仕事『アイヌ民族抵抗史』をまとめた新谷行氏」という記事があり、その中で自らの出自を「私にアイヌの血が多少流れているのは確かですが…」と前置きしてインタビューに応じている。

また、新谷行夫人で詩人の上杉浩子は「新谷行について」(『北方文芸』(一九八〇年六月号))の中で次のように書いている。

病を押して、彼はその後もアイヌ関係の著作に専念した。(中略)彼の性格の複雑な一面は、自分の祖母がアイヌである事を少年時代からひた隠しにしながら成長した彼の心の深い痛みのなかにあった。

彼はそのことを終生人に語らなかったし、私にも曖昧にしていたのである。(…)

アイヌは滅びない。アイヌ復権はアイヌ自身の手で行わなければならないと、熱く語った新谷行が亡くなったのは一九七九年(昭和五四年)三月十八日、四十六歳。清貧苛烈の生涯だった。「葬儀の費用なく、病院の霊安室で密葬。身内や一部の知人のほか、その死を知る人は少なく、今も若い読者から手紙が届く。」と、死後しばらくして新聞に報道された。(…)

引用文中では割愛したが、アイヌ解放同盟代表・結城庄司らの呼びかけで、一九七九年六月一一日に開かれた「新谷行さんを追悼する会の呼びかけ」にも、新谷は、アイヌ民族復権を求めて、「アイヌの側から、アイヌ民族史を研究発表した数少ない和人（シャモ）の一人でありました」と紹介されている。出自をめぐる新谷の選択は複雑である。それは抵抗史を貫いて記述されている本書について、まったく異なった角度からの読みがあることを私たちに示唆している。〈抵抗史〉という過剰な記述の向こうに、さらにもっと重要な何かが横たわっているテキスト、その「何か」がまだよくわかっていないテキストとして。

2

盛氏の回想、および新谷行夫人の上杉浩子氏の記述から、本書の初版四二〇枚は一九七二年春から八月までのあいだに一気呵成に書かれたことがわかる。上杉氏によれば、一九七二年の春、新谷は「ありったけの金を集めて」出かけていったが、二週間ほどで、札幌で買い求めたらしいアイヌ関係の資料が家に送られてきたという。しかもその取材ではじめて、新谷は結城庄司や山本多助、鳩沢佐美夫のお母さんに会ったらしい（鳩沢は一九七一年八月一日に死去している）。しかも一九七二年八月二五日には、札幌での「第二六回日本人類学会・日本民族学会連合大会」において、結城庄司を代表とするアイヌ解放同盟と、新谷の北方民族研究所による「公開質問状」提出がおこなわれ、さらに同年九月二〇日には、日高静内町（当時）真歌の丘のシャクシャイン像台座の「町村金五」（北海道知事、当時）の名前を、新谷、結城庄司、足立正生、秋山洋、太田竜の五名は削り取った（「シャクシャイン台座」事件）。

前掲の盛氏の回想にもとづけば、一九七二年四月上旬、新谷は静内をまわり、盛時計店を訪ねて盛義昭氏に会い、六月二六日の二風谷アイヌ文化資料館落成式、八月一三日鳩沢佐美夫遺稿集『若きアイヌの魂』出版記念会に出席している。そして『日高文芸』一一号（一九七二年七月）に「ベウタンゲの情念」を寄稿、その体験をもとに詩集『ノッカマップの丘に火燃えよ』を書き上げている。平取では貝沢正、川上勇治氏と一緒に町内でアイヌの歴史調査をおこなった。一九七二年、明らかに新谷の魂には火がついていた。そしてそのとき、アイヌ民族解放という課題もまたいっきょに時代の中心におしあげられたのである。

3

本書の刊行以後、アイヌ研究は格段に進化し、拡大した。その結果、本書の記述の多くは今日の研究の成果からみてすでに議論に堪えないものとなっている。とりわけ古代史から「シャクシャインの独立戦争」「奴隷の島・クナシリ(国後)」、そして「ユーカラ・地の底からの歌」は、抵抗史としての世界観を展開することに急ぐあまり、独断的でロマン主義的であり、錯誤を含む。

近年の研究成果についていえば、入手しやすいものとして、アイヌ学の通史としては瀬川拓郎の一連の著作がある(『アイヌの歴史　海と宝のノマド』、『アイヌの世界』、いずれも講談社選書メチエから、また近著に講談社現代新書『アイヌ学入門』がある)。クナシリ・メナシの戦いも含めた一八―一九世紀におけるアイヌ社会研究については、岩崎奈緒子『日本近世のアイヌ社会』(校倉書房、一九九八年)、口承文学としてのアイヌ文学研究では坂田美奈子『アイヌ口承文学の認識論(エピステモロジー)――歴史の方法としてのアイヌ散文説話』(御茶の水書房、二〇一一年)がある。旭川・近文で、全国水平社に刺激を受けて結成された「解平社」と、旭川のアイヌ近現代史については、金倉義慧『旭川・アイヌ民族の近現代史』(高文研、二〇〇六年)がある。アイヌ語についても、萱野茂『萱野茂のアイヌ語辞典』(三省堂、一九九六年)がハンディな辞書として出版されており、アイヌ語はかならずしも縁遠いものではない。史資料も、『北方史史料集成』(北海道出版企画センター、一九八九年―)、小川正人・山田伸一編『アイヌ民族　近代の記録』(草風館、一九九八年)などが発行されている。

そしてアイヌ民族に対するヘイト・スピーチ批判のために編纂された岡和田晃／マーク・ウィンチェスター『アイヌ民族否定論に抗する』（河出書房新社、二〇一五年）も、これまでの研究史や争点を把握するのに必要だろう。もちろん研究は常に刷新され、視点も更新される。こうしてアップデートされつづけている成果を踏まえることは、アイヌ民族の歴史と文化を正しく伝えるために必要なことなのだ。

4

しかしそのような過誤をかかえた本書であるにもかかわらず、今日再び読まれる必要があるのはなぜなのか。一九七二年に新谷の魂は煉獄の火に焼かれていたと思う。彼の凝縮された時間はその以前からはじまっていたかもしれないし、やがてあわただしく迎える死まで続いていただろう。だが、世界観の刷新には、かならずピークがある。新谷は彼が訪ね歩いて聞き取ったアイヌの人々の声に同化し、それが彼の身体からあふれてくるから、書かねばならなかったし、直接行動の手段に撃って出たのである。一九七二年の彼の闘争と分離して、本書は読まれてはならない。そして、一九七二年一〇月二三日（シャクシャインの命日）に、旭川市常磐公園に建立された北海道開拓百年記念碑である「風雪の群像」と、北海道大学の北方文化研究施設が爆破された事件もまた、本書と無縁ではない。あいつぐ直接行動と爆弾闘争は、アイヌ民族の解放という課題に重い鎖をつけることとなり、一人ひとりが背負うことのできない責任をもたらした。ただし、その歴史のいっさいについて、自分が無縁だと思うことはできない。そのような読みと、状況への投企を、私たちにうながしているのが、本書なのである。

表現と革命

国家の暗黒と審査文化

――日航123便墜落事件と事故調査委員会

はじめに

二〇一七年夏に出版されベストセラーとなった青山透子『日航123便墜落の新事実――目撃証言から真相に迫る』(河出書房新社)は、一九八五年八月一二日に発生した史上最悪の航空機事故についての世論を喚起し、国家による調査報告である運輸省の事故調査委員会報告書に対して、あらためて多くの疑問を投げかけるものであった。本稿で私は、著者の青山透子およびいくつかの民間の調査が示唆する、真相そのものの追究の代わりに、事故調査委員会の「審査文化」(audit culture)が有しているセンサーシップに焦点をあてようと思う。その際、青山も引用している日航機墜落地点の群馬県上野村の小学校・中学校の生徒たちの証言と、米空軍の元大尉の証言を参照する。事故調査委員会の語りの検討だけでなく、「審査文化」の批判を目的としているのは、その調査報告が東日本大震災後の福島第一原発事故の事故調査委員会報告に共通する問題を抱えているからである。すなわち密室化した科学主義、専門家集団による被害者・被害関係者への圧力、そして日米関係によって規定されたポリティクスである。ここで論じるのは、すなわち、学術的な調査研究を蔽っているポリティクスでもある。それは知的生産における自己言及と自己審査をとおした解決不能の暗闇を作り出しているのである。

1　日航123便墜落事故――経過と論点

まず事故の経過を振り返っておこう。

一九八五年八月一二日、日航123便、ボーイング747が羽田空港を離陸してから一二分後に、高度七二〇〇メートルでコントロールを失った。そして三二分間のダッチ・ロール飛行のあと、群馬県上野村の御巣鷹山に墜落した。この事故では五二四人の乗員・乗客のうち五二〇名が亡くなった。単独の飛行機事故としては史上最悪の数字である。

ところでフライトの経過にはこの墜落事故の真相に迫る多くの論点がはらまれている。ここでは運輸省航空事故調査委員会（AAIC）による「航空事故調査報告――日本航空株式会社所属　ボーイング式747SR-100型JA8119　群馬県多野郡上野村山中　昭和60年8月12日」（以下、「事故調査報告書」と略記）と、それを現在公開されているボイス・レコーダーの記録（これもすでに編集されていると解される）と目撃証言で補いながら、タイムラインを再現しよう。そして「事故調査報告書」そのものに対する疑問点も指摘していきたい。

123便が羽田空港（東京国際空港）を飛び立ったのは18時12分である。18時24分35秒に伊豆半島南部の東海岸に接近したとき、機体に異常が発生した。生存者の証言によればこのとき危険を告知する警報が鳴り出した。18時24分39秒に、機長は「なんか爆発したぞ」と声を発した。18時24分42秒に機長は緊急事態発生を知らせる「スコーク77」を発信した。18時24分48秒、航空機関士が言葉を発する。「事故調査報告書」などではこれは「オールエンジン」と文字化されているが、公開されているボイス・レコーダーからは「オレンジ」と聞き取れる。18時25分21秒、機長は羽田の管制塔にトラブル発生のため羽田に帰る要求をする。18時30分、米空軍C130輸送機が大島上空EMG管制塔で123便機長が発した緊急事態をキャッチする——これは米軍横田基地勤務のアントヌッチ空軍中尉の証言である。アントヌッチとほかの士官たちは状況に注目し、ただちに救援準備態勢に入った。しかしながら、このあと21時5分に、米軍上官から、横田基地への帰投を命じられる。18時45分から53分にかけて、羽田の管制塔には幾度か「機体はコントロール不能」との通信が送られる。そして18時56分28秒、機体はついに御巣鷹山の尾根に激突した。

ところでAAICの「事故調査報告書」は一九八七年六月一九日に提出された。これによれば、後部圧力隔壁の疲労亀裂が垂直尾翼の構造的な破壊をもたらし、それが油圧系統のコントロール喪失と墜落の原因となったとしている。「事故調査報告書」は墜落原因を次のように述べている。

本事故は、事故機の後部圧力隔壁が損壊し、引き続いて尾部胴体・垂直尾翼・操縦系統の損壊が生じ、飛行性の低下と主操縦機能の喪失をきたしたために生じたものと推定される。

飛行中に後部圧力隔壁が損壊したのは、同隔壁ウエブ接続部で進展していた疲労亀裂によって同隔壁の強度が低下し、飛行中の客室与圧に耐えられなくなったことによるものと推定される。

疲労亀裂の発生、進展は、昭和53年に行われた同隔壁の不適切な修理に起因しており、それが同隔壁の損壊に至るまでに進展したことには同亀裂が点検整備で発見されなかったことも関与しているものと推定される。(「事故調査報告書」一二八頁)

「事故調査報告書」のストーリーによれば、後部圧力隔壁の亀裂・損壊が垂直尾翼の損壊に至った経過が、機長による18時24分39秒の発声「なんか爆発したぞ」および18時24分42秒の「スコーク77」の発信に対応していることになる。しかしこの点について、四人の生存者のうちの一人である落合由美の証言を参照するとどうなるだろうか。彼女は非番の乗務員として最後尾の座席に座っていたが、機体天井の後ろ側から、「パーン」という高めの音——ピストルを撃ったような音——を聞いている（青山、二〇一八年、四六頁）。しかしまた落合は、何の揺れも振動も感じていない。彼女はさらに自動的に酸素マスクが降りてきて、録音済み音声による「ただ今緊急降下中」のアナウンスも聞いている。その際「耳は、痛くなるほどではなく、ツンと詰まった感じで」、それはエレベーターに乗ったときのようであったという。さらに一瞬白い霧が発生したがそれはただちに消えたという（吉岡、六九－七〇頁）。

落合の証言は「事故調査報告書」のストーリーに直接、疑問を投げかける。もしも実際に後部圧力隔壁の損壊が起きていれば、機内で急激な減圧が発生していたはずである。しかし、証言によればそうした急減圧があったことの証拠はない。むしろ、急減圧がなかったことは、圧力隔壁の損壊が事故の直接的な原因ではないこと、そして垂直尾翼の損壊にいたるまでの一連の破壊が機体の内部要因で生じたのではないことを示唆している。もちろん「事故調査報告書」に代わる原因究明のためには、より多くの証拠が集められなければならない。そして垂直尾翼の大半の部分は最重要の証拠のひとつであるが、それらは依然として相模湾の海底に沈んだままである。ここで私が問題化しておきたいのは、「事故調査報告書」がなぜ落合および他の生存者の証言をまったくとりあげなかったかということである。運輸省の事故調査委員会における言説形成のポリティクスについては、おって検討しよう。

機体に起こった異常な事態の原因という論点に加えて、この事故そのものの重大な疑義は、レスキューの到着が事故発生から一四時間後だったということである。墜落があった18時56分28秒の後に、123便の異常飛行を追跡していた自衛隊および米軍のレーダーは墜落地点を特定していた。しかも地元の住民たちが異常飛行を目撃していたし、墜落地点の場所も認識していた。しかしながら、自衛隊をはじめとする関係当局から発せられる情報は幾度も変遷した。しかしレスキュー到着の遅れについて、「事故調査報告書」は次のように述べているのである。

防衛庁機によって19時21分に墜落現場と思われる場所に炎が確認され、直ちに墜落地点及び機体確認のための捜索が開始され、8月13日早朝に防衛庁機及び長野県警機によって墜落地点、機体が確認された。

墜落地点は、樹木の密生した山岳の重畳した地域にあり、夜間の捜索ということもあり、地点確認までに時間を要したことはやむを得なかったものと考えられる。（同前、一二〇－一二一頁）

墜落直後には墜落地点が特定されていたにもかかわらず、なぜレスキューの到着に一四時間を要したのか。「事故調査報告書」はそのことに一切触れていない。ここにも多くの「なぜ」がある。

2　目撃証言

「事故調査報告書」はレスキュー隊の到着の遅れの理由を次のように述べている。

墜落地点は、同機の事故対策本部が設置された上野村役場から南西路程約26キロメートルに位置し、本谷林道を神流川沿いにさかのぼり、登山口から約4キロメートル、標高差約600メートルの場所である。また、現場付近は登山道がなく落石の危険が多い山岳地域のため救難活動は困難を極めたが、活動に参加した各機関によって最大限の努力が払われたものと認められる。（同前、一二一頁）

「事故調査報告書」は墜落地点が山岳地帯であり、レスキュー隊は多くの困難に直面していたことを強調している。しかしこれらの「理由」は、生存者の証言および地元住民の証言と大きく食い違っている。生存者の一人であり、当時一二歳だった川上慶子は、

20時33分ごろ、彼女の周りで多くの生存者の声を聞いている。そして夜中、投光されるサーチライトをみている。しかし誰も救助には来ず、彼女は意識を失った。落合由美もまた周囲で多くの息遣いを聞いている。決定的なことは、彼女は上からのヘリコプターの音を聞き、それが近づいてきたこと、そして彼女は音のする方向に向かって手を振り、「助けて」と叫んでいることである。後述するアントヌッチ証言に照合すれば、それは20時40分ごろと思われる。しかしヘリコプターの音は次第に遠ざかっていったと証言している。

同様に重要な証言がある。それは、地元・上野村の小学校・中学校の子どもたちが、御巣鷹山に旋回して向かう機体を目撃し、「バーン」という音を聞いていることである。ここで二つの文集から証言を紹介しよう。ひとつは上野村立上野小学校の生徒たち一四八人の文集『日航機墜落事故についての文集小さな目は見た』であり、もうひとつはやはり上野村立中学校の生徒たち八七人の文集『かんな川5』である。いずれも青山透子によって紹介されている。

まず小学一年生の証言である。

げつよう日のよる、六じはんごろ、おとうさんが「ひかった。」と、いったので、そとへでてみると、「なんか、かみなりかな。」といった。そしたら、おとうさんが「ひこうきだ。」とさけんだ。

おとうさんは、しょうぼうしなので山へでかけた。

よる、ニュースをみていたら、ひこうきついらくじこがでました。そのよるは、ものすごいヘリコプターのおとがしました。わたしはしんぱいでなかなかねむれませんでした。

8月12日のよる、うえのむらのおすたか山へひこうきがおちました。みんなでテレビをみていたら、ひこうきが、まいごになったとニュースでいいました。そしたら、おかあさんが、ひこうきのおとがしたのでそとへでてみたら、へんなひかりがするといったので、みんなでそとへでてみました。
ピカンピカンとひかりながら、三つ山のうえをぐるぐるまわっていました。まいごのひこうきをさがしていました。(以上、『小さな目は見た』)

つぎは中学一年生の証言である。

日航機墜落
午後七時少し前、蚕にくわをくれていたら雷のような音がしました。ぼくの家の下の人は、真っ赤な飛行機を見たと言いました。ぼくはその時、どうして飛行機がこんな方に飛んで来たのかと思いました。それも真っ赤な飛行機。ぼくはその時、いやなことがおこらなければよいと思いました。(『かんな川5』)

これらの証言において、子どもたちは多くのヘリコプターと御巣鷹山に登っていく自衛隊の自動車、機動隊を目撃している。「8月12日……窓を開けて空を見たら、ヘリコプターが10機ぐらい飛んでいるのが見えました」「〔八月一二日の夜〕十一時ごろ「ウー」と鳴ったので、火事かなと思ったので外に出て見ると、なんと、車の行列がくるのでたまげてしまった。おれは初めて、上野村でこういのを見た」「夜、十時ごろ、車がいっぱい、登り始めた」「〔八月一二日の夜〕私がねた後、十一時ごろに十五台の機動隊のバスが通って、十二時ごろは、二十台ぐらいだったとお母さんが話していた」(『かんな川5』)。ここから明らかなことは、自衛隊、警察当局、それゆえすなわち日本政府も墜落地点を事故直後あるいはその夜の間に特定していたであろうことである。しかしすでに示したように、「事故調査報告書」は、レスキュー隊は一九八五年八月一三日の早朝に現場に到着したと言明し、その理由を「墜落地点は、樹木の密生した山岳の重畳した地域にあり、夜間の捜索ということもあり、地点確認までに時間を要したことはやむを得なかったものと考えられる」「現場付近は登山道がなく落石の危険が多い山岳地域のため救難活動は困難を極めた」と述べる。

上野村の子どもたちの証言は、公的に残されたこの報告およびその理由が虚偽であることを示している。子どもたちおよび生存者の証言は、次の一連の疑問を喚起する。墜落直後の一四時間のあいだ、現場で何が起きていたのか？　自衛隊と警察はなぜそのことを隠したのか？

　この疑問に続いて、ショッキングな証言が、一九九五年に元米海兵隊士官であったアントヌッチによって明らかにされた。彼は一九八五年八月一二日の18時30分に、米空軍中尉として米軍横田基地にいた。そして日航123便の機長が発した緊急事態の通信をキャッチし、救助に向かった。しかし結果的に、21時5分に、上官によって横田基地への帰投を命じられた。アントヌッチの証言は一九九五年八月二七日、アメリカ国防総省内で発行されている米軍関係者による独立メディアの東京版日刊紙「パシフィック・スターズ・アンド・ストライプス」（星条旗新聞社）に掲載された。そこで彼は次のように証言している。

　一〇年前の一九八五年年八月一二日に、日航123便は本州中部の山間に墜落し、五二〇人が死亡した。単独の航空機事故としては航空史上、最悪の犠牲者を出す結果となった。日本の救助隊の現場への到着が遅れたのではないかとの論議が起こった。最初の救助隊が日航機にたどり着いたのは墜落後一二時間後だった。実際、もし日本当局を困惑させまいとすることがなかったならば、最初の救助隊（米海兵隊チーム）は墜落後、二時間以内に墜落機の捜索ができていただろう。生存者は四人だった。（しかし）それ以上の多くの人が助かったかもしれない。

　123便墜落事故の余波について、私には独自の見解がある。事故当時、私はそのことについて「他言無用」の命令を受けていた。しかし、大事故から一〇年経過した今、私があの晩、東京から西に三五マイル（約五六キロ）離れた横田基地に向かう米空軍C130のナビゲーターとして見たこと、聞いたことを、話さずにはいられない。

〔…〕横田管制は123便と交信しようとしていたが駄目だった。われわれにも（横田基地への）進入許可を出したが、ちょうど七時過ぎに123便がレーダーから消えた、と伝えてきた。そして123便を捜索できないかと聞いてきた。われわれは、あと二時間は飛べる燃料を持っていたので機首を北に向け、捜索に向かった。〔…〕午後七時一五分、航空機関士が一万フィート付近で雲の下に煙のようなものが見えるのを発見したので、ゆっくり左に旋回し、そちらへ方向を向けた。御巣鷹山の周辺はとても起伏が多かった。地表からおよそ二〇〇〇フィートまで降下する許可を得た。墜落機残骸を発見したのは、あたりはだんだんと暗くなり始めていた時だった。山の斜面は大規模な森林火災となり、黒煙が上がり、空を覆っていた。時刻は七時二〇分だった。〔…〕当機は八時三〇分まで旋回を続けた。そのとき、海兵隊のヘリコプターが救助に向かっているので方向を知りたがっている、といわれたので、墜落現場までの方位を教え、当機のレーダーで地上から空中までを探してみた。八時五〇分までに救援ヘリのライトを視認できた。ヘリは偵察のため降下中だった。

午後九時五分に、煙と炎がひどくてとても着陸できないと海兵隊が連絡してきた。位置を少し移動して二人の乗員をホイスト（ウインチで吊り下げ）で地上に降ろすつもりでいた。われわれに、司令部に連絡してくれと頼んできた。私が司令部に連絡を取った。

将校は「直ちに基地へ帰還せよ」「日本側が向かっている」といったので「司令部、海兵隊は救助続行を希望している」といったが、「繰り返す。即刻、基地に帰還せよ。海兵隊も同様」と命令された。私は「了解。基地に帰還する」と応答した。（米田、一〇五－一〇七頁、傍線は引用者。また訳文を一部変更）

ここに示されているように、事故から一〇年を経て、事故の直後にアントヌッチは「他言無用」と命令されていたことを認めている。さらに衝撃的なことは、基地への帰還を命じた上官が「日本側が向かっている」と述べたということである。これが意味するところは、墜落直後一四時間の空白をめぐる不可解なレスキュー隊の行動は、基本的にアメリカ空軍と日本政府当局によって管理されていたということである。そしてその管理のもとで、墜落後、数時間は生存していたであろう、少なくない乗客たちが見殺しにされたということである。

この事故の裁判においては、一九八八年一二月一日、群馬県警は、日航の幹部一二人、運輸省幹部四人、そしてボーイング社の幹部四人を書類送検した。前橋地検および東京地検は同時に調査を開始し、東京地検は米法務省を通してボーイング社の事情聴取を要請した。しかしそれは拒絶された。結果的に、前橋地検は一九八九年一一月二二日、二〇人の被告の起訴を断念した。起訴の時効切れは一九九〇年八月一二日であった。ここでアントヌッチ証言の記事が一九九五年八月二七日に公になっていることにも注意を向けるべきだろう。それはすなわち時効切れの五年後なのである。時効にかかわっていえば、この事件では誰も刑事責任を問われていない。そしてその判断こそが、「事故調査報告書」の論理と構成によって保証されているということも強調しておきたい。

墜落後の一四時間にいったい何が起きていたのか。自衛隊と警察はなぜ彼らの行動を秘密にしなければならなかったのか。この点について、青山透子は墜落地点が三・三ヘクタールにわたって焼き尽くされていることに注目している。そして墜落直後に現場に到達した地元の消防隊員は、そこにはガソリンとタールの匂いが立ち込めていたと証言している。さらに青山は群馬県の医師たちの報告書に、遺体を鑑定した医師たちが証言として、墜落地点付近の遺体が、まるで二度焼きしたように完全に炭化していると記していることに強い注意を促している。ジェット機の燃料はケロシンであり、それは人間の身体を完全に焼き尽くすことはできない。これらの事実関係から、青山が推定しているのは、遺体は火炎放射器のようなもので焼かれていること、それは真の事故原因を示す証拠を消し去るためであったのではないかということである。すなわち、空白の一四時間は、当局によって、真実を抹消するために費やされたのではないかというのである。

3　審査というセンサーシップと文化

「事故調査報告書」とは異なって、青山をはじめとした事故についての調査研究は、垂直尾翼が外部からの力によって損壊されたという仮説を提起している。その根拠は、事故の同時刻に相模湾でおこなわれていた海上自衛隊の護衛艦「まつゆき」が試運転中であり、それが艦対空ミサイルの垂直発射装置の試験中であったことから、そこから発射された訓練用ミサイルによると考えるものである（青山、二〇一七年、一六四－一七一頁）。あるいはまた、アメリカ空軍が発射した演習用の誘導ミサイルという推定である（吉原、七四－八〇頁）。こうした訓練用ミサイルや誘導ミサイルは赤く塗装されていることから、123便に異常事態が発生した18時24分48秒の際の航空機関士の「オレンジ」と聞こえるボイス・レコーダーの記録に対して、あらためて注意を喚起する（先述のとおり、「事故調査報告書」では「オールエンジン」と文字起こしされている）。これらの推定は、確かに墜落時・墜落直後のレスキューにおける一連の不可解さ――秘密主義、一四時間の空白、レスキュー隊の到着の遅れ――に対して合理的な説明を与えてくれる。ただし本稿で私が追求したいのは事故原因の究明というよりは、「事故調査報告書」の言説分析によるそのポリティクスの解明である。それは、相模湾に沈んでいるとされる垂直尾翼などの重要証拠が発見されていない現時点において、事故原因論にとどまらない争点にも目を配りたいからである。

「事故調査報告書」の言説のポリティクスにおいて取り上げなければならないことは、それが生存者および地元住民らの証言を完全に無視しているということである。この偏向的な構成によって、「事故調査報告書」の観察と分析は合理化されている。こうした公的な事件・事故の語りを、学術調査研究やその審査文化という文脈で考えてみたい。この審査文化（audit culture）をめぐって、外部世界の豊かさに反比例し、しばしば限定的で貧困なリソースにもとづいて学術的な議論が成立しているというアンビバレントについて、アナンタ・ギリは生物学的システムをモデルとする「オートポイエーシス」を参照しながら、次のように述べている。

> 審査文化とは、生物システムの自己組織化とオートポイエーシスの言語についての記述だといっていい。しかし生物システムのオートポイエーシスの認識が重要な役割を占めているということが忘れられるならば、世界の自己形成（もともとの「オートポイエーシス」の意味である）において、文化と社会の領域において、認知と認識こそが重要な意味を有することになる。ハーバーマスがいうように、社会的オートポイエーシスの名において進行していることは、「相互に不透明な暗闇」であり、そのもとでは「外部観察と自己観察の双方が常にシステムそれ自身の自己観察になってしまっているのである」。この文脈において、規格化されたシステムのまなざしを超えた、創造性、広がり、そして実践について審査する必要性が存在する。〔…〕私が言いたいのは、システマティックな審査文化の「自己観察」がきわめて貧しいリソースにもとづいているということに対して、出来事の創造的な世界を認識する必要性があるということである。（Giri, 174-175）

たとえば、学術調査の審査報告は当然ながら調査コスト、得失、そして結果に規定されており、その調査に対する投資の費用対効果が期待される。そして、専門的な知識や経験的なスキルを要する審査文化や審査プロセスは、常にそのシステムそれ自身による制限を蒙る。たとえそうした学的ディシプリンこそが、常に多様な出来事の比較や判断を可能にする条件だとしても、期待される成果に規定されているという点は変わらない。加えて、調査者がその調査プロジェクトの利害に対して肯定的である場合には、調査者たちは政策決定者やスポンサーにへつらうように振る舞うことになるだろう。むしろ、専門家としての倫理にもとづいて、スポンサーの要望に対して調査者たちはベストを尽くそうとするのである。この点について、メアリー・ストラザーンは審査文化における審査／政策／倫理の三位一体的な関係として論じている。

> 事例を通して、政策《ポリシー》と審査はプロセスの目的に反するかのように働いている。別の誰かが誰かを制度化する一方で、あなたは計画と目的（ポリシー）という発端を扱っている。政策決定者は彼らの枠組みのなかで審査実践を構築し、審査実践はその効果の基盤を整備しようと応じる。（政策決定と審査実践の）双方にかかわっている調査主体は倫理的に振る舞おうとし、よりよい実践はそのプロジェクトにとって「倫理的」なものとなる。この意味において、倫理的実践とは会社や官僚の公的な評価を高めるだろうし、同時に政策の策定を支えているのである。[*1]
>
> （Strathern, 282）

これは学術調査研究が耐えなければならない誤りや誤解なのではない。学術調査の評価がその外部ではなく、システムの内部における価値によって決定されているということを明かし立てているだけのことである。ただしまた、ストラザーンが、審査／政策／倫理の三位一体は「社会」に対する責任と説明責任との兼ね合いで、変わりうるものだといっていることにも、留意を促しておきたい（同前）。

本稿の主題にもどれば、ＡＡＩＣ「事故調査報告書」は、実証的な観察にもとづく専門的な文書として作成されたといえる。ただし、生存者や地元住民の証言および目撃証言を完全に無視し、さらなる調査を断念することで、検閲された証拠を張り巡らして論理的な連関を作り上げたのである。その結果、政策決定者と利害関係者の利益にかなう調査報告としたのである。それは社会に対する責任と説明責任に敵対することであり、取り返しのつかない暗黒を作り出したのである。

私はここで、航空機事故における検閲された審査文化とはその時々の状況に規定されているということを付け加えておきたい。次に参照する一九七一年のケースは、一九八五年の日航１２３便と秘密主義において共通している。しかしそれは一九八〇年代とは異なり、そのときには、ここでいう意味での「審査文化」自体が存在していなかった。一九七一年七月三〇日、「雫石事件」の名で知られることになる航空機事故が発生した。全日空58便が航空自衛隊のジェット機と衝突したというものである。

一九七一年七月三〇日、全日空58便は、北海道の千歳空港を、一五五人の乗客と七人の乗務員とともに、羽田空港を目指して13時33分に離陸した。同時刻に、航空自衛隊の訓練機が岩手県の盛岡付近で空中戦の訓練をおこなっていた。訓練生の市川良美は全日空機に気づかず、58便が近づいたときにはすでに遅く、急ぎジェット機から非常脱出した。高度２万８０００フィートで自衛隊機の右翼が全日空機の尾翼に衝突、全日空機は操縦不能となり、空中分解、岩手県雫石近辺の町にばらばらになった機体と遺体が分散して落下した。ジェット機は水田に墜落した。一六二人の乗客乗務員は全員死亡。しかし市川訓練生は生き残った。裁判では、市川訓練生と教官の隅太の両名は過失致死罪によって起訴されたが、一九八三年の最高裁において、市川訓練生は無罪、隅太教官は懲役三年（執行猶予三年）の判決が下された。なお事故の責任をとって防衛庁長官と航空幕僚長が辞任している。この事故調査は「雫石事故調査委員会」によっておこなわれている。まだ国会における運輸省管轄の事故調査委員会は設立されていなかっ

＊1　なお、審査文化（audit culture）批判の好例として、フィル・コーエンの *On the Wrong Side of the Track?: East London and the Post Olympics* (Lawrence & Wishart, 2013) をあげておく。国家によるメガ・イベントとしてのオリンピックは、戦争とならんで、自己言及的な審査文化を最高度に駆使して実現される。コーエン同書第六章の訳出「ありがとう、でももう結構――オリンピック協約の贈与と負債」（小美濃彰・友常勉訳／小笠原博毅・山本敦久編著『反東京オリンピック宣言』航思社、二〇一六年所収）も参照。

たからである（この事件を契機に設立された）。争点となったのは、航空自衛隊のパイロット二人が、全日空機を視認できたかどうかであった。のちに航空自衛隊は調査と裁判において自己責任を認めたが、公式記録では訓練生と教官とのあいだの通話記録のすべてを明らかにしなかったし、さらに二人はボイス・レコーダーも搭載していなかったと主張していた。明らかに航空自衛隊と当局は必要な事実を隠蔽していた。さらに、衝突記録として事故調査委員会に提出された証拠において、航空自衛隊のレーダー写真の偽造がおこなわれていた。そのことは国会の証人喚問で明らかになったのである。事故調査委員会の公式報告は、最終的に事故の原因を自衛隊機の教官のミスによる航路逸脱と、それによる民間機空域への侵入にあったとした。全日空パイロットは自衛隊機の衝突を予期していなかったが、全日空58便に対する教官の視認が遅れたことが事故原因だと結論した。非公式の調査によれば、実際には訓練中の自衛隊機が民間機を仮想敵と見立てて演習を繰り返すのは習慣化していることが指摘されている（吉原、一〇〇―一〇五頁）。

証拠の粉飾や偽造にもかかわらず、雫石事件の調査では、目撃証言を無視することができなかった。事故が白昼起きたこともあり、多くの人々が衝突の瞬間や空中分解して残骸が落下するのを撮影していた。そこで事故調査委員会は、この事故の教訓として第三者機関の創設を提言したのである。当時、審査文化の名に値する審査／政策／倫理の知のネットワークは存在せず、隠蔽と偽証が公然とおこなわれた。他方、一九八五年の場合には、そうした稚拙な隠蔽工作は影を潜めたが、そのかわり、密室での審査文化の形成は徹底していったと考える。国家の悪意はより巧妙に、非人格的なシステムを通して実現するようになったのだといえよう。

123便墜落事故はまた、民間機の空域が常に日米軍事同盟を優先して決定されているという、国民国家日本の無残な姿を物語ってもいる。GHQによる日本占領以来、安保条約による日米地位協定にもとづいて継続している、米軍の空の管制圏（関東では横田空域）の存在は、米軍による空の主権の支配を意味している。二〇二〇年の東京オリンピック・パラリンピックに際して予想される航空需要の急増を前に、日本政府は民間機が「横田空域」を通過する新ルートを要求しているが、空域の全面返還には程遠いし、民間空域と軍用空域が複雑に交差する危険極まりない現状はより悪化することが予想されている（「羽田増便　新ルート『横田空域』通過」朝日新聞、二〇一七年一月一六日）。こうして、審査／政策／倫理の知のネットワークとしての審査文化は、日米関係という具体的な基盤を有している。

4 結論

重大事故に対する事故調査報告は、審査／政策／倫理の三位一体が構成する知をアレンジするための技法を示している。調査主体・研究主体は、この三位一体を通して、それぞれが属するアカデミアでの科学的で公正な調査研究という幽霊に囚われている。

本稿の結論として、福島第一原発事故の教訓を参照することで、私たちの知的生産における社会的責任／応答責任を実現するという目的のもとで、私たちがどのような調査文化を作り出さなければならないかを論じておきたい。二〇一一年三月一一日に発生した福島第一原発の事故原因の調査においては、いつどのように原子炉の全電源喪失が起きたのかという点が争点のひとつとなっている。すなわち、電源喪失とその後の原子炉のメルトダウンを引き起こしたのは地震なのか、それとも津波なのかという点である。事故後、四つの調査委員会――国会 東京電力福島原子力発電所事故調査委員会（国会事故調）、東京電力福島原子力発電所における事故調査・検証委員会（政府事故調）、福島原発事故独立検証委員会、福島原子力事故調査委員会（東電事故調）――が設立された。これに加えて、日本原子力学会による事故調査委員会があり、公的に報告を発表している。

四つの事故調査委員会のうち、いわゆる国会事故調はこの原発事故を自然災害ではなく人災であると明確に規定している。すなわち、「当委員会は、本事故の根源的原因は歴代の規制当局と東電との関係について、「規制する立場とされる立場が『逆転関係』となることによる原子力安全についての監視・監督機能の崩壊」が起きた点に求められると認識する。何度も事前に対策を立てるチャンスがあったことに鑑みれば、今回の事故は「自然災害」ではなくあきらかに「人災」である」（国家事故調「結論と提言」）。残りの三つの報告が全電源喪失の主原因を津波に求めているのに対して、国会事故調の報告は、津波が直撃する以前に自身によって原子炉がダメージを受けていたことを推定している。以下に引用しよう。

> 平成二三（二〇一一）年三月一一日の東北地方太平洋沖地震発生時の福島第一原子力発電所（福島第一原発）は、大津波に耐えられないばかりでなく、強大で長時間の地震動にも耐えられるとは保証できない状態だった。一〜三号機の設置許可申請がなされた昭和四〇年代前半は地震科学が未熟であり、敷地周辺の地震活動は低いと考えられた。そのために、原発の耐震設計において安全機能保持を確認すべき地震動（揺れ）の最大加速度はわずか265Gal（Galは加速度の単位）で、耐震性能は著しく低かった。（国会事故調「1.1　本事故直前の地震に対する耐力不足」）

しかも国会事故調はこの報告書作成にあたって、二〇一二年三月上旬に、福島第一原発原子炉建屋一号機四階の調査を申し入れたが、東電が虚偽の説明によって現地入りを妨げたことが明らかになっている。これは一号機四階の非常用復水器の調査が目的であったが、東電の玉井企画部部長は、同委員会の田中三彦委員らに対し、一号機建屋四階の映像を見せながら、建屋カバーが設置されているために「今は真っ暗」という虚偽の説明をおこない、さらに、建屋カバーを通しても太陽光を通すことや、爆発で破損していた四階の天井から明かりが差す状態にあること、水銀灯がついていたことなどを偽ったというものである。このように、過去の重大事故で繰り返されてきた調査妨害と秘密主義がここでも繰り返されたのである。

しかしながら、三・一一後に状況変化も生じている。政府および東電は津波と原発事故が「想定外」だと主張してきたが、それは原発事故の責任と賠償を求めて起こされた裁判において、現時点でいずれも否定されていることも指摘したい。二〇一七年三月の前橋地裁、一一月の千葉地裁の判断がそうである（添田）。この司法判断の影響は、二〇を超え、全国で一万二〇〇〇人の原告を数えるこれからの裁判において大きな意味を持つと考えられる。しかもこれらの裁判過程で、調査報告の経緯は繰り返し検証されることになる。こうした集団的な検証作業は、審査／政策／倫理の三位一体からなる「学術調査」を変えている。こうした専門家集団によって独占されてきた言説編成のポリティクスを変えるのは、まぎれもなく「社会」なのである。それは私たちの知的生産を常に厳しい検証にさらし、私たちの時代において、私たちの「知」に対する真摯な関与を促している。

＊本稿は、Tsutomu Tomotsune, "Examining Darkness of Audit/Policy/ Ethics in Investigations of the Incidents," JSN Journal, vol.7-2, pp.1-12, 2018の日本語訳に加筆したものである。

〔引用・参考文献〕

青山透子『日航１２３便墜落の新事実 ―― 目撃証言から真相に迫る』河出書房新社、二〇一七年

同『日航１２３便　遺物は真相を語る』河出書房新社、二〇一八年

小笠原博毅・山本敦久編著『反東京オリンピック宣言』航思社、二〇一六年

添田孝史『東電原発裁判　福島原発事故の責任を問う』岩波新書、二〇一七年

吉原公一郎『新装普及版ジャンボ墜落』人間の科学社、二〇一七年

吉岡忍『墜落の夏 ―― 日航１２３便事故全記録』新潮文庫、一九八九年

米田憲司『御巣鷹の謎を追う　日航１２３便事故二〇年』宝島社、二〇〇五年

上野村立小学校『日航機墜落事故についての文集　小さな目は見た』一九八五年

上野村立中学校『かんな川５』一九八五年

Marilyn Strathern, "Introduction: new accountabilities," in Marilyn Strathern [ed.], *Audit Cultures: Anthropological studies in*

accountability, ethics and the academy, Routledge, 2000.
Ananta Giri, "Audit accountability and the imperative of responsibility: beyond the primacy of the political" in *Audit Cultures: Anthropological studies in accountability, ethics and the academy*.
Phil Cohen, *On the Wrong Side of the Track?: East London and the Post Olympics*, Lawrence & Wishart, 2013.

「航空事故調査報告書」http://www.mlit.go.jp/jtsb/aircraft/rep-acci/62-2-JA8119.pdf
「国会事故調　東京電力福島原子力発電所事故調査委員会報告書」http://dl.ndl.go.jp/view/download/digidepo_3514603_po_naiic_honpen.pdf?contentNo=1

マルスとヴィーナス
——石牟礼道子と水俣病闘争

1　〈白痴〉

〈白痴〉について、ドゥルーズ＋ガタリは、「公的教授」に対置される、「ひとつの概念を、誰でもがそれぞれの立場で権利上所有している生得的な諸力によって形成する」「私的思想家」と定義した。〈白痴〉はキリスト教的文脈のもとで、中世スコラ哲学において価値を付与されて現れ、次はドストエフスキーのロシア的文脈のなかに現れる。それ自体が「私的思想家」であるが、〈白痴〉のような人物イメージは、新たな哲学概念、新たな思考イメージとともに現れる〈概念的人物〉でもある。哲学においても、文学においても、傑出した思想、思考イメージは常に人物的形象を伴う。プラトンにとってのソクラテス。ニーチェにとってのディオニソスあるいはツァラトゥストラ。メルヴィルのエイハブ船長あるいは白鯨。その人物的形象はその思想とともに新たな地平を拓く。ところで古い〈白痴〉と新しい

〈白痴〉との違いについて、ドゥルーズ＋ガタリはこう述べる。

古い白痴は、何が理解可能であるのか、あるいは可能でないのか、何が合理的なのか、もしくはそうでないのか、何が失われているのか、または救い出されているのかを、自分自身で悟ることを欲していたが、新たな白痴は、ひとが彼に、失われたもの、理解不可能なもの、不条理なものを取り戻させてくれることを欲する。[*1]

古い〈白痴〉の原型はキリストである。これに対して、新しい〈白痴〉であるドストエフスキーの〈白痴〉からおよそ一〇〇年近くを経て、「失われたもの、理解不可能なもの、不条理なものを取り戻すために私たちの時代に新たな〈白痴〉を見出したのは、石牟礼道子であった。そのことのゆえに、私たちにとって石牟礼道子とは、三・一一後の世界を変えるために、その作法を学ぶ思想的武器となった。本稿ではそのことの根拠を示そうと思う。

ところで石牟礼道子にも〈白痴〉が現れる。それは『苦海浄土』第三部「天の魚」である。一九六九年に水俣病患者互助会が補償問題で分裂する一方、川本輝夫の呼びかけで未認定患者によって結成された「認定促進の会」は、チッソとの自主交渉闘争を開始し、一九七一年に、以後七三年一二月まで一年半に及ぶことになるチッソ東京本社前での座り込みに突入した。その際、上京した患者たちは、散歩に出た皇居前広場で、無数の鳩たちが群がっている「ひとりの青白い浮浪者」に、懐かしさを覚える。

（…）水俣からはるばるやってきた病人たちは、鳩を抱えている名も知らぬひとりの浮浪者に出逢った。いや、出逢ったというより、見たというべきだった。あとにも先にもたったひとめで、なつかしい人間だった。そのようななつかしさにひかれて、わたくしたちは、ほとほとそこを動くことができないでいた。彼が鳩たちに囲まれてそこを動かないように。

気のふれた人間や、白痴といわれる人間や、故郷では神経殿《しんけいどん》といわれ、「魂の飛んで漂浪《され》く」人間のたぐいに彼はぞくしていた。完璧に、生きながらこの世と断絶し、ゆくところのない人間として、たったひとりで彼はそこにいる。いや、鴉たちとともに。世にもうっとりとみえる聖なる表情はしかし、見えない闇の奥にひそむ悪意のようなものに、おびやかされているようにもみえる。彼は微笑んでいたが、その微笑はかげがうすく、死につつあった。*2

「気のふれた人間や、白痴といわれる人間や、故郷では神経殿《しんけいどん》といわれ、「魂の飛んで漂浪《され》く」人間のたぐい」は、水俣病と患者たちに出会う以前にすでに作者・石牟礼道子の世界を構成していた人々である。そうした事情は『苦海浄土』第一部「とんとん村」、あるいは『椿の海の記』に詳しい。石牟礼道子の家族が、祖父の開発業で借財を抱え、財産を差し押さえられ、「避病院」や火葬場から発祥し、火葬場の隠亡《おんぼう》と太鼓屋の兄弟が住んでいた村に引っ越さざるを得なかったこと。少女の道子が、盲目の狂女で「神経殿」と呼ばれた祖母の孫女として、人神一如のような神的世界になじんできたことなどである。ただし、被差別民や祖母を取り囲む正常者たち、健常者たちの〈正気〉の世界が、異形の者や〈狂気〉の世界にとっては悪意の塊にほかならないことを自得するのは、事件発生以来、水俣病と患者たちの世界に没入することを通してである。逆に言えば、自らの幼年期の意味をたどることは、水俣病と患者たちの生の意味を解き明かすことであった。それはまさしく石牟礼道子にとっての「失われたもの、理解不可能なもの、不条理なものを取り戻す」行程にほかならなかった。それによってまた、石牟礼道子は、

＊1　ジル・ドゥルーズ＋フェリックス・ガタリ『哲学とは何か』財津理訳、河出文庫、二〇一二年、一一一頁。

＊2　石牟礼道子『苦界浄土』第三部「天の魚」、『石牟礼道子全集　不知火』第三巻、藤原書店、二〇〇四年、一六三頁。以下、特に断りのない限り同全集からの引用は、『全集』巻数、頁数、のように略記。

私たちの代わりに、水俣病と患者たちの生の意味とは何であるかという問いに答えることをその使命とした。

水俣病と患者たちの生の意味は解き明かされなければならなかった。私たちの情動は水俣病患者たちの受苦に向きあおうとするだろう。だがただちにそれが不可能であることを知る。なぜこのような受苦が存在するのか。激しく破壊され歪められ、そして奪われていくばかりのその生を肯定することはいったい可能なのか。その糸口すら私たちには分からなかったのだ。そしてこの問いに答えることによって、〈水俣病の患者たち〉は石牟礼道子にとって〈概念的人物〉となった。

2 プロメテウス、戦争機械

マニュエル・ヤンは、正しくも、プロメテウスをシンボルとして、資本主義とはその生成のときから自然環境の破壊と生命の遺棄を伴っていたことを、一六世紀にウラン鉱山を採掘した、現チェコのボヘミア・ヨアヒムスタール、ボリビアのポトシ鉱山、戦国期日本の石見銀山、そして二一世紀の福島第一原発事故まで貫く「本源的蓄積」として喝破した。

「蓄積」自体を「本源的」と形容した理由はそこにある。資本主義の生成に伴う虐殺と強奪の歴史は、人間の本質的「貪欲」や「西洋的近代文明」の合理主義的価値観（あるいは東洋の儒教的職業倫理）を主軸に成立しているのではない。たまたま淘汰を生き残ったヨーロッパ由来の世界資本主義システムは、個人と文化の様々な要素を吸収して、自己増殖せざるをえない生存の「本源」によって作動しているのだ。どの生物や組織にしろ、自滅を意図的に選ぶものはない。その生存を脅かすものがあれば、総力でそれを阻止しようとするし、それが無理なら脅かすものに順応するか、死を選ぶしかない。（…）原子力はその好例だ。[*3]

プロメテウスの生存本能としての放射能――その

系譜には足尾銅山と水俣病も付け加えられる。マニュエル・ヤンは、これもまた正当にも、この資本主義的プロメテウスに対抗する「革命的プロメテウス」――新たなプロレタリアート――の形成も記述する。

ここで少し補足すれば、自己増殖する生存の本能のままに拡大していく世界資本主義システムが、しばしば大量殺戮へと至るのは、それが〈戦争機械〉と結合しているからである。[*4] チッソによる自然と人間の本源的蓄積という収奪がかくまで不条理である理由。一切の共生を拒否するその暴走。海、大地、生き物をすべて受け入れ、愛し祝福する神＝ヴィーナスを無力にしてしまう軍神《マルス》。帝国が育て、技術に誓いを立てた専門家集団が、これほどの怪物になるとは、誰も予想できなかったはずである。実際、その遊牧的な可動性のゆえに、チッソの原型をなした日本窒素という組織は不知火海に、そして朝鮮半島に大規模コンビナート、電力開発、そして組織された産業集団をつくりだした。国家の外部に原理をもって出現した組織体であるからこそ、柔軟な移動と、自然的地形の占拠を可能にした。

水俣病闘争とは、国家および本源的蓄積と結合したこの〈戦争機械〉を相手にした、近代日本史における何度目かの、しかし全面的な戦争であった。ただしそれはあくまで患者たちの無残な身体のうえで始まったのである。そしてその地獄を自得することができないかぎり、〈戦争機械〉の解体を期待するのはユートピアである。「四十四号患者」（『苦海浄土』第一部）で紹介される胎児性患者「山中九平」と姉「さつき」の母は吐露する。

おとろしか。おもいだそうごたなか。人間じゃなかごたる死に方したばい、さつきは。

＊3　マニュエル・ヤン「プロメテウスの末裔――放射能という名の本源的蓄積と失楽園の史的記憶」、現代理論研究会編『被曝社会年報』新評論、二〇一三年、六三頁。

＊4　ジル・ドゥルーズ＋フェリックス・ガタリ『千のプラトー　資本主義と分裂症』宇野邦一ほか訳（河出文庫、二〇一〇年）、とりわけ下巻を参照。

（…）寝台の上にさつきがおります。ギリギリ舞うとですばい。寝台の上で。手と足で天ばつかんで。背中で舞いますと。これが自分の産んだ娘じゃろかと思うようになりました。犬か猫の死にぎわのごたった。（…）ああもう死んで、いま三人とも地獄におっとじゃろいかねえ、とおもいよりました。いつ死んだけ？　ここはもう地獄じゃろと――。[*5]

軍神としての〈戦争機械〉であるチッソ水俣工場、メチル水銀という「本源的蓄積」は容赦なく人間を貶めることができる。

だが、患者たちが、自分たちが闘っている相手の正体は何であり、それによって侵された自分たちが、いったい何に生成変化したのかを知ろうとする期待は、常に阻まれた。まず、科学的言説がその役割を果たした。水俣病史のはじめにおいて、伝染病的アプローチ、遺伝学的アプローチ、差別的な食習慣論に依拠した社会病理学的アプローチなどが（厚顔無恥にも）説かれた。いずれの場合でも新日窒－チッソへと類推が及ばないようにする力が作用していた。しかし、その原因がチッソ水俣工場の排水による有機水銀汚染であることが判明した今日においても、科学的言説はなぜ患者が存在するのかという問いに答えようとしない。

次は水俣病のゆえに不知火海を離れ、水俣出身であることも隠してきた患者たちによって一九八二年に提訴された水俣病関西訴訟の第一審判決（一九九四年）。

今や、劇症型の患者はほとんどいないので水俣病であるかどうかの鑑別診断は困難となっている。その場合ボーダーラインを引いてしまうと、救済を受けるものとそうでないものとに分けられてしまうので、有機水銀暴露歴を有する者の症状が水俣病である可能性は〇%から一〇〇%まで連続的に分布しているという考え方をとることにする。よって、原告患者らの水俣病の可能性は一五%から四〇%であるからそれに応じて慰謝料は三〇〇万円から八〇〇万円とした。[*6]

水俣病患者の認定基準は、水俣病であるかないかしかない。それが地域性や食習慣から切り離された有機水銀の保有量に還元されてしまえば、水俣病の個別の特性は無化されてしまう。実際、関西訴訟を伝えるホームページでは次のように反証している。「判決がなぜ、原告患者の水俣病である可能性が、一五％から四〇％としたのかその根拠はまったく示していません。そもそも水俣病をパーセントで表すこと自体が間違っています。水俣病であるのかないのかどちらかしかありません。不知火海沿岸に住み、汚染された魚貝類を多食して、水俣病特有の健康障害を持っているもの、つまり原告患者全員が水俣病患者なのです」。水俣出身者の有機水銀汚染のデータを一般的な有機水銀含有の分布値に置き換え、そこから〝リスクの高い〟部分だけを統計学的に抽出することで、水俣病の可能性は一五％から四〇％などと主張する論理モデルでは、個体差を考慮した個々の発症の症状を解明することができない。個々人の食・住の履歴と症状に即して判断すればいいのである。判決では、それに対する反論が明かしているように、賠償金額の上限を暗黙の前提に置いた恣意的な解釈が、統計学の装いをもって導入されているのである。

患者認定の幅を狭め、リスクの「高い」部分だけを抽出することで責任の行方を彼岸に追いやる論理は、また次の妥当な判決の主意を否定することでもあった。熊本水俣病第一次訴訟では、チッソは「特定の原因物質の生成は予見できなかった」として無過失を主張したが、熊本地裁判決はそうした主張は、不知火海沿岸の人々を「人体実験」に付したに等しいと指弾した（一九七三年三月）。さらに一九八七年三月の熊本水俣病国賠訴第一陣の熊本地裁判決は国・熊本県の賠償責任を明記した。

同様のことは福島第一原発事故による低線量被曝

＊5　『全集』二、三五頁。
＊6　http://www1.odn.ne.jp/~aah07310/hanketsu1.htm（二〇一九年四月一〇日）。

のリスク測定においても予想される。高線量被曝モデルを基準にしている現状では、統計学的言説と、賠償金額を前提にした汚染範囲と責任範囲の縮小、個々の事例の条件の一般化と、それによる発症の恣意的解釈が繰り返されるだろう。[*7] プロメテウス的科学の言説によって生が決定されるのである。

3 〈仮面〉の作法

では科学的言説によって決定される生の姿はどのような闘いによって反転させられるのか。その作法は科学的言説の外部にあるのではない。逆に科学的言説に隣接して、しかしそれが除外する不条理な姿を自分の世界に引き取る努力をすることである。そしてそれによって不条理な生の意味を開いていくことである。少なくとも石牟礼道子にとっては。そうした高度な政治的技法はどのように可能なのか。実はその手法は能狂言や神楽など古典芸能の芸態である「もどき」に似ている。「死旗」（『苦海浄土』第一部）において、患者たちを描写するくだりを参照しよう。

軽度の聴覚障害患者に対して、医師は「コンスタンチノーブル、といってごらんなさい」という検査を施す。

> 意識も、情感も、知性も、人並以上に冴えわたっているのに、五体が絶対にスローテンポでしか動かせぬようになったひとりの青年の表情に、さっと赤味が走り、彼は鬱屈したいいようのない屈辱に顔をひきゆがめる。
> しかし彼は、間のびし、故障したテープレコーダーのように、
> ——コン・ツ・タンツ・ノーバ・ロ——
> というように答えるのだ。〈ながくひっぱるような、あまえる声〉で。（…）
> 「先生方」が問い、彼が答えるという、二呼吸ぐらいの時間が、彼にとってどれほど集約された全生活の量であることか。青年は、その青年期の——それは全生活的に水俣病を背負ってきた時間の圧縮である青年期の——すべてを瞬時

に否定したり、肯定しようとしたりして、彼の表情はみるみる引き裂かれ、そのことに耐えようとし、やがて彼の言葉はこわれて発声、発語されてくるのである。[*8]

こうしたやりとりでは、医師と患者たちのあいだの「なれあい」も生み出される。患者たちの〈ながくひっぱるような、甘えたようなもののいい方〉、あるいは五体不自由な仕草を通して。それは患者たちが「遠来の客」をもてなす、水俣という土地に昔からあるやり方だと作者はいう。だが、医師の検査が「新しい論文を書くための関心のみ」から接するならば、患者たちの声帯は「棒か、壁のようにつっぱってしまい、（…）両者の間はたちまちへだてられてしまう」[*9]。しかし、患者には「仙助老人」のような人物もいる。日露戦争に出征した経験があり、毎日三合の焼酎を、きっかり午後四時半に買いに出かけ、破傷風がもとで五年間寝ついた妻を野辺に見送るまで看病した、黒光りする脛をもった「仙助老人」は、診察に際しても「自若として動かない」。

その瞬間、石牟礼道子は彼女が〝聞き取った〟「仙助老人」の〈独白〉を引き受け、仮構の〈対話〉を重ね始める。

> 爺やん、あんた、百までも生きるような体しとって、腰ちんば引いて。石もなかところで、ぱたっとこけたりするとは、そらきっと水俣病じゃ。〔…〕
>
> なんばいうか、水俣病のなんの。そげんした病気は先祖代々きいたこともなか。俺が体は、今どきの軍隊のごつ、ゴミもクズもと兵隊にとるときとちごうた頃に、えらばれていくさに行って、善行功賞もろうてきた体ぞ。医者どんのなんの見苦しゅうしてかかるるか。[*10]

---

*7 調麻佐志「『低線量被ばくによるがんリスク』論文解題」http://smc-japan.org/?p=2026〔二〇一九年四月一〇日〕。

*8 『全集』二、四二一－四二二頁。

*9 同前、四四頁。

まるで王に対する道化、あるいは狂言のシテとアドのような掛け合いを通して、医師の前で「自若として動かない」生は、あれよあれよという間にもどかれて（＝擬かれて）いく。不条理で五体不自由な患者たちの姿は、聖者、隠者、隠れた王、隠れた哲学者に見立てられる。こうして石牟礼道子は理解不可能なもの、不条理なものに大胆に文脈を与えてしまう。

否むしろ私はここでこう言いたくなる。石牟礼道子は、水俣病患者たちが自在に〈仮面〉をつけたり脱いだりしている所作をみているのだと。「山中九平」、その姉「さつき」、医師の検査に屈辱に顔をゆがめる青年、「ゆき女きき書」の「ゆき女」、「仙助老人」。むろんその始まりには、狂女であった祖母・「おもか様」がいるだろう。彼ら・彼女らは、仮面をつけたり脱いだりすることで世間の悪意と闘う。隠れた王であり隠れた哲学者であるこの人々は、ただの聖者ではない。患者たちにとっての「世間」である医師たちとなれあいもするが、その悪意に気がつけば仮面をつけて医師を嘲笑し、あるいは仮面の背後に隠れて沈黙する。〈仮面〉の素材はなんでもいい。そして〈仮面〉は悪意の世界から身を守るための衝立にもなる。「釜鶴松翁」の場合はマンガ本であった。

> 彼は実に立派な漁師顔をしていた。鼻梁の高い頬骨のひきしまった、実に鋭い、切れ長のまなざしをしていた。ときどきぴくぴくと痙攣する彼の頬の肉には、まだ健康さが少し残っていた。しかし彼の両の腕と脚は、まるで激浪にけずりとられて年輪の中の芯だけが残って陸に打ち揚げられた一根の流木のような工合になっていた。（…）
>
> 彼の病室の半開きになった扉の前を通りかかろうとして、わたくしはなにかかぐろい、生きものの息のようなものを、ふわーっと足元一面に吹きつけられたような気がして、思わず立ちすくんだのである。

そこは個室で半開きになっているドアがあり、じかな床の上から、らんらんと飛びかからんばかりに光っているふたつの目が、まずわたくしをとらえた。つぎにがらんと落ち窪んでいる彼の肋骨の上に、ついたてのように乗せられているマンガ本が見えた。[*11]

「釜鶴松翁」の肋骨に乗せられたマンガ本は、「自分をのぞいた一切の健康世界」に対する嫌悪の表明であり、「遮蔽壕」であり、それによって「まだ死なないでいるかぎり残っている生きものの本能を総動員」して侵入者と向きあうための「帆柱」「尊厳」であった。[*12]

石牟礼道子が表現した水俣病患者たちの作法を〈仮面〉の所作に重ねるとき、私は被差別の芸能と仮面の研究に生涯を賭してきた乾武俊の〈黒い翁〉論――乾の民間仮面論――を念頭に置く。折口信夫の芸能論、そして被差別の芸能を代表する「佐渡の春駒」の詞章を参照しながら、「もどき面」である「うそふき面」をめぐって、乾は次のように述べる。

「うそふき」ということば、ならびにその仮面には、サタヒコ〔サルタヒコの折口による訓〕以後各時代の民衆の、それぞれに複雑な心意が重層している。「うそふく」は口をつぼめて息を吹くことであるが、同時に「嘘ふき」でもある。古代の踏歌では、「言吹」が天皇の前に出て「賀詞を申し、歌曲を奏した」（森末義彰「民間芸能の問題」『国語と国文学』三六六号）。この「言吹」が「嘘吹」になる。「嘘」をいうことが、抵抗であり、みずからの存在証明でもあった。のちには「身過ぎ」の道にもなった。折口の表現を借りていえば、「言葉の表面どおりの意義に考えられ、実はその反対の効果の現れるように使われた」ことば。仲間にはわかって、相手にはわからないことば。わからないが相手を刺ししていることば。そのことばで相手の「祝福」をいうことが、このくにの芸能の発生であった。[*13]

＊10 同前、五〇－五一頁。
＊11 同前、一〇三－一〇五頁、傍点原文。
＊12 同前、一〇六頁。

民間芸能の仮面には、仲間とのあいだの暗黙の了解と、それとはわからなくても王を嘲弄する言葉とを同時に発する所作が重層化されている。したがって仮面は権力から自分たちを守る鎧でもある。だがここで肝要なことは、「仲間にはわかって、相手にはわからないことば」「わからないが相手を刺しているとことば」によって「相手の〈祝福〉」を言祝ぐという点である。すなわち、呪詛と同時に世界の関係性の肯定と均衡が図られるのである。

〈仮面〉のこうした効果は、世界の真理を暴きながら世界の関係性を結び直す作法についての、私たちの理解を深化させるための手がかりになる。受苦に歪んだ面《オモテ》は水俣病の病像に等しく、面＝病像そのものが世界の姿である。そして同時に、このスキャンダラスな薄い人工の皮膜を身につけることは、生が展開する世界との闘いを意味している。病院での検診に連れていくためにやってきた市役所衛生課吏員「蓬氏」に対して背を向け、「山中九平」少年がラジオでハシユキオや巨人戦の中継を聞くとき。「釜鶴松翁」がその肋骨の上にマンガ本を衝立のように立てるとき。そしてもちろん「コン・ツ・タンツ・ノーバ・ロ」と発語するときでさえも、患者たちは真の世界の姿を暴く。しかし同時に、その闘いの渦中で、患者たちは「遠来の客」をもてなすように世界＝医師との関係性を結び直しているのである（チッソ東京本社前座り込みでは、社員たちとのあいだにさえそうした同郷意識を拡大したのである）。だからこそこう言えるだろう。水俣病の患者たちの生とは、世界の関係性を変え、結び直すための根源的な闘いであり続けてきたと。

4　牛たち

こうして、水俣病闘争の主要な局面を描ききった『苦海浄土』三部作は言うまでもなく、石牟礼道子の文学は、今日の私たちにとっての思想的な武器にほかならない。生を拒絶する世界を肯定する作法を学び、世界を復元するためである。

二〇一三年二月一〇日、私たちは福島県双葉郡浪江町の「希望の牧場・ふくしま」にいた。車を降りると、放射能測定器は毎時二・九マイクロシーベルトを記録した。場所によっては二〇マイクロシーベルトに達するという。

福島第一原発の事故のあと、警戒区域内にいた牛約三五〇〇頭、豚約三万頭、鶏約四四万羽のうち、過半数は餓死したとされ、生き残った家畜には国の通達によって殺処分が指示された。しかし約二〇件の農家が殺処分に同意せず、被曝牛約一〇〇〇頭を飼育している。「希望の牧場」にも現在約三〇〇頭の牛がいる。「希望の牧場」代表の吉沢正巳氏は、事故後、東京で抗議行動を展開する一方、三日に一度は浪江にもどって、警官に阻止されながらも警戒区域内で給餌を続けてきた。そして二〇一一年六月に南相馬市から立ち入り許可証を発行してもらうまでこぎつけ、ライフラインを復旧し、ライブカメラによる牧場の様子の配信などによって、情報発信と全国の支持を取り付けながら、現在の牧場経営を実現している。[*14] 吉沢氏によれば、被曝した牛たちは原発事故の生き証人である。それは今後の放射能災害の予防のための貴重な科学データの集積になると。震災と原発事故の惨禍を生き延びた牛たちは、屠畜されることも殺処分されることもなく、約二〇年あるというその寿命を〝全うする〟。ここでは牛は

*13 乾武俊『黒い翁 民間仮面のフォークロア』解放出版社、一九九九年、一三八頁。なお「黒い翁」という思想的形象については、拙著『戦後部落解放運動史 永続革命の行方』（河出書房新社、二〇一二年）第四章「〈黒い翁〉の発見」を参照されたい。さらに、ここで石牟礼道子の文学と仮面論との接合を構想するにあたっては、以下の場での乾武俊氏による示唆と励ましに依っている。「和歌浦・仮面フォーラム 芸能と仮面のむこうがわへ」（乾武俊・山本ひろ子および成城寺子屋の企画プロデュース、小笠原匡、清水谷善圭、槻宅聡、友常勉、大河内智之らの協力による）、於・和歌山県和歌山市新和歌浦・木村屋、二〇一三年三月二日・三日。また、成城寺子屋メンバーによる拙論の批判および山本ひろ子氏にも大きな示唆を受けた。あわせて感謝したい。

*14 「希望の牧場・ふくしま」作成リーフレット「警戒区域からの声なきSOS 見捨てられた命があることを知っていますか？」より。

私たちの鏡像である。餓死し、殺処分の対象となった牛たちの運命と、東電と日本国家によって翻弄され、棄民状態にある被災地の住民の運命が重なる。だから逆に、牛が欲しているものは、この地で私たちが欲しているものと同じになる。この不条理な、理解不可能な運命の中で追求される動物的な生を肯定することである。こうして警戒区域の〈生〉は、三・一一後の私たちの思想的形象となっている。この牧場の牛たちを生かし続けようとすることは、つまりその動物性に学び、無為な死を繰り返さないことを誓うことは、私たちの使命である。それは、一度は絶望した世界との関係を結び直すことだからである。その回復を期待することは、高線量のこの地域の復元をただちに求めることではない。むしろもっとそれは単純なことである。この牧場の牛たちの生を忘れることなく、その動物的な存在を常に私たち自身に関係づけることをやめないということである。*15

　すなわち、石牟礼道子がそうしたように、相手が「自若として動かない」場合でも、その発話をもどき、その独白との対話を仮構し続けることである。だが他者の生を仮構するためには、私たち自身の来歴を辿り直し、その意味を解きほぐさなければならない。他者の生とのあいだに橋を架けるとは、そうした途方もない努力を必要とするのである。

　それによって、私たちを大量殺戮に追いやる、国家と資本と結合した専門家たちの〈戦争機械〉に隷属する私たちの生のあり方を変えるのだ。軍神《マルス》に対する愛《ヴィーナス》の女神の勝利のために。

*15　動物性の肯定による自己自身の肯定についての議論は、ミシェル・フーコー『真理の勇気――コレージュ・ド・フランス講義一九八三‐一九八四年度』慎改康之訳（筑摩書房、二〇一二年）、二二五頁を参照。

キュニコスの勝利
——大島渚

1 〈抵抗〉の発見

大島渚の『愛のコリーダ』（一九七六年）、『愛の亡霊』（一九七八年）では、排他的に性愛の情動に身を委ね男女の愛のかたちが徹底して描かれる。二・二六事件や日清戦後という社会性や政治性はその表現の後ろに目立たないように配される。

『愛のコリーダ』では定の欲望にすべてを預ける吉蔵、『愛の亡霊』ではその役割を逆にして、今度はおせきが豊治の要求にすべてを捨てて応える。他人を排除する愛のかたちの徹底は、『マックス、モン・アムール』（一九八七年）でも中心に据えられる。チンパンジーのマックスとの性愛を守ろうとする妻・マーガレットの行動に、権力と暴力を独占していた夫・ピーターも巻き込まれ、とりあえずは悲劇的な末路は回避される寓話として描かれる。『御法度』（一九九九年）の場合には、こうした排他的な性愛は抑圧的な組織の中で暗い転移をもたらす。大島は最後の作品において、〈組織〉というかつて固執していた主題に回帰したが、一九七〇年代後半の大島が追求していたのは、私的な関係の中の排他的な欲望の運動を見届け、これを賛美することであった。〈組織〉と情動という論点についてはおって検討しよう。

欲望の排他的な実現の底に流れる情動について、『少年』（一九六九年）の公開に付したチラシの文章で、大島はそれを〈抵抗〉と呼んでいた[*1]。鬼畜のような両親の稼ぎの手段として〈当たり屋〉を繰り返していた「少年」は、両親が逮捕され、保護された後、黙秘を続けた。この黙秘を大島は〈抵抗〉と呼んだのである。『少年』はこの黙秘の重さを追体験するための映画である。両親との抗いと追慕、そして幼い弟へのけなげな貢献が「アンドロメダ星雲からやってきた宇宙人」の一人語りとともに抒情的に描かれる。しかし少女の死という現実によってそれは無残に拒絶される。抒情は肯定され、拒絶される。「子どもを殺す」（事故死する）という出来事が少年の壁を崩壊させ、その〈抵抗〉には主体性すらも与えられる。大島の表現によって、少年の黙秘に十全な解答が得られたとはいえまい。この主題が依然として審議未了の問いであることは、親の罪を庇い、幼い兄弟を守ろうとする少年を造型した是枝裕和『誰も知らない』（二〇〇四年）に明らかである。社会と対峙はするがそれを敵に回すわけではなく、言葉を通して自己組織化されるわけでもない、しかし強靭な〈抵抗〉は、映画表現と時代を結び付け、その深化をうながしてきたのである。しかも〈抵抗〉は多くの場合、誤った敵に向かって表出される。あるいは、言語化された時に常にすでに時代遅れになっている。『少年』において、傷痍軍人の父が日の丸と位牌を並べて、少年の前で自身の負い目を転嫁し、居直って叫ぶように、戦争がもたらした親世代の負債にもとづく抵抗は誤って表出されるしかない。〈抵抗〉の根拠を一義的に戦争に求める図式を、日本の一九六〇年代という時代は崩壊させたのである。

以下、本稿では、この「〈抵抗〉の発見」を皮切りに、さらに〈情動〉や〈組織〉、〈キュニコス主義〉という論点から、大島の映画を時系列的な展開を意識しながら読み解くことにする。

ところで親世代の負債との対比で描かれる〈抵抗〉の系譜には、『夏の妹』（一九七二年）の「素直子」も含まれる。沖縄返還を機に噴出した沖縄の怒りとは無関係に、「沖縄なんか、日本に帰ってこなきゃよかったんだ」とカメラに向かって根拠のない苛立ちを表明し、沖縄の〈兄〉を「ニセモノ」と言い、現実との和解を拒否し続ける。時代が主張している真理は、必ずしも政治的現実との対峙を通して得られるのではない。それは確かに性と暴力に寄り添って表出する。しかし『少年』が示すように、必ずしも常にそこにあるわけでもない。むしろそうした図式的な領域の外部において、主体がつくりだす〈抵抗〉に共振しようとする作法は、ここではっきりと大島の表現の核心となっている。それが自覚されたのは逆説的にも〈政治の季節〉の予感の只中であった。

『日本春歌考』（一九六七年）の「中村」（荒木一郎）の、恩師の死すら放置する虚無的な他者とのかかわりは、明らかに『少年』に至る〈抵抗〉の発見の過程にある。しかし「中村」の暗い情動は、「ひとつ出たホイの」と歌う春歌・猥歌と、在日朝鮮人・金田（吉田日出子）が歌う、「雨のショボショボ降る晩に」という軍隊慰安婦によって伝えられた「満鉄小唄」、すなわち被抑圧民族の〈声〉とのあいだで引き裂かれた亀裂のなかに置かれている。どちらも民衆の〈声〉だが、植民地帝国主義日本の民衆の声と朝鮮民族の声は重なりあわない。その二つの〈声〉のどちらにも依拠できない情動がこのときに形成されたのである。この情動はやがて「根拠なき衝動」として形を取り始める。そして、若松孝二が主題として扱い始めていたこの情動＝衝動が時代を支配する予感によって、『日本春歌考』は終わる。中村たちが想像の中で強姦した受験番号四六九番の女子学生を、再び強姦したあと、中村は、「真実ね」と言葉をもらす彼女を絞め殺す。ここには、来るべき一

＊1　DVD『少年』（ポニーキャニオン）添付の「監督解説」より。

九六八年の文化革命が、死が無意味であるという認識を伴うものであることが予期されている。[*2] 逆に言えば、そのことの自覚によって、大島は戦争世代のトラウマを相対化することができたのであり、さらにまた一九六八年革命に安住することもできない自分を見出したのである。〈抵抗〉の発見とはこのような意味で時代との緊張の産物であった。

2　情動という困難

敗戦帝国主義国・日本の戦争責任を問うことから、自立した個としての歩みを始めた大島たちにとって、敵はいつも手の届くところにある、自明なものであったわけではなかった。大島は『日本の夜と霧』(一九六〇年)において、戦後革命運動から安保闘争までの経験を、ドストエフスキーが革命運動の挫折から世界文学の水準を切り開いた如く、世界的な思想の遺産に昇華することに成功した。革命運動と映像表現は、この苦々しい経験を糧にして、アメリカ・日本の資本主義との闘いに出撃していくはずであった。しかもその闘争は、『日本春歌考』が試みたように、侵略と植民地主義に対する日本の民衆の戦争責任と、革命化されずにある民衆的土壌をも見据えてなされるはずであった。

だが、敵を前にした怒りは、常に誤った対象に固着する。そして敵の姿はただちに彼岸に遠のいた。『飼育』(一九六一年)は土俗的な民衆世界が抱える利己主義と戦争責任を問うていたが、天皇と国家という敵に至ることなく、人々は黒人兵士－役場－本家という代理表象への固執と憤懣に翻弄されていた。それどころか、村落共同体という〈組織〉は代理表象に固執する悪循環を断ち切れず、逆に狂気を昂進させていく。子どもたちですら、逃亡した出征兵士の行方を尋ねるためにコックリさんに頼る。これは労働力が商品化され貨幣－資本へと転化し剰余価値を産出していく価値形態が、商品・貨幣の自己運動にみえるフィクションと同じである。実際、大島は『資本論』のような映画を撮りたいと言っていたことがあるが、それはこうした社会意識のメカニズムと資本の運動との相似を指している。

だが、大島は、情動の固着をトレースすることの困難がどれほどであっても、そこから離れてはならないと考えた。大所高所から教条主義的な公式で対象を裁断してはならない。その上で戦争責任に対して、共同体の狂気に対して批判的に向き合うのである。そこで映画においては、誤った対象に固執する情動の自己循環的な回路の外部に出ることが必要になる。『飼育』のラストシーンで、村の堂前で焚かれる荼毘の火を鏡に映すように、村を見下ろす位置の少年と死者への送り火は、この情動の回路を外部から相対化するための所作である。しかし、これは映画作家による対象への批判的な介入であって、内在的な〈抵抗〉ではない。『白昼の通り魔』（一九六六年）ではその狂気の根拠が前近代的な日本の共同体に求められている点で、『飼育』に連なる。しかしそこでは外在的な批判的介入ではなく、共同体そのものが内在的に生み出した「通り魔」＝英助の狂気を解決できないままに終わる点で、『飼育』が抱えた隘路を突破している。

狂気への情動の回路を抱えた〈組織〉という主題は、『天草四郎時貞』（一九六二年）においても解決できないまま放置されていた。四郎が民衆の情動の前で指導力をまったく発揮できないのは、彼が情動の回路を共有していないからである。歌を通して、あるいは誤った対象への怒りを通して、大衆の情動を共有しないかぎり、〈組織〉＝共同体への関与は外在的になる。四郎は吉本隆明が「マチウ書試論」を通して析出した、自らが生まれた共同体において無力な救世主の葛藤を抱えている。それは最も身近な共同体を組織できない、思想の貧しさを告発された前衛党の姿である。そして言葉に支配された闘いは、常に恣意的に解釈された言葉に悩まされる。信徒たちの間で、闘いと無秩序を煽動したイエスの言葉は、平和を求めるイエスの言葉によって相殺され

＊2　「死の意味と無意味」という言葉は、大島渚が東松照明『さくら桜サクラ一二〇』（ブレーンセンター、一九九〇年）に献辞として書いた文章「東松の写真よ、永遠なれ」からの引用。同書、一三〇－一三一頁。

る。いわば内在的な情動と、外在的な革命の言葉という乖離を抱えているのである。

このような課題を抱え込んだ『天草四郎時貞』のあと、三年のブランクを経てつくられた『白昼の通り魔』『悦楽』（一九六五年）によって大島が提示したのは、情動とその中に存在する解放を肯定することであった。それは〈抵抗〉の発見のために必要なことであったが、しかし、代理表象を転移しながら狂気に至る〈組織〉の情動という問題は依然として残される。ずっと後になって、この問題の解決は『御法度』で再び試みられることになる。

殺人集団である新撰組への投企に暗い喜び（「勇気とは別の」「魔」）を見出した加納惣三郎（松田龍平）は、自らの情動に忠実に行動する。それは衆道＝男色と結びついた暴力である。それによって新撰組という〈組織〉がきたした混乱を断ち切るために、沖田（武田真治）は惣三郎を抹殺する。そして同時に土方（ビートたけし）は桜の樹を切り払うことで自らの心中にも兆した迷いを収束する。〈組織〉を侵すマインドゲームに対して、「魔を葬る」という解決策がここで提示されるのである。ここで大島がおこなった映像化が興味深いのは、『日本の夜と霧』－『飼育』－『天草四郎時貞』－『白昼の通り魔』で扱ってきた〈組織〉の性格を〈戦争機械〉に還元していることである。国家の外部で生まれ、時に国家に所有されるが、本質的に「情動の体制」としての〈戦争機械〉[*3]。技術者集団、修道士、官僚、もちろん兵士集団や警察集団、さらには大小の社団も含めて、国家と市民社会の外部に、ときにその紐帯の位置に存在する〈戦争機械〉は社会編制の性格を解く鍵である。それは革命の枢要として、その成否を握っている。国家は、新撰組の成り立ちがそうであるように、それを育成する条件を整えることはできるが、自らこのような情動によって結びついた先頭集団を形成することはできない。しかし国家が所有することで、新撰組は戦争を目的とした〈機械〉となった。そしてそれ以外のものへの情動の転轍と変身の可能性は奪われた。大島の思考実験が開示したのは、そのように変身の可能性を奪われた〈機械〉＝〈組織〉が、なおも情動の叛乱に悩まされている事態である。その叛乱は、名実ともに情動を断ち切ることによってしか鎮められない。『御法度』が示したこの解決策は、「情動の体制」としての〈機械〉＝〈組織〉を変容させるための万全の方途ではない。だがこの映画の解決策はけっして妥協ではない。むしろここには戦後日本社会の批判者としての大島の政治性と表現哲学が強く押し出されている。

魔の情動の回路を断ち切る役割がビートたけしであるというのは、『戦場のメリークリスマス』（一九八三年）でも同じであった。日本軍の狂気の中心にいたハラ（ビートたけし）は戦後に戦犯として処刑されることで、狂気の連鎖を終わらせる。ここでハラ－桜を斬る土方という系譜は天皇の代理表象である。したがって、日本の戦争責任と戦後責任という情動の回路の中心にある天皇を映像の中で処刑することがその意図なのである。この場合の代理表象の処理はきわめて効果的で適切だろう。〈組織〉に占める天皇の象徴性と代理表象の持つ象徴性は重なっているからである。すなわち、現実の天皇そのものでなくても、その代理表象を撃つことで、映像は映像自身の敵と対峙しているからだ。『御法度』において実際に惣三郎の処刑を遂行する沖田は、映像の敵と対峙しているわけではない。だからここでは音声のみで、沖田の処刑シーンには映像がない。桜を切断する土方こそがその役割を担うのである。この意味で『天草四郎時貞』が呪縛されていた言葉の隘路から、『戦場のメリークリスマス』と『御法度』は解放されている。いいかえれば、情動の回路を断ち切ることができるし、またそれが許されている点に、映像の固有の役割がある。

映像を撃つためには映像を対置するしかない。この命題は、大島が「同志」と呼んだ写真家・東松照明の写真集『さくら桜サクラ』（一九九〇年）に寄せた大島の言葉によって裏付けられる。大島は、ネクロフィリアと「生の中の死」と対決してきた東松の

＊3　ドゥルーズ＋ガタリ『千のプラトー　資本主義と分裂症』下、宇野邦一他訳、河出文庫、二〇一〇年、一〇七頁。

仕事とその勇気に励まされてきたという。*4 実際、東松の桜は毒々しく、死の芳香が立ち昇る。大島は〈桜〉を斬り、東松はそれを〈死〉に等値のものとしてピンで留める。両者ともに天皇制国家を撃つための映像・写真を撮り続けたのである。

さらにこれらの表現者の果敢な闘いから、日本における〈組織〉＝〈戦争機械〉の成立とその扱いにおいて、天皇という存在をけっしてないがしろにしてはならないことも、自得される。それは日本社会において、常に情動の中心にいる。それゆえ、『日本春歌考』の最後にアジテートされる「騎馬民族説」によって、さらに『絞死刑』（一九六八年）の国家による死の強制を拒否するRによって、情動と天皇との結びつきを断つ努力を、大島は繰り返してきたのである。

〈首を絞める〉という、大島の映画において作家の署名の如く反復される動作は、その快感を、天皇を中心とした情動の回路から解放するための手続きと考えていいだろう。ここでも、それは転じて首へのフェティシズムとなるが、このフェティシズムは首を絞める行為ほど肉感的でもないし、弱々しくもない（『戦場のメリークリスマス』で首だけ出して埋められるデヴィッド・ボウイ、『帰ってきたヨッパライ』の煙草屋の店番に扮した殿山泰治のアップ、『御法度』において惣三郎＝松田龍平が切り落とす首）。大島は一貫して、天皇に連なる情動の体制に、首を絞めるという肉感を伴った殺人と自死の快感を対置しているのである。つまり、〈死〉は、性行為と同じで、快感を伴う私的な行為でなければならないというのである。『飼育』から垣間見えはじめるこの動作に大島は固執し続け、『愛のコリーダ』では映画のクライマックスにして核心的な位置にまで高められる。

3　キュニコス主義による革命

自身の作品に私的な快楽を刻印する作家性の堅持は、大島の思想の輪郭をよく表している。それは自己規律と快楽の原理を、世間を告発する根拠に転じるキュニコス主義の流儀である。古代ギリシャのキュニコス主義（犬儒派）は杖を持ち、頭陀袋を背負い、汚れた服をまとい、犬のように吠え、進んで命を危険にさらし、家族を持たず、制度、人々の弱さ、臆見を告発するラディカルな〈個〉であった。ミシェル・フーコーは「真理の勇気」を求めるキュニコス主義の系譜を、一九世紀芸術から二〇世紀ビートニク作家のウィリアム・バロウズまで、革命的な文学・文化運動にまで延長した。[*5] 私たちには、この系譜をさらに延長し、実定法的な方法論で理論武装し、自身の作品を次の作品で破壊的に変えていったキュニコス主義者として、大島を位置づけるだけの根拠がある。現代のキュニコス主義はポピュリストであると同時にアヴァンギャルドであり、思考の怠惰と常識を告発し、悪を讃美する。通り魔・英助から影丸、在日朝鮮人R、〈少年〉、桜田家の人々、そして阿部定といった大島映画の主役たちは、〈個〉に固執する〈抵抗者〉であるだけでなく、〈異常者〉であり、殺人者であり、ファシストであった。

しかも大島がラディカルであったのは、カメラと現実との関係の逆転も可能だと主張したことである。カメラが映すのは事件の後の風景である。それだけが真実である。そこで論理的には、そこで撮影された事後の映像について、私たちがすでに起きた事件を記憶していないだけで、カメラだけが記憶していると主張することは可能なのである。こうして、『少年』において少年の成長を同時的に描いた翌年、大島は『東京战争戦後秘話』(一九七〇年)を撮ることで、映像のなかの被写体と現実との一方的で差別的な関係を逆転してしまう。国学院大学映画研究会のフィルム押収事件と「映画を遺書にした男の物語」に着想を得たこの作品で、大島は〈東京战争〉後の風景を撮影した。映像の中では、カメラを回していた元木と泰子はすでに死んでいる。この時、映像をみている私たちは、映像と、私たちとどちらが真実なのか分からなくなる。それを証明する方法は

*4　前掲、大島「東松の写真よ、永遠なれ」。
*5　ミシュエル・フーコー『真理の勇気――コレージュ・ド・フランス講義一九八三―一九八四年度』慎改康之訳、筑摩書房、二〇一二年、二三六―二三八頁。

ない。撮られた側が撮った側を告発し、自分たちの権利を主張することは原理的にできないという、表現における根源的な不平等がここで告発されている。同時に、フィルムの押収や上映の打ち切りといった映像に対する物理的な弾圧によっても、〈革命〉を想像する自由、〈革命後〉を映像化する自由は侵犯されないことを主張したのである。すでに『日本春歌考』で想像力による現実の先取りが、戦略的な権利として描かれたが、ここではそれが表現者の権利として主張されている。キュニコス主義者は革命と革命後を想像するだけではない。それを映像によって公共化するのである。大島の映像は、こうして政治的社会的な制約だけでなく、時間の制約をも超えて、無限に延長されていく枠組みを私たちに与えている。それは数学でいう、実数を負のベクトルで延長していく虚数の効果に似ている。二四本の大島の映画をひとつのまとまりとして経験することは、そこにはけっして絶望がないという幸福だけでなく、それによって、映像にかかわるあらゆる可能性を試みることが許される解放感を経験することである。しかも、そうして胚胎された想像力は、〈大島渚〉という署名を超えた、解放の出口を求めているように私には思われる。

4 虚数の革命のコミュニティ

私はここまで大島の作品をその論点と時系列とを交互に見比べながら論を進めてきたが、最後に少しだけ逸脱してみたい。私たちは大島の映画をこれからどこで・誰と・どのように観るのだろうかと考えるからである。

二〇一三年三月末。私はロスアンジェルスのスキッド・ロウを、友人のマニュエル・ヤンと訪れた。一万人に及ぶホームレス・路上生活者が住むこの地区で、元弁護士で演劇活動を続けているケヴィン・マイケル・キーに会い、スキッド・ロウのコミュニティ活動をガイドしてもらうためであった。一九八五年に創設されたロスアンジェルス貧困局（Los Angeles Poverty Department）のスタッフであるケヴィンは、ニューヨークから一〇年前にここに移り住んだ。路上に多くの友人がいるケヴィンに街を案内してもらいながら、私たちはここでアート活動をしているLAMPアート・プロジェクトを訪ねた。このプログラムは、スキッド・ロウの中心にアートや音楽スタジオ、食堂を備えたコミュニティ・センターを構え、アルコール中毒患者や精神障害を患う住人たちに対する、創造的な自己表現、アート・セラピー、エンパワーメント、そしてアートを生計の手段とするための技術講習も兼ねた活動をおこなっている。絵画制作のスタジオで、興味深い絵画を紹介された。ケヴィンとほぼ同年齢、おそらく老年に差しかかっていて、スキッド・ロウに住む日本人女性の作品である。Y・Eと署名された作品は、キュビズム絵画のように分解されて幾何学的に再構成された二つの絵と、その朝来て書いていったという日本語・英語の詩文であった。その言葉は正確に書けていない漢字が混じった日本語と英語でこう書かれていた。「君には君の夢があり、僕には僕の夢がある」。そしてさらにその下には英文で「彼女は私の少女だった。彼は私の少年だった」と。私たちが去った翌日、Y・Eは再びLAMPに来たと、ケヴィンは連絡をくれた。ちょっと残念なすれ違いであった。

大島は『太陽の墓場』（一九六一年）で寄せ場の愚連隊や戸籍売買の悪党たちの生態を描き、当時の釜ヶ崎をフィルムに収めた。さらに『白昼の通り魔』『飼育』『愛の亡霊』の舞台となった農村共同体、〈政治の革命〉の予感に満ちた新宿、さらには〈少年〉が縦断した日本列島でさえも、大島が撮った場所は、大島が割り当てた想像力によって、規則を守ろうにもそこから逸脱してしまう、変則的な群衆が危険をはらんで存在する空間となった。今度は、大島によって撮影されたものたちが、大島の映画に勝手な想像力を割り当てる番である。そしてさまざまな夢を描く番である。Y・Eが、スキッド・ロウの一角のスタジオをそのような想像力と夢を託す場所にしているように。Y・Eの絵画と詩文は彼女が実数の世界を超えて引いた虚数の世界である。そしてその虚数の線は現実の世界に食い込んでいる。その線は大島の映画をも横断するであろう。

大島渚が確立したキュニコス主義の作法とは、変則的な群衆や〈異常者〉を肯定し、〈異常者〉によって〈正常〉の世界を領土化しただけではない。その領土化とは、映像の固有の役割にほかならないことを確立した点にある。だがこのキュニコス主義は依然として一握りの〈大島渚〉、あるいはキュニコスの王たちの署名のもとに寡占されている。この署名からキュニコス主義を解放しなければならない。それは、表現という武器を手にした無数のキュニコス主義者を生み出すことである。

スキッド・ロウで、私は、Y・Eやケヴィン、そしてスキッド・ロウの住民とともに大島の二四本の映画を見ることを夢見た。そして彼ら・彼女たちが無数のキュニコス主義者となって、その想像力を路上に解き放つことを夢見た。私はそのようにして、大島の映画を〈大島渚〉から解放したい。私たちのコミュニティのために。

〈キチガイ〉というサバルタン階級の時代

――夢野久作『ドグラ・マグラ』

禁治産者の扱いをうけた杉山直樹は放浪生活に出て一九一五（大正四）年に得度し、家督を継ぐことになって福岡に一九一七（大正六）年に帰還した。[1] 杉山直樹＝夢野久作が一九三五（昭和一〇）年に『ドグラ・マグラ』を発表するまで、「禁治産者」時代を起点に数えればほぼ二〇年になる。一九三六年に夢野は急逝するが、生前、夢野が『ドグラ・マグラ』が「二十年がかりの作品」「十年考え、あとの十年で書き直し抜いた」と語っていたという証言を信用するならば、同作品の構想が禁治産者として家族・親族から放擲された経験にもとづいているのは明らかである。[2] 記憶を失って鉄格子の部屋で目覚めた「私」が、「九州帝国大学」の法医学教授「若林」と「正木」によって与えられる情報にもとづいて、自分の正体を探すと同時に、母を殺し、婚約者を殺した「姪の浜の花嫁殺し事件」の容疑者・「呉一郎」と同化していく探偵小説の体裁をとった『ドグラ・マグラ』は、「禁治産者」による近代精神医学告発の物語でもある。実際、作品の中で「正木敬之」が独自の精神病治療法である「前代未聞の解放治療の大実験」を「二十年の長い間、準備に準備を重ねて」きたと「若林」が語っていることも、杉山直樹から夢野久作への「二十年」という年月に意味があったことを傍証している。[*3] すでにこうしたことは周知の事実に属するが、本稿ではこの「二十年」が、近代日本史のなかの政治的‐精神分析的な画期に対応していることに注目したい。ただし杉山直樹＝夢野久作の応答は、あくまで文学テクストの可能性を追求することによってであった。本稿ではこの点にも注意を払いたい。

1　政治的‐精神分析的経験の一九二〇年代

「正木敬之」の近代精神医学批判の骨子は、「正木」の学位論文についてのインタビュー記事「絶対探偵小説　脳髄は物を考える処に非ず」に示される。それは、日本近代精神学の立役者であった呉秀三が『精神病学集要』などで主張した当時の学界の権威的学説に対する闘争である。呉たちは精神病や精神病的現象の説明を精神能力に求めるのではなく、「精神機転の坐所」としての脳髄に求めていた。[*4] これに対して正木はこう論駁する。

> （…）吾々が常住不断に意識しているところのアラユル欲望、感情、意志、記憶、判断、信念なぞいうものの一切合財は、吾々の全身三十兆の細胞の一粒一粒毎に、絶対の平等さで、おんなじように籠もっているのだ。そうして脳髄は、その全身の細胞の一粒一粒の意識の内容を、全身の細胞の一粒一粒毎に洩れなく反射交感する仲介の機能だけを受持っている細胞の一団に過ぎないのだ。
>
> 　赤い主義者は、その党員の一人一人を細胞と呼んでいる。それと同様に細胞の一粒一粒を人間の一人一人と見て、人間の全身を一つの大都会になぞらえると、脳髄はその中心に在る電話交換局に相当する事になる。[*5]

すでに中条省平が示したように、このくだりにはベルグソン『物質と記憶』の「脳は一種の中央電話局」という記述が参照されている。[*6] 少し補足すれば、ベルグソンは心的事象の働きを実体化された器官や自我に投影する決定論から解放し、色彩の濃淡が変化していくような「内的な持続」という原理から説明しようとした。この立論を夢野は「細胞の一粒一粒の意識」に置き換え、身体から都市、党組織、さらには人間の類的記憶にまで拡張している。単純化すれば呉秀三＝近代精神医学の脳髄論へのベルグソン哲学の「電話交換局」の対置である。しかしこの対置は夢野にとっては政治的な対決を意味していた。「正木」は犯罪行為や異常心理の原因を、個人が前世から有している記憶の累積であるところの「心理遺伝」「細胞の記憶力の大作用」に求める。それは『ドグラ・マグラ』全体を貫く「胎児の夢」というモチーフの内容でもある。そしてこの「心理遺伝」＝「細胞の記憶力」＝「胎児の夢」という着想には大本教の経験が参照される。

（…）男女を問わず人間は、自分の先祖が嘗て、そんな気分、精神状態になった場面、品物、時候、天候なぞいう、所謂、暗示にブツカルと、今の大工や左官と同様に、ありし昔の心理状態に立ち帰る……（…）吾々の一生を支配している「艮《うしとら》の金神《こんじん》」というのは、実にこの「心理遺伝」の原則であるぞよ。今にドエライ証拠を出すぞよ……。

アハハハハハ。大本教のお筆先と間違えてはいけない。吾々が日常に経験している極めて平

＊1　杉山龍丸「夢野久作の生涯」、西原和海編著『夢野久作の世界』沖積舎、一九九一年。
＊2　西原和海「解題」『夢野久作全集9　ドグラ・マグラ』ちくま文庫、一九九二年、六五四頁。
＊3　同前、一二八頁。
＊4　呉秀三『精神病学集要』初版前編、叶鳳堂書店、一八九四年、第一巻「緒論」、一二、一三頁。
＊5　前掲『ドグラ・マグラ』一九七頁。
＊6　中条省平『反＝近代文学史』中公文庫、二〇〇七年、一七六－一七七頁。

凡な事実だ。[*7]

無学文盲の老女であった出口なおが、「艮の金神」の神がかりのもとで一気呵成に記した「お筆先」が、出口王仁三郎という職業的宗教者の力を得て体系化され、大本そのものも教団としての体裁を整え、機関誌『敷島新報』を発行するのが一九一四（大正三）年（のちに『神霊会』に改題）。機関誌を通して聖なる言葉＝「お筆先」が解読されることで、それは予言の言葉として注目を集め、海軍機関学校教官で英文学者であった浅野和三郎ら多くの知識人の入信をもたらした。「世界の立て替え立て直し」を唱え、天皇の廃位まで言及した出口なおと大本教が、その影響力のゆえに不敬罪と新聞紙法違反によって弾圧（第一次弾圧）されたのが一九二一（大正一〇）年である。大本に対する宗教弾圧は、一九一八年の米騒動から一九二二年の日本共産党結成・全国水平社結成などの政治過程の政治的‐精神分析的な深さを示す裏面史である。そしてその裏面史には精神医学の言説による〈キチガイ〉たちへの弾圧も含まれる。

兵藤晶子が論証しているように、一九一七年に中村古峡が創刊した日本精神医学会機関誌『変態心理』は、大本教、とりわけ出口王仁三郎が喧伝していた神がかりの行法である鎮魂帰神法を「拙劣な催眠術」と規定し、第一次大本教弾圧までその批判の先陣に立った。[*8] 鎮魂帰神法は、狐狸などの邪神を避け、審神者によって正しい守護神へと至るための行法であるが、その裾野には、当時の民間療法や近代性をまとった心霊ブームなどの潮流が広がっていた。『変態心理』の大本批判は、そうした心霊ブームが対象とする心的現象を「パラノイア」や「妄想性痴呆」といった「変態心理」に括ることで、それらの心的現象にかかわる個々人を「異常」と決めつけた。第一次大本教弾圧とは、鎮魂帰神法の信者をこうして「精神病者」として取り締まることを含んでいた。兵藤によれば、この「異常者」の摘発は不敬罪の対象の拡張へと横滑りしていく。いいかえれば、天皇制国家の強権的弾圧が〈キチガイ〉を構成し、排除していくその画期を第一次大本教弾圧がつくりだしたのである。

「精神病」に対する国家暴力は、一九七〇年代における山谷・釜ヶ崎の下層労働運動の活動家であった船本洲治と、その同志で「精神病」者集団の組織化にかかわり、一九七六年に大阪拘置所でコントノミンを大量に投与されて殺される鈴木国男の闘いにおいても繰り返される。[*9]その主題はさらに現代の精神病棟や獄中者処遇を通して展開されるべきだ。だがここでは「精神」を管理し「異常」を排除しようとする一九二〇年代の社会的権力の台頭の渦中に、杉山直樹の経験があったことをまず確認しておきたい。〈キチガイ〉という存在は社会的権力によって構成される。この社会構成的な観念が、人々の特定のあり方や行動、信仰を「パラノイア」や「妄想性痴呆」といった「変態心理」として差異化し実体化する。そして杉山直樹の場合は、国家権力と学界の特権的な言説を背景に外部から与えられたこの差異化に対する抵抗は、あくまで文学の形式を通じて実現された。大本第一次弾圧の翌年、一九二二年に杉山萌薗名で出版された長編童話「白髪小僧」をみてみよう。

2 白髪小僧

「白髪小僧」の冒頭、「唖小僧」であり「乞食小僧」である「白髪小僧」は、ある王都で川に飛び込んだ娘を救い上げる。そのお礼を自分の前に積み重ねる娘の親たちや家来を前にただ「ニコニコしてい

---

*7 前掲『ドグラ・マグラ』二七五頁、傍点原文。
*8 兵藤晶子「大正期の『精神』概念——大本教と『変態心理』の相克を通して」『宗教研究』七九巻一号（二〇〇五年）、九七頁。同『精神病の日本近代 憑く心身から病む心身へ』（青弓社、二〇〇八年）に所収。
*9 船本洲治「全ての精神「異常」者ならびに「犯罪」者は、S闘争支援共闘会議に結集せよ！」『黙って野たれ死ぬな——船本洲治遺稿集』れんが書房新社、一九八五年、二〇‐四一頁。また、鼠研究会「暴動論のための一二章」『Hapax Vol.1』夜光社、二〇一三年、一二二‐一二七頁。

るばかり」の白髪小僧のその態度の理由について、娘はすでに白髪小僧の行動がある「書物」に記されているから、すなわち予定されていたことだからお礼を受け取ることはないはずだと語る。

　この書物に書いてある事を読んで見ますと、白髪小僧様は、今までこの国の人々が見た事も聞いた事もない不思議な国の王様なので御座います。ですからこの世の中でどんなに貴い物を差し上げても、どんなに面白い物を御目にかけても、御喜びになる気遣いはあるまいと思います。そうしてそればかりでなく、白髪小僧様が妾《わたし》の命を御助け下さるという事はずっと前から定まっていた事で、その証拠にはこの書物には、妾が水に落ちましてから助けられる迄の事が、ちゃんと書いてあるので御座います[*10]。

　そしてこの「黒い表紙の付いた一冊の書物」の世界を私たちもまた読み始めるが、娘＝美留女《みるめ》姫と白髪小僧の身の上話から始まるものの、その先は空白の頁で、いつのまにか「藍丸国」の中に存在していた二人は物語を探し、物語そのものをつくっていく。白髪小僧は藍丸王となっていたが、しかし藍丸王の姿は四人の魔物によって盗まれる。他方、美留女姫は美留楼公爵の娘であったのが紅木公爵の三女・美紅姫になっている。しかし、漁師の娘の「美留藻」（＝「みるも」、これは「みるめ」の読みも可能である）に悪魔が憑りついて、美紅姫に取って代わる。つまり女王となった美紅姫もまた悪魔によってその姿を盗まれたフェイクとなり、偽の藍丸王ともども藍丸国の王権を簒奪することで国の破壊をもたらす。しかしこの奇譚はそもそも始まりの白髪小僧と美留女姫が物語＝「黒い表紙の書物」＝「石神の文」という秘密を読んだことに端を発するのであり、物語は何度もその端緒に戻るのである。

　この国の掟は「人の声を盗む者、他の姿を盗む者、他の生血を盗む者、この三つは悪魔である」ということになっているが、そもそも物語の登場人物たちがこの戒律を破って不断に他者に取って代わることで進行する。この無限の連鎖の始まりは「ニコニコ」しているだけの「唖」であり、空白のテクストとして、小説の冒頭に紹介される「白髪小僧」だが、その「白髪小僧」も、声を盗まれ、姿を盗まれるという契機を提供する。さらに悪魔たちは蛇を用いて人間の生血を吸って紅玉（ルビー）に変えることで、「生血を盗む」。こうして、空白のテクストであるからこそ、「白髪小僧」は悪魔によって人の声・姿・生血を盗む者に転化もするのだ。当然ながら「白髪小僧」のイメージに「禁治産者」を投影したくなるが、物語の無限連鎖の構造のなかでは犠牲者と加害者の区別もまた判然としなくなるのであり、そこに作品の重要な意匠もある。

登場人物の主客、原因と結果が入れ替わり、夢と現実、虚構と事実が無限連鎖の入れ子になるこの実験的な構造は、『ドグラ・マグラ』へと通じる。一切の記憶を失って鉄格子の部屋で目覚めた「私」は、「姪の浜の花嫁殺し事件」の容疑者・「呉一郎」と同化していくことで、その声と姿が他者に転移していく。また「呉一郎」は、呉家の伝奇的な縁起に導かれて、呉家の秘密の書である「絵巻物」に婚約者の死体を死姦するかのように活写することで、「生血を盗む」。だが、「白髪小僧」に対して、『ドグラ・マグラ』の場合は、声・姿・生血は他者に「盗まれる」というよりも、物語の進展のなかで他者に転移していくといったほうがふさわしい。『ドグラ・マグラ』においては登場人物たちの運命を支配する〈悪魔〉は、登場人物から自立しては存在していないのである。ここに杉山萌薗から夢野久作への表現上の技巧の転換はある。

3　神経組織化するテクスト、テクストの身体的集団化

さらに、杉山＝夢野の登場人物たちはその構造的な物語とは別に、表現がもたらす神経組織にとりこまれている。声・姿・生血の簒奪はただちに他の声・姿を書き込まれることであり、初発の空白の状

＊10　「白髪小僧」『夢野久作全集1』ちくま文庫、一九九二年、第一巻、一四頁。

態には戻れない。むしろ野放図な他者への憑依を繰り返しながら表出を続けていくのである。

「白髪小僧」の時期を経て、一九二六（大正一五）年に「あやかしの鼓」を経て職業的な作家生活に入った夢野がつくりだした〈キチガイ〉たちは、「白髪小僧」とは異なって例外なく多弁になる。そのことは一人称や書簡体の形式の作品が大半を占めていくことにも起因しているが、杉山＝夢野が早い段階から表現がつくりだす神経組織の構築について意識的だったからでもある。すでに蓮實重彥が指摘しているように、フィクションを始動するために、特定の小説は〈赤〉という色彩による「異例性による日常とは異なる時間性の導入」を遂行している。[*11]〈赤〉はフィクションが虚構のうちに獲得する非日常的なリアリティの創出をもたらす差異である。その非－時間性は、現象世界の時間とも仮構された時間とも異なって、私たちの身体感覚に戦慄をもたらす事件なのである。「白髪小僧」の登場人物たち・小道具はどうだろうか。それらは陸・海・山などの神話的に類型化された世界の構造に安定的に位置づけられているが、同時にすべて色彩を割り当てられている。すなわち、「白髪小僧」「黒い表紙」「赤い鸚鵡」「藍丸国王」「青眼爺」「美紅」「紅木」「濃紅」。これら原色の名づけは、小説の無限連鎖の構造にありながら、表象が単なる虚構へと解消されずに、事件のリアリティを刻印する。

〈赤〉による差異化が物語の遂行を支えているとする、蓮實が数え上げる小説群には、たとえば谷崎潤一郎「白昼鬼語」（一九二〇）、ダシール・ハメット『血の収穫』（一九二九）、川端康成「浅草紅団」（一九三〇）などがある。このリストに杉山直樹の一九二〇年代前半の初期作品を加えれば、フィクションにおけるリアリティの創出のための色彩という表現手法に対して、杉山＝夢野がほぼ同時代的な方法意識を持っていたことがわかるだろう。

小説が可能にするこの非－時間的なリアリティは、夢野久作名の作品群においてはるかに際立っている。原色の多用は、江戸川乱歩ら他の犯罪小説程度に少し控えめになる。その代わりに、一人称・書簡体という制約された形式が頻繁に表れる。それは喜多流謡曲教授として、謡曲の構造に馴染んでいる夢野の経験が作用しているだろう。シテ・ワキの一人語りがかわるがわる登場し、やがて混淆していく謡曲の伝奇的な構造と、声の身体性の再現への固執は、その伝奇的な主題の選択とともに、夢野の方法論において少なからぬ影響を与えている。同時に、近代小説の作法からいっても、一人称や書簡体は、仮に過去形の時制を用いていても、三人称の平叙文の過去形の時制とはまったく異なる時間性を創りだしている。しかもそれが過剰である。

　この非-時間性を創出しようとする過剰さの極みは、オノマトペ・擬態語の多用であり、副詞・間投詞や方言のカナ表記である。『ドグラ・マグラ』の「キチガイ地獄外道祭文――一名、狂人の暗黒時代」から引用しよう。

▼ああア――アア――あああ。右や左の御方様へ。旦那御新造、紳士や淑女、お年寄がた、お若いお方。お立ち会い衆の皆さん諸君。トントその後は御無沙汰ばっかり。なぞと云うたらビックリなさる。なさる筈だよ三千世界が。出来ぬ前から御無沙汰続きじゃ。きょうが初めてこの道傍に。まかり出でたるキチガイ坊主……スカラカ、チャカポコ。チャカポコチャカポコ……[*12]

　願人坊主の阿呆陀羅教に乗せて、出口なお「お筆先」の言葉も想起させながら、「キチガイ坊主」の戯言としてこの祭文は誦唱される。この祭文の作歌者名の「黒面《くろも》楼万児」は、能「三番叟」において最大の霊威を有する黒い翁の仮面=黒式尉と卍の組み合わせと読めるだろう。内容は明快である。すなわち、「▼あ――ア。ナント恐ろしキチガイ地獄じゃ。サテモ恐ろし精神病院」「人の病気を治癒すが役目じゃ。そこでお医者の仕事の中でも。人の身体の狂いをなお

＊11　蓮實重彦『「赤」の誘惑――フィクション論序説』新潮社、二〇〇七年、一〇七頁。

＊12　前掲『ドグラ・マグラ』一三二頁。

す。外科や内科の治療の仕方と。人の心の狂いをなおす。精神病院の手当ての仕方と。違うところを比べてみます」「人の心は診察出来ない」「診察治療が出来ないお蔭で。お医者がステキに儲かる話じゃ」。この調子で一〇節からなる祭文は、科学的言説をもって身体的局所に原因を求める近代精神医学の治療法や「唯物科学」を批判し、その治療が恣意的な「精神病」者の捏造や財産相続事件にからんだ家族がかりの不法監禁とつながることを告発する。そして、薬物投与や手術、拘禁をおこなわない「解放治療」の方針を宣伝し、そのための寄付を募るために、この祭文を記したパンフレットを広めてほしいと訴える。

阿呆陀羅教のリズムは、謡い、演じられるパフォーマンスを模倣する文体を創りだすために用いられている。それは紋切り型の世相批判の体裁を取りつつ、アカデミアの権威的な言説で語られる内容を、階層の異なる個々人が、それぞれ多様な動機づけを可能にするような空間に開く[*13]。それゆえ、次のように説教節と近代科学批判、そして「精神病」者たちの地獄を飛躍して結びつけることが可能になる。

▼あ――ア。両手合わせる千万無量じゃ。古い伝えは延喜の昔に。あのや蝉丸、逆髪様が。何の因果か二人も揃うて。盲人と狂女のあられぬ姿じゃ。父の御門に棄てられ給い。(…)切羽詰まった秘密の処分《さばき》は。古今東西いずくを問わない。(…)

▼あ――ア。是非と道理がいえないものだよ。そんな事情で野山の涯に。迷う憐れな患者の中でも。すこし正気の残った者なら。他所の掃溜あさってみたり。物を貰うて又生き延びるよ。そのうち正気に帰るにしても。そこでこの世の悲しさ辛らさが。遣瀬ないほど身に沁み渡る。又は吾身の姿に恥じて。残る家族のためぞと思い。人を諦め世を諦めて。流す涙が乞食の姿じゃ。(…)しかも左様なミジメな姿は。みんなこうした地獄のあわれを。知らぬ顔する国家や社会が。いっそ死ねよといわないばかりの。冷たい仕打ちに消え行く数の。千か万かの一人

や二人じゃ……。[*14]

アカデミアの言説批判から、説経節を介して、家族・親族から排除され生き地獄にさらされている「精神病」者の存在へと降りていく。それは、説経節や声明《しょうみょう》などの既成の俗謡・俗言・俚諺をつぎはぎした言説によって構成される習俗的で身体的集団的な神経を刺激する。その刺激を作品のうちにつくりだすのである。病院内の出来事に終始するこの作品は、こうして病院の外に排除され、放擲された人々の身体を作品のうちにおさめる。それは結局のところ「胎児の夢」に集約されていくとしても、差異化された非‐時間性によってつかまえられる身体である。こうして、文学的に高度な方法意識によって、他者に声・姿・生血を収奪され、その残影のなかでしか自らを表象することができない〈キチガイ〉が差異的に創出される。こうして、〈キチガイ〉というサバルタン階級が現前する。

4　おわりに——犬神博士

理論武装した「精神病」者というサバルタン階級の神経組織のうちに、夢野久作が寄せ集めたのは、貧民、ルンペン・プロレタリアート、そして身分制的で職能的な周縁性をまとった被差別芸能民である。下層社会に題材を得たそうした作品群のなかに、「犬神博士」（一九三一‐三二年）がある。芸者遊びのなかでもとりわけ卑猥な演目を模倣する大道芸「アネサンマチマチ」を得意とする「チイ少年」のパフォーマンスが、「風俗壊乱」を食い破って、地方政治家、警察権力、右翼の玄洋社らの神経を刺激し、石炭鉱山の経営をめぐる抗争をエスカレートさせていくこの作品でも、物語を遂行していくのは過剰に非‐時間性的な言葉の洪水である。

＊13　ここでは川田順三のオノマトペ論を参照している。川田順三『口頭伝承論　上』平凡社ライブラリー、二〇〇一年、二八頁。
＊14　前掲『ドグラ・マグラ』一四九‐一五〇頁。

吾輩が半畳の舞台で盛んに馬力をかけて、小さなお尻を器用に振りまわす。見物がドッと来る。今にも穴の明かないお金が降りそうな空模様になっているところへ、群衆を押し分けて、四十か五十位のオヤジが出て来る。ソイツが区長さんとか村長さんとかいう人間で、大道芸人に云わせると、やはりケダモノの一種なのだ。「コラッ。この村でコンゲな踊り踊らする事ならん。(…)三つや四つの子供が尻打ち捨るのが何が面白いか。ソンゲな隙に田圃のシイラでも引け。帰れ帰れ」。こんなケダモノに出会ったら何もかもワヤだ。営業妨害もヘッタクレもあったものでない。匆々《そうそう》に莫蓙を捲いて逃げ出さねばならぬ。[*15]

一九一七年、米騒動と第一次大本教弾圧の以前に、こうした大道芸が人々の生活を彩っていた市井の気分を、奇跡的に残った一九一七年の映像でみることができる。ベンジャミン・ブロスキー社が日本の帝国鉄道院の協力をえて、海外への日本紹介のために作成された"Beautiful Japan"(一九一八年)に、「チイ少年」とほぼ同年齢の少女(「少年」かもしれない)が大道で芸者踊りをして大人気を博している様子が写し撮られている。エキゾチシズムを期待するブロスキーの奇異のまなざしにさらされていても、そのパフォーマンスは十分に差異的である。

「禁治産者」の経験がただちに被差別芸能民との政治的な結合を可能にするわけではない。夢野の作品「骸骨の黒穂《くろんぼ》」(一九三四)における「ユダヤ人」「穢多」あるいは「サンカ」についての記述に対して、九州水平社がそれを糾弾したことの正当性と夢野の表現の差別性については、実子・三苫鐵児氏の「解説」以上に付け加えることはない。[*16]

夢野が触れえたであろう実際の「チイ少年」たちの世界と、それへの夢野の向き合い方について、私は「犬神博士」を通してしか知ることができないが、それが唯一の肯定的な向き合い方だったとは、私はまったく思わない。「チイ少年」が成長して「犬神博士」になるという意匠それ自体が、多少なりとも近代の被差別芸能民の習俗や処世、職業意識を知っているものからすれば、二つの全く異なるバックグラウンドをもつ人的形象を結び付けることが、私の想像をはるかに超えている。そうして延長された想像力には、むしろ大きな過誤や偏見が含まれているだろう。だが、無数の「チイ少年」たちのパフォーマンスを、「松原の中の穢い一軒家に住んでいる」「犬や猫をゴチャゴチャ飼って、頭や髭を延び放題にして、夏冬ブッ通しの二重マントを着て、福岡市中をブラブラ歩きまわって、掃溜や塵箱を掻きまわしている」「キチガイ」と重ね合わせることができるのは、きわめて限られた能力の持ち主だけだ。[*17]その構想力こそ、私たちが求めているものだ。夢野を糾弾した九州水平社が獲得しなければならなかったものだ。〈夢野久作〉という文学の革命性と知性がそこにある。

＊15　「犬神博士」『夢野久作全集5』ちくま文庫、一九九一年、二六頁。
＊16　三苦鐵児「解説　『迷宮』の父」『夢野久作全集4』ちくま文庫、一九九二年、四一九－四二四頁。
＊17　前掲「犬神博士」九頁。

『新カラマーゾフの兄弟』のメタ・クリティーク

1 〈父殺し〉の欲望・欲動

『新カラマーゾフの兄弟』において、作者がオリジナルの『カラマーゾフの兄弟』に読み取った主題の一つは〈父殺し〉であった。ところで第一に、父殺しとは、息子たちによる、父から母を奪おうとする殺人である。そしてまた、男たち＝夫と息子たちの欲望に同化する母と女たちが加担する夫殺しである。まず、この〈父殺し〉の問題系から物語のメタ精神分析的構造を把握しておこう。

本編の舞台となる黒木家の父・黒木兵午の後妻である黒木園子は、感応性が高く、霊能力をも持っていたとされる。「園子の性格でまっさきに挙げられるのは、その精神面の特異さである」（上：55）[*1]。しかしその特異性が描写されるのは、三男であり本編の主人公である黒木リョウへの態度においてである。「明日は一日、外に出ちゃぜったいにだめ、（…）あなたにもしものことがあったら、母さん、生きていけない。（…）母さんはね、とても苦しいの、だからせめてリョウぐらいは母さんの言いつけしっかり守ってね。そうでないと、母さん、生きていけないから、よい子だから、助けて……」（上：55-56）。リョウの死を恐れる園子のこの言葉は、彼女が息子との同化を望んでいることを示している。夫＝男が欲望する処女性と貞節が守れないことを知っている母は、つねに夫に拒否され裏切られることを恐れている。だからこそ息子に助けを求める。だが、息子に対し、母であり続けることの不安に耐えることもできない（実際、園子には「横山」という男との噂がついてまわっている）。こうして男たちの欲望との同化のファンタジーとその不可能性に苛まれた母は自死を選ばざるをえない。

黒木家の三兄弟、ミツル、イサム、リョウはいずれも母＝女たちに対する欲望と、それゆえの処女性と貞節に対する根源的な不安を抱えている。ミツルにおける婚約者・吉本瑠佳との関係、イサムにおける妻・香奈との関係、然りである。救世主たることをあらかじめ約束されているリョウにおいても事態は同じである。リョウが少年期にブロンテ『嵐ヶ丘』のヒースクリフとの同化の欲望を経験しているのは、キャサリンの裏切りに怯えるその心情に対する同化であり、次に『ハムレット』のオフィーリアを憧憬するのは、その処女性と貞節への憧れのゆえである。

女たちもまた男の欲望に同化しようとする存在として描かれる。香奈は過去にミツルと関係があり、しかしミツルに借金をしたことで愛情と信義を失い、捨てられた経験がある。吉本瑠佳は、母によって、ファルスの欠如をトラウマとして刷り込まれて育った。生前の黒木兵午と関係があり、その背信から、婚約者でありつつもミツルを避けるようになり、黒木家の法要を欠席する。その瑠佳には次のような母の言葉が反響する。「《あなたは、一人では足りないよ。いつもそう。小さいときから。そのあなたが、

＊1 以下、亀山郁夫『新カラマーゾフの兄弟』上・下（河出書房新社、二〇一五年）からの引用は（上：頁数）のように文中に記述する。

負けたの。あなたはけっして勝てない子なの。それは私が悪いのじゃない。あなたが悪いの》」（上：148）。瑠佳は刷り込まれたその欠如ゆえにかつて黒木兵午の歓心を「道具と写真」で買おうとしたことがあり、それは黒木家の三兄弟と香奈のなかに波紋をもたらす。

東京外国語大学のロシア語科教員であり、作者の分身とおぼしきKの場合は、バス停で見かけた、ショーペンハウエルの『意志と表象としての世界』を読んでいる「白いワンピースの女」に心を奪われ、中野区野方の「ホメオメディィ」診療所へと踏み入ることで、物語が用意した陰謀に巻き込まれていく。この「白いワンピースの女」は処女性と知性（そしてやがて霊性も）を備えた、理想の女というファンタジーの対象である。Kの妻・文奈は野良猫の「ノラ」を拾うが、常にKの聞き役に徹することで、イプセンの〈ノラ〉たりえないまま、Kの主体性を担保する。Kはまた実の母と交わる夢を見たことが三度ある。さらに、「ホメオメディィ」および新宗教団体「天日天人教」の海外戦略にかかわる「赤い液体」を入手したことで、それを母と一緒に飲む夢を見る。それは「父殺し」の欲望であると精神分析医に診断されるが、夢では母もまたその「赤い液体」を飲んでいることで、Kの父殺しが母と息子の共謀として夢想されていることも、示唆される。Kにおいては、大学の恩師であり、ロシア文学者として永遠のライバルであるXに対する〈父殺し〉の欲望もまた重ね書きされている。

『新カラマーゾフの兄弟』の男たち・女たちは、こうして〈父殺し〉の分有と、その欲動を通じて物語に結びつけられている。

ところでオリジナルの『カラマーゾフの兄弟』同様に、本編でも舞台となる黒木家の父が遂げた不審な死が物語の縦糸となる。黒木兵午の死因も他殺であり、その実行犯は、黒木三兄弟とは実の兄弟のように育てられた須磨幸司であった。彼は物語の終盤で、すべての罪をミツルに着せて、山中湖で自殺する。その工作はただちに明らかになるが、その行為には背反する二重の意味が付与されている。すなわち、死を賭して偽装工作をはかった底知れない悪意の存在と、その悪意が当事者が死ぬことでは償い得ないということと、しかしまた、〈父殺し〉の実行犯は応分の償い（＝死）をしなければならないという倫理的な命題である。『新カラマーゾフの兄弟』が、無限に連鎖する〈父殺し〉――「黙過」と「使嗾」を通した――の主題を展開しながら、物語としてのカタルシスを保証しているのは、実行犯には死を用意し、欲動の連鎖に連なっている、それ以外の登場人物たち＝共犯者たちには、相応の幸福を用意しているからである。だが、償い得ない悪意が存在し続けるという落ち着きの悪さを、この物語は保持し続ける。

〈父殺し〉の欲動の連鎖が拡張されていくとき、問われているのは、誰がどこまで、どれだけの責任を負うべきなのかということである。欲動に連なる全員に責任があるとするのは、誰も責任を取らないのと同じことである。だが、いわばこの無責任の体系は、本編においてはグローバリゼーションの時代の特徴だとされる。「大審問官」の章において、ここでもオリジナルと同様に、大審問官が救世主イエス・キリストを不要とすることの問題性が、イサムとリョウのあいだの会話で示される。イサムの言葉「グローバリゼーションは、偉大な父殺しだからね。精神的に高い価値などいらない。そこではもう、すべてが許されている世界が現出することになるさ」に対して、リョウは反論する。「兄さん、それは父殺しじゃありません。（…）本当はちゃんと殺さなくちゃいけないのに……」「人間が生きているかぎり、父殺しは避けられないのです。そのことはけっして隠してはいけないって言いたいだけです。父殺しを隠して、結局それを不可能にしてしまうのがグローバリゼーションなんです?」（上：605）。

〈父殺し〉の象徴性はフレイザー『金枝篇』のネミの王の神事、およびそれをモチーフとした大江健三郎の『水死』など、王権の交代の物語として論じられてきた。ただしここで問題化されているのは、〈父殺し〉の欲動と欲望の連鎖に連なりながら、その倫理的責任をあいまいにし、それを隠すことの堕落についてである。しかもこの〈父殺し〉とは、神を殺すものとしての〈原父殺し〉のことでもある。

実際、フロイトの『モーセと一神教』にならえば、エジプト人としてのモーセの出自が忘却されたことでユダヤ教は「化石化」し、ユダヤ民族にその受難がもたらされ、後世にあらわれたキリスト教に取って代わられた。しかしキリスト教の場合でも、キリストの殺害は「原罪」の観念を残したが、殺人行為の記憶は抑圧された。「神を殺したとの告白は、ありとあらゆる歪曲が加えられているにもせよ、進歩を秘めている」[*2]。それは高い精神性と感受性・感覚性の欲動断念なき〈生〉の発展を意味するからである。

ただしここで、「大審問官」におけるミツルとリョウのやりとりから引き継ぐべきなのは、〈父殺し〉を隠さないということは、赦しを乞うことと、その永劫の不可能性に直面し続けることの倫理性である。これをグローバリゼーションという資本の支配にひきつけてみれば、それは善悪の基準を吹き飛ばし、悪に加担する私たちから罪の意識を取り除いてしまう。〈父殺し〉を問うことの意義は、赦しを乞うこととセットで語られなければならないのである。

2　赦しを乞うこと

だがこの地点で、『新カラマーゾフの兄弟』の読者としての私は立ち止まる必要がある。〈父殺し〉に対して赦しを乞うことと、その不可能性と、この物語とは言語遂行的にどれだけつりあっているのだろうか、と。私は、オリジナルの物語の反復として書かれた『新カラマーゾフの兄弟』が、不可避的に直面しているこの困難について考えなければならない。

赦しの不可能性にかかわって、デリダは、赦しとは偽証が前提に書き込まれていると主張する。赦しを乞うかを得ることの不可能性を知りながら、赦しを乞うからである。そこには正を求める不正が前提になっているのだ[*3]。さらにデリダの語法にしたがって言うならば、赦しを乞うことを言語活動によって反復することは、そのエコノミーによって、悪そのものを忘却し、無化してしまう[*4]。また、赦し得ない悪は、時効にかかり得ないことも指摘する必要がある。[*5] 人道に対する罪には時効はない。日本においては、二〇一〇年に改正刑事訴訟法によって、「凶悪犯罪事件」の公訴時効は無時効となった。ここで「時効にかかり得ない」とは、そうした法の時間のエコノミーとは異質な問題だということである。なぜなら悪は、どのようにしても赦し得ないからである。アジア太平洋戦争における日本帝国主義軍隊の統帥権の全権を有していた昭和天皇の戦争責任は、時効の有無とは関係がない。むしろ、赦し得ないとは、刑訴法上の時効がないのであり、時効そのものとかかわりがないことを意味する。したがって、言語のエコノミーと法の時間のエコノミーに、悪と赦しの問題系をさらすことはリスクを伴うのである。それは以下のような場合である。

フョードル・カラマーゾフ殺しの実行犯であるスメルジャコフの悪の欲動に、一度は接続した少年イリョーシャの葬儀において、イリョーシャの死に捧げる行為遂行的な発話を通して、悪からの救済を祈念するアリョーシャのアドレスで終わるドストエフスキー『カラマーゾフの兄弟』の終結は、『新カラマーゾフの兄弟』においては、救世主としての超越的な権威のもとで「共感力」を強調する黒木リョウの天日天人教の二代目教団長としての就任挨拶にとりかえられ、再言語化される。むろんアリョーシャの言葉も偽証を免れ得ないだろう。どこまでもイリョーシャに誠実であろうとするが、イリョーシャはすでに死んでいるのであり、その言葉を保証するものはないからである。だがそれゆえにアリョーシャの言葉は、時効とは無縁の無限の責任を引き受けるものでもある。その意味で言語遂行的なのだ。だが『新カラマーゾフの兄弟』におけるリョウのアドレスは、信者たちを直接の対象としているとはい

＊2　ジークムント・フロイト『モーセと一神教』渡辺哲夫訳、ちくま学芸文庫、二〇〇三年、二二八頁。
＊3　ジャック・デリダ『赦すこと――赦し得ぬものと時候にかかり得ぬもの』守中高明訳、未來社、二〇一五年。
＊4　同前、七七頁。
＊5　同前、一八頁。

え、あたかも不特定多数の現代人に向けて発せられる言葉であり、不可避的な偽証の重ね書きである。それは不誠実な行為にいたる危険を伴っている。一回性の、倫理的な切迫性を有する赦しという問題は、言語遂行性を離れた普遍的なアドレスへと語り直されてしまうのである。では、『新カラマーゾフの兄弟』が負っているこのリスクを検討することは、私たちにどのような意味を与えるのか。

3 救世主の言説

『新カラマーゾフの兄弟』において、欲動の無限の連鎖は、「黙過」と「使嗾」のメカニズムの記述を通して遂行されている。それはたとえばつぎのような会話である。ミツルがロサンジェルスで買い付けの仕事でアシスタントを頼んだ瑠佳との、二度目のデートの場面である。

「瑠佳さん、これから君をアパートまで送るよ。もう遅いから」

瑠佳はそのまま動かなかった。

「今日は、お帰り、ぼくもそばにいてあげたいけれど、このままでは苦しいことになるしね」

（…）

「送ってくださらなくてもいいわ」

瑠佳はそう言って、小さく微笑んだ。

「いや、送るよ」とミツルが言うと、瑠佳は一瞬、右手をかたく握りしめ拝むような悲しげな表情を見せた。ミツルはそのときの表情をその後もしばらく忘れることができなかった。

（上：199）

このあと、部屋にもどったミツルは瑠佳の夢を見る。夢のなかで瑠佳は「ミツルさん、あなた、私があなたを好きだと思っているんでしょう」と告げ、ミツルを唐突に刺す。倒れていくミツルは、覗き込んだ瑠佳の顔に園子の顔を見る。そして眠りから覚める。救世主となることを約束づけられているリョウをめぐる物語が、原父殺しにかかわっていることと異なって、『新カラマーゾフの兄弟』の二人の兄弟にかかわる物語は、男の欲望に同化する女たちと、しかし同化することへの不安と、女たちの欲望に同化する男たちの物語である。当然といえば当然ながら、こうした設定は現代日本に物語の舞台を置いていることに起因する。この作者に課されているのは、現代日本の手がかりから、キリスト教社会の原罪やイスラーム社会の審判の罪に匹敵するような罪と、それに対する赦しという問題系を構築することなのである。それゆえまた、ミツルの夢に登場する園子は、その人物造型とは別に霊性が希薄であるため、近親相姦のファンタジーの対象以上の意味を持っていない。すなわち、『新カラマーゾフの兄弟』は、それが発しようとするメッセージと物語の舞台と枠組み、そしてそれらのつりあいに起因する困難性をかかえこんでいる。

だが、もうひとつ、異なる視角からの、しかし根本的な問題を指摘しておきたい。それは宗教思想を語る文体の問題である。天日天人教の二代目教団長としてのリョウの挨拶は、題目を導入する係助詞「ハ」あるいは主語を提示する格助詞「ガ」がきちんと添えられた、端正な日本語であり、判断文である。

「私は、就任の挨拶をどのようにすべきか、この一ヵ月間、思考に思考を重ねてきました」
「私は、幼いときから、罪の感覚に支配されて生きてきました」
「人間は、罪深い存在であり、だれもが罪を犯しています」
「天日の思想は、恩寵の思想です」
「人生は、心のもちようによってどうにでもなります」
「私の信念は、悲しみのなかに幸せを求めることです」
「私の人生にとって決定的な転機をもたらしたのが、今年一月の阪神・淡路大震災でした」（下：744-752）

「ハ」「ガ」によって題目や主語が提示され、述語と対応するこうした構文とは異なり、最初の題目の提示のあと、その後は「ハ」「ガ」句は省略される構文が日本語にはある。三上章が「ピリオド越え」と呼んだこの構文の構造は、文末までの勢いをより強くする。よく知られている三上の文例は、「我輩は猫である。名前はまだ無い。／どこで生まれたか頓と見当がつかぬ」である。「わが輩は」は二つめの文から省略されている。

三上章の論証を引用しながら、浅利誠は、「ピリオド越え」にみられる格助詞・係助詞の機能とその省略に、存在論的な働きを見出している。それは、論文「歴史意識の古層」において丸山眞男が提示した、「つぎつぎとなりゆくいきほひ」の再解釈を迫る、日本思想と日本語との内在的な関係の把握である。浅利の言葉を参照しよう。

> 日本語においては、文頭にくるもの（詞）と文末にくるもの（助詞または用言の活用語尾または零記号）、この二つは、どのようにつながれている（統合されている）のであろうか。インド＝ヨーロッパ語（屈折語）においては、柄谷の言うように、「主語と述語を分割し且つつなぐ繋辞としてのbe」によってである。日本語（膠着語）においては、三上の言うように、述語一本立てという構文論的構造が問題なのだから、インド＝ヨーロッパ語の中で生み出された存在論、存在論的判断論において問題になる用語としての繋辞（コプラ）は、伝統的な判断論の文形態として比較した場合には、ほぼ日本語のハがそれにあたると見ていいように思われる。しかし、それは、さっき見たように、西洋の文を基準にして考えた場合にはという限定を付けないと意味をなさない。
>
> 私としては、〔…〕「ピリオド越え」があるときには、常に日本語における繋辞（それがあるとして）に相当するものが働いている（職能を発揮している）のだと考えたい。つまり、具体的な形で明示できる助詞（辞）の職能というよりも、概念に還元できない「働き」として感じとられている何ものかなのではないかと思うのである。[*6]（傍点は引用者）

浅利はピリオド越えによく示される構文と、それがつくりだすリズムに、日本思想の文体的な、思惟様式を見出している。しかもそれは行為遂行性と同様の効果をつくりだすのである。ここで、〈原父殺し〉の思想を含んだ、ピリオド越えの宗教的言説を例示しよう。大本教の教祖・出口なおの「お筆先」である。

①「艮《うしとら》の金神《こんじん》は小さい事は嫌ひであるぞよ。大きな事を致す神であるぞよ。世の変り目であるから、世界の守護は皆此神が致して居るぞよ。大きな事を致すぞよ。此神、病直しの神でないぞよ。世界の守護を致す神であるぞよ。人民の知らぬ事であるぞよ」[*7]（「筆先」一八九七＝明治三〇・七・一八）

②「艮の金神は我でしくじりた神なれど、こんな大望な御用であるから、我がある様な神でないとこんな大望は出来んなり。我を出しては此世が治まらんから、此出口の身魂がこしらへて苦労させてありたのざ。出口の身魂、控へめの身魂にしてあるんざど。其控へて居るのが分るぞよ」[*8]（一九〇一＝明治三四・二・二四）

③「せかいわみなてんちのかみのものざぞよ。こんどよのたてかえになりたら、こんどわけてみせてやるぞ。てんのへいかも、こをわざいぶしんぱいざど。このしんばいもあるはずざ。このけこなにほんの九にをがいこく九じんにじよをにいたされて、てんしともすざけざどよ。（…）じんびきいたされよ。」[*9]（一九〇〇＝明治三三・二・二三）

大本教の教祖・出口なおの「お筆先」は、なおが神がかり状態になったときに聞こえた神の声の記録

＊6　浅利誠『日本語と日本思想——本居宣長・西田幾多郎・三上章・柄谷行人』藤原書店、二〇〇八年、三〇二頁。
＊7　安丸良夫『出口なお』朝日新聞社、一九八七年、一二九頁。
＊8　同前、一三一頁。
＊9　同前、二〇一頁。

である。これらの「お筆先」は出口王仁三郎の整理と校訂を経ている。しかし、行動を共にしたなおと王仁三郎の、初期大本教共同体の言語を伝える史料であり、それはなおの言葉のリズムと息遣いを残したテキストとして読むことができる。①、②ともに「艮の金神」は二つめの文以降は省略されている。③に漢字をあてて現代仮名遣いにすれば、「世界はみな天地の神のものざぞよ。今度世の立替になりたら、今度分けてみせてやるぞよ。天皇陛下もこんど（？）はだいぶ心配ざど。この心配もあるはずさ。この結構な日本の国を外国人に自由にいたされて、天子と申すだけざどよ。（…）陣引きいたされよ」となる。「陣引き」とは退陣・退位を意味し、天皇の退位を迫っている。これは〈原父殺し〉の主張である。

出口なおの「お筆先」は、確かに松方デフレ期の本源的蓄積を経験した近代日本の最下層から発せられたラディカルな近代批判・産業社会批判という時代的制約を有している。だが、一回性の切迫した経験が行為遂行的な発話となり、それが言説的実践となることにおいて、時代的な制約はあまり関係がない。いつ・どこでもそれは生じる。そしてその切迫性によって、日本語の構文の特性に従って表現される思惟様式が端的に示されるものとなっているのである。

「お筆先」の切迫性は悪に対する赦しを乞うものの切迫性ではない。神という超越的な存在からの発話である以上、赦しを乞う必要がないからである。だがまた普遍的な権能を発揮してもいない。この発話は、具体的な、個人としての出口なおの語彙と身体性に即しているという意味で、さらに、神の発語であるという理由から、普遍的な翻訳＝共約可能性をあらかじめ拒絶しながら、発せられているのである。なおは救世主である。しかし、本来、救世主の言説は置換不可能な神の発語である以上、判断文のような形式をとらない。

こうした言説を適切に扱えるかどうかは、救済や救世の思想を、その概念によってではなく、その行為遂行性の意味において、どれだけ理解できるかにかかっている。『新カラマーゾフの兄弟』が切り開いた言説上の実験は、ただちにそうした問題を呼び込むのである。このことは、ドストエフスキーの『カラマーゾフの兄弟』が、文学でありながら宗教的啓示でもあることの意味を、逆照射してもいる。

私的短歌論ノート

――吉本隆明『初期歌謡論』に寄せて

1　明日もまた早朝給水に並ぶべし小さき犬を抱きて眠る（読売歌壇二〇一一年四月一八日）

膨大な量の震災短歌のなかからこの歌を掲げるのは、この作者の個人史を私が少し知っているからである。作者は一九三三年一二月二三日に関東地方の農村で生まれた女性である。生年月日を明仁と同じくする。したがってアジア太平洋戦争を経験しており、戦後の日本占領期と戦後改革を知っている。一〇歳年上の兄は一九四五年にビルマのヤンゴンで戦死している。中学教師と結婚し、保母として保育園に勤め、二人の子どもを育てた。古典和歌・短歌を愛好し、新聞短歌への投歌を楽しんでいる。

歌の内容については多く語る必要がないだろう。下句の「抱きて眠る」に『萬葉集』や作者が愛読する『昭和萬葉集』の響きを感じとり、ひとつの類型的な情緒的世界を読みとることも可能である。また同時に彼女の個人史を踏まえた深読みも可能である。

戦争の世紀を生きてきた世代として、生きることへの自信と意思は「並ぶべし」に表現され、しかし寝床についた孤独な時間において、「小さき犬」は最後の儚いぬくもりかもしれない。

短歌としての端正な形式を守ることで発せられる叙情と、普遍的だが個人的な時間が凝縮している瞬間がここにあるだろう。経験を言語によって再構成するすべを知っているこの歌を、ひとつの〈民衆〉の声といってもいいだろう。定型詩は類型化された叙情と個人的で実存的な時間の結晶化である。それを通して、人間の経験の数だけ存在してきた、それぞれが蓄積してきた時間の意味について考えることができる。一九七〇年代以降の吉本隆明の詩的言語と消費社会についての多くの論考とは、そのような経験に意味を与えようとする試みであったと思う。そうした見通しから、本稿では『初期歌謡論』をとりあげてみたい。

2 『初期歌謡論』

吉本隆明『初期歌謡論』は「文藝」一九七四年一〇月号から一九七五年四月号に連載され、河出書房新社から一九七七年に刊行された。同書は古代歌謡の成立から定型韻律詩としての和歌の成立まで、折口信夫の古代文学論を手がかりに、記紀、祝詞、八代集を論じた労作である。章立ては「歌の発生」「歌謡の祖形」「枕詞論」「続枕詞論」「歌体論」「続歌体論」「和歌成立論」となっており、古代的呪術的な要素を残した万葉集から、内在的な定型構造が成立する『古今集』、そして詩的仮構の世界を構築した『新古今集』という、常識的で時系列的な文学史を踏み外さずに書かれている。吉本は文中で、表現史は文字の歴史と異なって時系列的に進むものではなく、飛躍や退行がおこると述べてはいるが、それは吉本の考える表現史において本質的な事態ではない。この著作では『言語にとって美とはなにか』（以下、『言語美』と略記）の指示表出・自己表出という概念は用いられていないが、叙景と叙心の推移には『言語美』の議論が踏まえられている。また枕詞論や祝詞論の分析では共同幻想的な基層の記憶がしばしば適用され、『共同幻想論』が踏まえられていることが明らかである。その意味で六〇年代の作業の応用であり延長線上にある。ただしこの『初期歌謡論』が今日の時点で興味を引くのは、それが八〇年代の『ハイ・イメージ論』（一九八五－八八年）を準備する予備作業であった点である。高度資本主義の消費社会の人工的な情景を感性的な自然化としてとらえ、その心的なリアリティを展開していくに先立って、定型詩の定型たるゆえんの量的分析がおこなわれたわけである。『初期歌謡論』とは、定型の成立を心的リアリティの確立として内在的に論証しながら、そこに表現史の時系列的な展開を重ねようとする試みであった。それによって吉本は人工物が感性において自然化される条件と、それが経験の合一性において理解される条件を見定めたかったのである。しかも『初期歌謡論』の連載終了時は、のちに吉本が絶賛する荒川洋治の『水駅』刊行と重なる（一九七五年）。すなわち、荒川洋治の出現に呼応するかのように、吉本は新しい詩的感性の到来を予期していた。その道筋において、表現史における定型詩の世界の検討は不可欠だったのである。

この時期、定型詩の検討はひとり吉本だけの課題ではなく、まさに文化的状況が要請する論点であった。小野十三郎の「奴隷の韻律」論から大江健三郎、臼井吉見、唐木順三までの短歌批判を参照し、さらに自ら短歌形式を厳しく自己批判した上で、それを再肯定する佐佐木幸綱『萬葉へ』（青土社）の刊行が一九七五年、さらに一九七六年には塚本邦雄が寺山修司との対談で「今じゃ短歌形式に対する不信は、現在、ほとんどなくなった。これは黄金詩型だと思う」「今じゃ短歌形式に完全に惚れ切ってしまっているとも言えます」と、まるで宿業を受け入れるかのような定型讃美をおこなった。[*1] 塚本はさらにこう続けている。

たとえば花生けが一つある。なまじっか花を生けるよりも、その入れ物だけ残しておくほうがずっと美しい。そういう入れ物のあり方、形式の置き方もあり得る。そういう意味でぼくは形式を愛してもいるんです。

形式のほうから誘いかけられ、惰性的に情動を形成する五・七・五・七・七の形式性への愛着である。折口信夫はこの情動に身を任せることが古代的な秀歌の条件とさえいっていた（後述）。「奴隷の韻律」に開き直った塚本の発言を直接念頭に置いていたかどうかは定かではないが、この当時、金時鐘がやはりこうした生花を事例にした形式の肯定を厳しく指弾している。

（…）日本人は「あるがまま」の自然観を貴ぶわりには、その実、「あるがまま」を端正な形でしか要求してこない。朝鮮人の私にしますと、この「端正さ」が、日本人に対する私の恐れの主要な要因なんです。

たとえば、お茶とか華道を見てもわかりますよ。あるがままの状態を生きるということは、非常にしたたかな精神秩序だとは思いますが、それの反転するバネみたいなものが、自然をより端正に模して生きるという形をつくりだすんですね。（…）それによって頂点は絶対不可侵の「権威」となって、その「権威」は必ずといっていいほど、純一な潔癖さを発揮するものに「天皇」があるような気がする。この整序される端正さがこわい。なぜこわいかと言うと、日本人の好む美というのはいつも端正に整理されていて、醜さを容認する余地など全然ないんだから。[*2]

金はこのあと在日朝鮮人と被差別部落の「醜」の構造を対置することで、階層化され序列化された「美」に対する反論を展開する。

＊1　塚本邦雄・寺山修司「言語と非言語」『国文学 解釈と教材の研究』一九七六年一月号。

＊2　金時鐘・野間宏・安岡章太郎「差別の醜さと解放への道」、野間宏・安岡章太郎『差別・その根源を問う』下、朝日新聞社、一九七七年、三一頁。

詩人・歌人たちの短歌形式をめぐる論争の結論は定型性の否定には至らない。『古今集』『新古今集』で確立される詩的フィクションの世界の内的な確立を確認することで、定型性は常に肯定されるからである。ただし、歌人たちの議論が定型性の肯定ではあっても、それがただちに短歌的叙情の肯定ではないことは留意しておく必要がある。以下で見るようにたとえば佐佐木幸綱はあくまで歌が生まれる瞬間の実存性に注目しており、それは通俗的な叙情に普遍化できるものではない。塚本邦雄や岡井隆もまたその叙情に抵抗する差異化の詩的実験を繰り返してきた。この対極的な立場と、そのあいだをつなぐように存在する差異化の詩的実験の意味は大きい。そのことを意識しながら、一方での定型性の肯定があり、他方で小野十三郎や金時鐘などの現代詩の詩人たちの定型韻律の否定があるという布置を理解しなければならない。ところで吉本は詩的言語をめぐるこうした布置を十分に自覚していたはずである。そうした詩人・歌人たちの対抗的な布置のもとで、『初期歌謡論』とはどのような試みであったのか。そのことを、『初期歌謡論』がともなっているひとつの瑕疵を中心に論じてみよう。

3　佐佐木幸綱の柿本人麻呂論

『初期歌謡論』の瑕疵は、佐佐木幸綱との対談であきらかになる。佐佐木幸綱の東歌論や柿本人麻呂論に触れて、吉本は詩形式の変遷を追うという自分の方法論が限界をもっていたことを告白している。

形式的な変遷がどうなっていくかをかんがえてきたものですから、ある意味で、全く具体性を欠き、歌のイメージから離れてしまう感じがしてきてどうしようもない。でも佐佐木さんの考察はこちら側にイメージを引っ張ってくる作用があって、たいへんリアルに歌の姿が浮かんできたようにおもうんです。[*3]

吉本の佐佐木幸綱に対する評価は、たとえばつぎのような人麻呂の和歌の解釈を指している。人麻呂の歌「秋山の黄葉《もみぢ》を茂み迷ひぬる妹を求めむ山道《やまぢ》知らずも」について。

一面黄葉の山、あたりの木々も、落葉がびっしりと敷きつめた地面も、すべて黄一色。その中を死んだ妻を求めてさまよい歩く男。人麻呂は、突然の妻の死に遇っての自分の心の状態をこう表現した。自分はいま自分でどうしてよいかわからずに迷っている。妻の行方も、見えない、手のとどかないこの黄一色の世界のどこかで迷っているにちがいないのに。

私は、この「妹を求めむ　山道知らずも」の表現に、時間を感じる。（…）人麻呂の歌では、死者は時間的に死者でありながら、空間的には行方不明者として表現されている点に注目すべきである。人麻呂は、高市とちがって、死者の働きかけに感応しているのだ、と言えそうである。*4

こうした読みをとおして、佐佐木幸綱は人麻呂とその世代の感覚を実存的に措定する。

（…）宮廷歌人としての人麻呂、〈世代の歌人〉としての人麻呂は、古代の復活信仰を信じていた側の人間ではなくて、生きた人間の側の理由から復活信仰を射照した歌人であったことがわかる。復活信仰が衰微し、やがて生者の理由が増大してゆくとき、殯宮も、そこに献じられる誄も形骸化してゆく。（…）彼は持統天皇及び持統後宮の者たちの要請によって、形骸化しはじめた誄の形式に生者の感情を充填する。現実主義の立場から伝統の捉え換えを行うのだ。彼は現在の視点で伝誦的詞章を洗い直し、さらにそれを再構成する。これが人麻呂における詩の

*3　佐佐木幸綱『佐佐木幸綱の世界3　同時代歌人論1』河出書房新社、一九九八年、二三〇頁。
*4　佐佐木幸綱「時代の詩　人麻呂ノート二」『佐佐木幸綱の世界12　古典篇2』河出書房新社、一九九九年、五〇－五一頁。

発見である。（…）人麻呂の詩の発見の背後に、持統及びその後宮人たちつまり独特の時間に対する敏感さを共有する壬申の乱世代があったこと、くり返し記してきたとおりである。[*5]

歌人であり国文学者である佐佐木幸綱の力量がよくあらわれているといってしまえばそれまでであるが、佐佐木幸綱は、作品の内在的な読みをとおして人麻呂の時間感覚やその感性の歴史的性格を巧みに把握している。しかも、人麻呂の実存的な詩的経験の時間においてはじめて異質な世界が接合したのであって、それ以前にそうした結合が存在していたわけではない。このことは人麻呂の次の歌「東《ひむがし》の野に炎《かぎろひ》の立つ見えてかへり見すれば月かたぶきぬ」に対する、とくに「かへり見」の秀逸な解釈においてもいえる。

（…）人麻呂は東方の曙光を眺めつつ本当は〈時間〉を見ていたのではなかったか。（…）

未明の冬空は金属的な感触で澄み透っている。人麻呂が眺めているのは鋸形に炎立つ東天の曙光である。そして、彼が見ているのは、夜を押し上げるようにしてやって来る朝、緊張した現在の時間である。空間は眺めているにすぎない。見ているのは時間である。（…）

人麻呂の歌は、朝が夜に侵入する直前の緊張である。（…）人麻呂は、この緊張の中で「かへり見」たのである。（…）人麻呂は、彼が曙光の中に見た時間の充実ゆえの不吉な気配にかえり見たのであった。[*6]

「月」と故草壁皇子とを重ねる従来の解釈を排しながら、ここに人麻呂は「仮構の永遠」を見たと佐佐木幸綱は断じる。

こうした実存的な仮構の時間を探り当てた解釈にたいして、他方、吉本の場合はどうであったか。人麻呂「石見なる高間の山の木の間より我が振る袖を妹見けむかも」「秋山に散る紅葉の暫くも散りな乱れそ妹があたり見む」「朝寝髪われはけづらじ美しき人の手枕ふれてしものを」「山の峡そことも見えず白樫の枝にも葉にも雪のふれれば」について吉本はこう述べていた。

いずれも秀歌で一首がゆるぎない構築性をもっている。（…）各句は無理もなく間延びもせずに、ふとい直線的な流れで終りまでひきしめられている。たぶんうたうべき〈こと〉とそれにむかうべき〈心〉との深いかかわりが、まだ自然発生的に作者に信仰されているのだ。

（『初期歌謡論』四四七‐四四八頁）

吉本は人麻呂を素朴実感主義としてしか把握できなかった。吉本自身が方法の頓挫を表明しているように、軍配は佐佐木幸綱のほうに上がる。対象からの働きかけに敏感である詩人が自然的な感性の持ち主であるとはかぎらない。幸綱の言葉を借りれば、伝統的詞章を再構成する場合もあるのだ。その意味で人麻呂はすでに擬古的で人工的な感性の世界を構築しているのである。こうした読みの差異は作品を内在的に読み切れるかどうかにかかっている。吉本は形式の推移に目を奪われている。同時に、作為のない自然な心の動き、すなわち自然と心の合一性の感覚を評価の基軸としてしまっている。吉本のこうした評価軸には、折口信夫の古代歌謡論の影響がある。折口は秀歌が作られる過程について次のように述べていた。

古代の単純素朴な名歌といはれるもの丶よさは、みんなまづ考へることの先に、作つてか丶つてゐるからなので、最後の一段に行つて、ふつと纏めあげる――さう言ふ行き方をしたものが多いのは事実です。（…）明治旧派の人々もさうで、すべてのものを最後の行に収拾して、論理のあふ様にするのです。[*7]

＊5　同前、六四頁。
＊6　同前、四〇‐四一頁。
＊7　折口信夫「女流の歌を閉塞したもの」『折口信夫全集』第二七巻（評論篇一）中央公論社、四七〇頁。引用にあたって旧漢字のみ新漢字に改めた。

定型にしたがう情動が歌をつくる。最後の句でまとめあげるまでその惰性に任せて、最後に作為を付け加える。つぎのような作品評価を展開するとき、吉本の念頭にあったのはこの折口の惰性的な作歌論であっただろう。「春日野の雪間をわけて生ひ出くる草のはつかに見えし君かも」(忠岑集)、「山櫻霞の間よりほのかにも見しばかりにや戀しかるらむ」(貫之集)について。

かくべつ意識してそうなったともおもえない。景物を表現しているうちにちいさな微風がおこり、ひとりでに誘われて〈心〉にたどりつく。あとから理窟づければ景物の世界は実景からも屏風にかかれた絵からも、ただの概念からもつくりあげることができるまでに、〈歌〉は表現が自在になったのである。景物表現の裏にはいつも〈心〉をひき寄せ、くっつけることができたので、ふと翻転をこころみれば〈心〉の叙述にたどりつけたのである。(『初期歌謡論』四五八–四五九頁)

古代世界において、漢語の影響から脱し、自立的な詩的世界が生まれ、自在な表現が可能になる。そのなかで表現される詩においては、景物はひとりでに心にたどりつく。ここで主観と客観、景物と心・言葉の合一の経験が生まれる。吉本はこのような〈合一〉という自然化された経験をつくりだしたかったのである。そして『古今集』『新古今集』という人工的な感性世界の確立を確認することで、その反復としての、高度消費社会における言語的感性の世界における〈合一〉の経験を把握するための橋渡しとしたのである。しかし〈合一〉の経験の把握と、定型詩の形式性を歴史的発展においてとらえる方法論は一致しない。この方法論の過誤が佐佐木幸綱の人麻呂論を通して自覚されたとはいえないだろうか。

『ハイ・イメージ論』では、定型的な形式のかわりに、対立を同一平面の差異に還元し、時間と空間を仮構する視線や言葉、あるいはそれらがつくりだす未知の形式が分析の中心にすえられる。ここで吉本は定型的な形式からの接近という方法を修正したのである。そのような試行錯誤をふくんだ構成主義的な立場への移行という問題意識の途上に、『初期歌謡論』は位置づけられるといっていいだろう。ただし吉本の試行錯誤が無に帰したのではなく、『初期歌謡論』と『ハイ・イメージ論』をつないで考えることで、定型詩もまたそうした視線や言葉が未知の形式に向かう形態のひとつとして理解することが可能になる。それは私たちが、定型短歌を表現史上の宿業や亜種、鬼子扱いするのではなく、正当に位置づけるための条件となる。吉本が書き残した言葉を時代の文化状況に埋め戻しながら、定型・非定型の表現史を書き換えるという課題がここから浮上してくるだろう。ただし、そうした書き換えによって未知の形式が発見されるとしても、高度消費社会がつくりだす人工物と、詩の言葉がつくりだす人工物が常に重なるとはかぎらない。佐佐木幸綱がこだわるように、詩の言葉が実存的で局地的な性格を完全に脱することはないからである。また、吉本は表現史の叙述において時間的な運動を手放さなかったが、詩的言語には宗教的言語と同様の〈休止〉の瞬間があるからである。[*8]

ところで冒頭に掲げた歌の作者は私の母である。その歌に対して、私には細部まで客観的には論じきれない葛藤がある。しかしここで提示された短歌は、母ではあるがひとりの他者が経験していた、極度に緊張した時間を理解するための唯一無二の手がかりである。未知の時間はこうして私たちに届けられる。それは私にとっての幸運である。その時間の知覚からどのような経験を構成するかは――あるいはどのように物語化するかは――私次第である。また、この時間の知覚は、〈合一〉的な経験の何かというよりは、もっと内省を強いる情動の働きかけである。この情動はいまのところ普遍化できない。しかし、小さな家族の時間と日本の近現代史が交叉しているそうした局所的な経験を肯定して、イエスとも親鸞とも異なる未来の形式のうちに、この女性の時間を位置づけることができるかどうか。それが吉本以降に〈革命〉を語るための絶対的な条件になることは疑いないと思う。

＊8　以前、吉本隆明の『論注と喩』（言叢社、一九七八年）について書いたとき、私はひとつのアポリアを投げ出したままにしておいた（「『論註と喩』反転＝革命の弁証法」『脱構成的叛乱』以文社、二〇一〇年）。同書において吉本は、親鸞の『浄土論註』（曇鸞）への注釈と、『マルコ伝』への注釈をとおして、〈一切の期待の放棄〉と〈一切の不可能なものの現実化〉という、方向の異なる二系統の現世の反転＝革命の論理を提示していた。私はこの反転＝革命の論理について、死者をよみがえらせることと、しかし死者のよみがえりという期待の一切を期待しないこととして敷衍した。『マルコ伝』のイエスの言動にもとづけば、私たちは、どのような不可能なことでも口にすること・表出することが可能である点で根源的に平等な権利を有している。しかし親鸞によれば、「下根の凡夫」である私たちは、不可能なことの成就という期待の一切を抱く資格を有していない。アガンベンを援用して、このふたつの宗教的実践は時間の休止という緊張のなかで相容れず共存している、と私は書いた。だがいま、この見通しは少し修正する必要がある。ふたつの反転＝革命はたしかにクロノロジカルな時間の休止という急迫した事態をあらわしている。しかし、時間の休止を語るのは吉本の思想ではない。吉本が選択したのは時間の休止ではなく、その人工的な構成であった。まさにそのような時間の再構成であり結晶化であった定型短歌の考察が、同じ時期に選ばれたのは偶然ではなかったのである。

〈現在〉と詩的言語
——吉本隆明・岡井隆・大道寺将司

0　はじめに

一九五七年に定型短歌をめぐって吉本隆明と岡井隆の論争があった。吉本は「歌人が、現実社会の秩序に異和感をもたないばかりでなく、社会の歴史的な発展過程にたいして意識的な批判をもたないならば、彼は、日本の詩歌の原始律である五・七律のワクのなかで、しかも現実の秩序とおなじ感性の秩序で短歌を作るであろう」と、短歌の定型と音律は保守的な社会秩序やヒエラルキーと対応していると論じた。そして「現在の社会秩序に反抗をもち、社会の歴史的段階を意識する歌人は、当然、日本詩歌の原始律五・七調と、そこに表現される感性の秩序とにたいして、変革の意識をもつはずだ、という主張が成立する」と、短歌失効論を展開した。[*1]これに対して岡井隆は、吉本が散文の論理をもって短歌の定型性を批判していること、五・七律というが短歌は三一音からなること、そもそも五・七律で表現される感性の秩序とやらがなぜ社会の秩序と対応関係にあるのか、と反論した。[*2]論争では吉本の短歌失効論が皮相であったことが明らかになったように思うが、それは吉本の短歌理解を促しつつ、[*3]さらに吉本の『初期歌謡論』にまでつながった。[*4]他方、岡井は吉本の言語表現論を消化しながら、金子兜太との共著『短詩型文学論』によってその立論を発展させ、短歌における転調の存在と母音律の働きを論証した。[*5]なお、のちの柿本人麻呂をめぐる佐佐木幸綱との対談からも、歌人の短歌論に吉本は学ぶところが多かったことが推測される。[*6]

ここで吉本・岡井論争を参照したのは、詩的言語の現実の社会との対応・従属関係という把握と、その対応・従属関係から詩的言語そのものの失効に飛躍する発想が、吉本の『戦後詩史論』(一九七八年)の「修辞的な現在」の断定によく似ているからである。もちろん時代は異なるが、どちらの場合でも日常性や生活の変化に戦慄し、切迫感をもってその変化を把握しようとする吉本がいる。「修辞的な現在」で語られたのは、日本の戦後詩が喪失した「切実さ」である。[*7]ここで「切実さ」の喪失というキーワードを放つことで、吉本は「現在」の相貌が大幅に変わっていることを私たちに知らしめている。私たちの意識は当然ながら「現在」の正体に向かうだろう。そして実際に吉本は、一九八〇年代以降、詩的言語における〈現在〉との格闘の成果を自分の議論に取り込む代わりに、『マス・イメージ論』『ハイ・イメージ論』によって、詩的言語にとどまらず、サブカルチャーやランドサットの映像などの多様な媒介をとおして、〈現在〉そのものの祖述に取り組んでいった。

私はここで吉本がイメージ論のなかで祖述した「現在」の相貌そのものについて論じようとは思わない。その代わりに本稿で開きたい問題は、吉本の「現在」が、ジャック・ラカンのいう、根源的な欠落を本質とする他者としての現実界《レアル》によく似ているということである。とりわけ一九七〇年代前半のラカンは、快楽原則に従って資本主義的知と科学の言説が他者との距離を埋めていくこと=「現実界の科学化」を指摘しており、吉本のアプローチはそれによく似ている。[*8] しかし当然ながら、資本主義的生産のもとで集積された知と表象によって、〈他者〉との出会いが可能になるわけはない。それとの出会いは絶対的に不可能なのだから。むしろ、ラカンのいう意味での現実界の欠落に――その表出としての対象*a*に――触れるための決定的な手段こそが、詩的言語にほかならない。

出会うことの不可能な〈他者〉の覚知と詩的言語との不可分の関係は、金時鐘の『猪飼野詩集』『光州詩片』を対置することで、吉本の「修辞的な現在」を批判した細見和之の含意でもあるだろう。[*9] 細見は、『戦後詩史論』からイメージ論への、つまり七〇年代から八〇年代における吉本の「修辞的な現

＊1 吉本隆明「定型と非定型」『吉本隆明全著作集5』勁草書房、一九六九年、二二五頁。

＊2 岡井隆「定型という生きもの」「二十日鼠と野良犬――再び吉本隆明に応える」『岡井隆コレクション1 初期短歌論集成』思潮社、一九九五年。

＊3 吉本隆明「岡井隆歌集『土地よ、痛みを負え』を読んで」、吉本前掲書、三〇三頁。

＊4 岡井隆（聞き手・小高賢）『私の戦後短歌史』角川書店、二〇〇九年、八七頁。

＊5 岡井隆・金子兜太「短詩型文学論 短歌論――韻律論をめぐる諸問題」『岡井隆コレクション2 短詩型文学論集成』思潮社、一九九五年。

＊6 佐佐木幸綱「時代の詩 人麻呂ノート」『佐佐木幸綱の世界12 古典篇2』（河出書房新社、一九九九年）の影響など。佐佐木幸綱との対談は一九八三年におこなわれた（佐佐木幸綱・吉本隆明対談「歌の祖形ということ」『吉本隆明全対談集』第八巻、青土社、一九八八年）。また本書前稿の「私的短歌論ノート――『初期歌謡論』によせて」も参照されたい。

＊7 吉本隆明『戦後詩史論 新版』思潮社、二〇〇二年（原著は大和書房、一九七八年）。

＊8 ここではとりわけラカンのセミネールXXを参照。Jacque Lacan, edit. Jacques-Alain Miller, trans., Bruce Fink, *On Feminine Sexuality, The Limits of Love and Knowledge, 1972-1973, Encore: The Seminar of Jacques Lacan* (New York: Norton & Company, 1988)、また、edit., Suzanne Barnard and Bruce Fink, *Reading Seminar XX: Lacan's Major Work on Love, Knowledge, and Feminine Sexuality* (New York: Sate University of New York Press, 2002) も参照。

在」の「現在」からは、金時鐘の〈現在〉は脱落していると論じる（ちなみに細見の言葉を借りていえば、吉本の「現在」からは短歌の〈現在〉も脱落することになる──後述[*10]）。

吉本において金時鐘の〈現在〉が脱落する理由を先回りしていえば、詩的言語がそもそも〈現在〉をとらえそこねるということに、吉本が耐えられなかったからだと考える。出会うことの不可能な〈他者〉の〈現在〉を回避したといってもいい。それはおって述べるように、吉本の言語表現論の理論的前提にも起因している。出会うことの不可能な、絶対的な欠落・喪失としての〈他者〉の覚知は日常的に生起している。ただし、詩的言語における出会いの失敗は、〈他者〉を覚知するために必須の失敗である。つまり、出会いが常に喪失であるという経験こそが詩的言語の核心を構成しているだろう。〈他者としての現在〉とは不可能な出会いのことでもある。したがって本稿における私の関心はこれまでも縷々論じられてきた〈他者〉をめぐる議論に連なるのだが、それを繰り返すこと以外に、〈現在〉のリアリティを取り戻すことはできないということの再確認でもある。

さて、本稿では、このような問題意識にもとづいて、詩的言語の現実の社会との対応・従属関係から、詩的言語そのものの失効に飛躍する吉本の論理を検討する。そしてそれによって詩的言語と〈現在〉との関係を論じてみたいと思う。

1　「修辞的な現在」と「超越的な関係の構成」

周知の議論ではあるが、『戦後詩史論』のなかの「修辞的な現在」から本稿にとって必要な部分を引用しておきたい。

> 戦後詩は現在詩についても詩人についても正統的な関心を惹きつけるところから遠く隔たってしまった。（…）
>
> 戦後詩の修辞的な現在は傾向とか流派としてあるのではなく、いわば全体の存在としてあるといってよい。強いて傾向を特定しようとすれ

ば〈流派〉的な傾向というよりも〈世代〉的な傾向とでもいえばややその真相にちかい。だがほんとうは大規模だけれど厳密な意味では〈世代〉的ですらない。詩的な修辞がすべての切実さから等距離に遠ざかっているからだ。（吉本『戦後詩史論』一六二頁、以下、戦後詩、頁数と略記する）

「切実さ」を失ったのは詩的言語に起因するのか。それとも「現在」の変化に起因するのか。吉本はこうした「修辞的な現在」の到来の理由は、生活の場で戦後詩が意味を失ったからだという。そして戦後現代詩を代表する吉岡実「僧侶」と「老人頌」が参照される。ここで参照される二つの詩を引用しておく。

「四人の僧侶／井戸のまわりにかがむ／洗濯物は山羊の陰嚢／洗いきれぬ月経帯／三人がかりでしぼり

*9　細見和之『ディアスポラを生きる詩人　金時鐘』（岩波書店、二〇一一年）、とりわけ第五章「吉本隆明と金時鐘――来たるべき「戦後」の到来のために」を参照。

*10　細見は次のように吉本と金時鐘の「現在」を対置する。「吉本の『戦後詩史論』から『マス・イメージ論』へという流れのなかに、金時鐘の『猪飼野詩集』から『光州詩片』へという決定的な展開は収まりようがないのではないだろうか。「内的予感に満ち、プリミティブに志向の劇を抱えこんだ金時鐘の日本語詩はどこへゆくのか。日本の現在詩のどこへ屹立するのか」というかつての倉橋健一の痛切な問いかけは、ここにおいてさらにいく重にも増幅されざるをえないのだ。／吉本は『マス・イメージ論』において、従来の「文学」はもとより、フォークソング、漫画などのサブカルチャーにも踏み込んで、「現在」という作者」の像を捉えようとした。しかし、その「現在」はどこか観念的に実体化されているという印象を私は否定することができない。金時鐘の『光州詩片』は吉本の「現在」には属さないのか。あるいは、金時鐘の作品自体は「現在」に属していても、それを積極的に評価しようとする者はすでにして「現在」から脱落しているのか。このような問いは、倉橋健一によっても、他の誰によっても問われないままであるように思われる」（傍点引用者／細見前掲書、二一三－二一四頁）。

だす／気球の大きさのシーツ／死んだ一人がかついで干しにゆく／雨のなかの塔の上に」（「僧侶」）。「さびしい裸の幼児とペリカンを／老人が連れている／病人の王者として死ぬ時のため／肉の特性と心の孤立化を確認する／森の木の全体を鋸で挽き／出来るだけゆっくり／幽霊船を組立てる／それが寝巻の下から見えた／積込まれたのは欠けた歯ばかり／痔と肺患の故国より／老人は出てゆく」（「老人頌」）。

この詩句を吉本は「つぎの言葉を紡ぎ出せなくなるかも知れない」「不安」によってつながれていると評する。

> いつつぎの言葉を紡ぎ出せなくなるかも知れない。その不安をかろうじて〈不協和〉な音色を発する形象につなぎあわせてゆく孤独さが滲んでいる。詩人の孤独さをそれ以上の意味でいうには、形象と形象との重なりの任意性がおおきすぎる。（戦後詩、一七二頁）

吉岡実を参照し、生活の場に根拠をもたなくなった戦後詩は、〈概念の概念〉（戦後詩、一七四頁）とさえいわれる。日常性や生活はたえずそれらが不気味なものに変化している領域である。その変化を詩はとらえる。だがそのとき、その変化してしまった日常性を模倣し反復することに終始してはならないというのだ。ここで五・七の音律が社会の保守的なヒエラルキーの反映だとする、短歌型式の批判で示された論理も想起されよう。

> 生活とは隅から隅まで判りきったことの繰返しからはじまって、いつのまにか無気味な物と心の配置に変ってしまう領域ではないか。誰にも気付かれぬうちにすべての判りきったことが不可解なものに変ってしまうかもしれない。その魔的な意味はけっして歴史の表層に浮び出ることはないとしても、歴史はそこから強烈な輻射を受けている。（戦後詩、一九一－一九二頁）

こうした日常性とのあいだの異和や不和、拒絶が詩的言語でなければならない。その拒絶をとおして

「意味」や「イメージ」が作り上げられる必要がある。

言葉が現実との関係を意図的に拒否したり、ずらしたり、不協和をつくりだしたりしたために、言葉と言葉、語彙と語彙、文節と文節のあいだに別個の関係を〈意味〉としてか〈イメージ〉としてか作りあげなければならない。また作りあげること自体が詩である。（…）そしてその時代的な契機となるものは、あるひとつの言葉の構成法の定型が、その内部で現実との諸対応をしだいにうしなって言葉と言葉との超越的な関係を構成せざるを得なくなった過程にみとめることができよう。（戦後詩、二〇九頁）

このような超越的な関係の構成の成立は『古今集』を嚆矢とする（同前）。そこで詩的言語は、掛詞縁語によって、社会的現実から自立した仮構の時間を定型として獲得した。だから詩的言語の修辞は社会の反映ではなく超越的関係の構成でなければならない。その反面教師として、天沢退二郎「世直しパトロール」の次の詩句がひきあいに出される。「すてきなスモッグのスタイルで／ぼくたちは出発したすてきな／スモッグのレストランから」。ここで各句のサ行にかかった「縁語掛詞」は、「個性という概念が詩の表現から死に絶えてしまったことを表象するのに、これほど見事な表われ方をしているものはない」実例である（戦後詩、二〇〇－二〇一頁）。『古今集』に類した修辞的方法論を現代において反復すればその詩は凡庸になる。それは回避されなければならない。

戦後詩がこうした凡庸な修辞に陥ったのは、詩的感性の喪失であり、同時に「詩的感性の大衆化と風俗化を背景とした」現象である。到来すべき時代を予示するのではなく、社会の大衆化と風俗化が戦後詩の感性を追い越してしまったのである。そして一九五〇年代に書かれた谷川雁「東京へゆくな」を参照したうえで、一九七〇年代半ばの戦後詩が呈している落差が確認される。

詩的言語もまたひとつのサイクルを完了しつつある。いまから二三十年ほど前には詩の言葉はじかに、現実を引掻いている感覚に支えられていた。言葉は現実そのものを傷つけ、現実そのものから傷を負うことが実感として信じられたほどであった。現在では詩の言語は言葉の〈意味〉を引掻いたり傷つけたり変形させたりしているだけだ。（戦後詩、二二二頁）

傷を負い、現実を引っ掻くことで、かつて戦後詩は〈現実〉そのものの傷に触れていた。それは近代日本の後進性と交渉し葛藤することでもあった。

稀な才能と思想の個性の形で、整合されていた言葉の努力を現在、詩はどこへやったか。また都市と農村との対立の〈古典的〉な図式はどう変質しどこに霧散したか。（戦後詩、二四〇頁）

戦後詩の感性の衰退の一方で、しかし風俗の現実の中に〈切実な現在〉の断片は溢れているのである。

問題はそうした〈現在〉と詩の方法の乖離である。「風俗の現実は混乱した現代的鋭角の諸断片が無秩序に溢れているものを指しているのにその感性は、古風で、優雅で、哀れでといったものに収斂されてゆく」（戦後詩、二二八頁）。したがって、吉本は戦後詩の感性を乗り越えていった風俗に対して、しかし風俗以上の方法を見出すことに、詩的解放の突破口を求めている。「詩が思想の種子を宿しているのに解放がどこにむかっていいのか感性がつかみえない」（戦後詩、二四七頁）。

一連の戦後詩の状況判断の言葉は、詩的感性のリアリティの喪失を嘆いてはいるが、方法としての戦後詩の放棄ではないことが重要である。さらに吉本は同時期に『初期歌謡論』の執筆をすすめることで、『古今集』『新古今集』における超越的な関係の構成としての定型の創出を確認している。それゆえ『戦後詩史論』の時点では、詩的言語・方法の再創造の可能性を捨ててはいない。

ところでここで大衆化・風俗化を超える超越的方法の原型として参照されているのは、まず『古今集』『新古今集』あるいは『言語にとって美とは何か』で論じられた短歌・和歌であったことに留意しよう。

『言語にとって美とは何か』において、短歌的表現は韻律・選択・転換・喩などの言語表現の基礎的概念の導入のために選ばれている。たとえば「噴水は疾風にたふれ噴きゐたり　凜々たりきらめける冬の浪費よ」(葛原妙子)、「暗渠の渦に花揉まれをり識らざればつねに冷えびえと鮮しモスクワ」(塚本邦雄)、「言ひつのる時ぬれぬれと口腔見え　指令といへど服し難しも」(岡井隆)、「マッチ擦るつかのま海に霧ふかし　身捨つるほどの祖国はありや」(寺山修司)について。吉本はこれらの歌をまとめて、「上句」(五・七・五)を「短歌的な原型ともいうべき事物を客観の表出体でのべたもの」、「下句」(七・七)を「作者の主観体につらぬかれている」と分析する。[*11] この分類は時枝誠記‐鈴木朖の詞・辞論と風呂敷型――辞による文全体の格納――の応用である。すなわち［客観的表現＋主観的表現（＋空白）］という構成と、五・七の音数律が指示表出を担い、最後の句の体言止めや区切れによって空白の部分にあたる意志が句の全体をまとめあげる。この空白とは辞が担う意志が働いている部分である。この定型のうちに、吉本は現実の関係から超越して自立する詩的言語の典型をみたのである。さらに、客→主という転換が詩の劇的構成を生み出す鍵であることを言い当てている。

この劇的構成に成功するのであれば、詩は(短歌は)凡庸化しない。凡庸化しないということは、吉本の言葉を借りれば、大衆化・風俗化する関係性を超越しているということである。したがってこの劇的構成の要件をさらに分析する必要があるだろう。しかし吉本は、『言語にとって美とはなにか』の短歌論において、まさにここから音律や拍の分析を必要とする点で、探求を止めてしまう。それはなぜか。

吉本は結局のところ、詩的言語の成否を判断する際に、意志の働きを確認したところで十分だと考え

*11　吉本隆明『定本　言語にとって美とはなにか』I、角川文庫、二〇〇三年、一四三頁。

たからである。先の「修辞的な現在」で言われていたのは、「言葉が現実との関係を意図的に拒否したり、ずらしたり、不協和をつくりだしたりしたために、言葉と言葉、語彙と語彙、文節と文節のあいだに別個の関係を〈意味〉としてか〈イメージ〉としてか作り上げなければならない」ということであった。それに異論はない。だが、「意味」や「イメージ」が作られるにあたっては、シニフィエ（所記）としての意味ばかりではなく、シニフィアン（能記）とその言葉・文字・音が担うメタ言語的な要素が決定的な役割を担う。しかし吉本は言葉の働きを意志に還元してしまう。客観・主観という分類がそもそも意志の次元でしかありえない。

だが岡井隆が「短詩型文学論」で指摘したように（後述）、先の葛原妙子から寺山修司まで、四つの歌は上句下句いずれも主観的に選ばれた言葉なのであって、そもそも客・主のような分類は不可能なのである。それゆえ、吉本の表現論は、その前提において不備が存在した。客・主の分類という方法論は意志の次元の運動であり、それとは別に働いているメタ言語の惰性的な情動の次元を自立的に扱う必要があった。

もとより吉本がメタ言語的な要素の作用を無視していたということではない。それについて私は以前、前-表出的なるものの働きとして論じておいた。[*12] 吉本はそうした前-表出的な、惰性的な情動に対して、常に知的な働きかけがかかわると付け加える。惰性的な情動は習俗や遺制として言い換えられるが、それは負債として価値転換されなければならないものであった。こうした情動とそれに対する知的な抵抗は、近代日本の後進性に規定された言語表現を論じ切るために、吉本にとっては不可欠の契機であった。いわば、詩的言語の分析において、メタ言語を自立的に扱う必要があるときに、吉本の場合、近代日本の後進性に規定された関係性を転換するための抵抗の意志が必ず介在するのである。それは抵抗論としては見事だが、表現論としては瑕疵になる。つまり、吉本の詩論はその前提に限界があったのである。

他方、吉本が進まなかった領域、メタ言語的要素を適切に扱った言語表現論は岡井隆の短詩型文学論によって展開されることになる。次節で検討しよう。

2　岡井隆「短詩型文学論」

岡井隆は、吉本批判を踏まえ、母音律論を核にして短詩型文学論を確立した。その論証を促した直観について次のように述べている。

　詩は、その意味では、もともと、日常語の世界に繁茂している草花が、数量として増加するだけでは到達し得ない世界である。草花が、たとえば、石になるような質的変貌が必要なのである。詩は、反自然であり、反人間的ですらある。
（…）たとえば、歌は三十一拍、時間にして十秒足らずでよむことができる。われわれは平素、十秒でなにかがいえるとはおもってもみない。（…）ところが、歌では、それが常態であり、それが約束である。そして同様のことは、歌にかぎらず、自由詩をふくめた短篇詩すべてについていえるのである。（岡井隆・金子兜太「短詩型文学論　短歌論——韻律論をめぐる諸問題」二二一－二三頁、以下、岡井、頁数と略記する）

この見通しにしたがって岡井が論証したのは、母音順列から律の傾向を導きだすことであった。①「幻のごとくに病みてありふればここの夜空を雁がかえりゆく」、②「かりがねも既にわたらずあまの原かぎりも知らに雪ふりみだる」、③「死に近き母に添寝のしんしんと遠田のかわず天に聞ゆる」（いずれも斎藤茂吉）。傍線部は、母音調査によって転調が起きている句である。岡井の方法論を踏襲し、①の歌の母音列を表記すると［aooio oouiaie aiuea oooooao aaaeiuu］となる。ここでは・i音が拍子取りの母音（調べ母音）として律動し、傍線部の句で転調が起きる（①は第四句でoが一気に連続し、明らかな転調

＊12　友常勉「表出と抵抗」『脱構成的叛乱——吉本隆明、中上健次、ジャ・ジャンク』以文社、二〇一〇年、三八－四三頁。

をもたらす）。こうした音韻調査によって秀歌では第四句に転調が起きていることが明らかにされた（岡井、六六頁）。母音が五音だけの日本語では西洋の言語のような複雑な頭韻や脚韻の効果は期待できない（先の天沢退二郎の詩における陳腐化を想起されたい）。それに対して、i音とo音による母音律が効果をあげるのである。それは五・七の律数や子音による掛詞縁語とは別に働く効果である。それゆえ岡井が次のように結論するのは正しい。「わたしがここで、母音律の概念を導入して考えてみた目的は、従来の律概念以外のリズムが日本韻文の底に潜流していることの証明にあったからである」（岡井、七五頁）。

この母音律に従うならば、吉岡実「僧侶」でも、「不規則ながら母音リズムに似たリズムが潜流として走っている」ことが示される（岡井、八二頁）。例示してみよう。

「四人の僧侶／井戸のまわりにかがむ／洗濯物は山羊の陰嚢／洗いきれぬ月経帯／三人がかりでしぼりだす／気球の大きさのシーツ／死んだ一人がかついで干しにゆく／雨のなかの塔の上に」の母音列は、[oioouo iooaaiiaau eauooaaioiou aaiieueueiai aiaaieioiau iuuoooiaoiau iaioiaauieoiiuu aeoaaoouoei]となる。「四人の僧侶」というo音の特異な連続を含んだ音列から始まり、拍子取りのためにa→i、i→aの律動が敏捷に働き、微細な転調を繰り返す際には（「気球の大きさのシャツ」「雨のなかの塔の上に」）、o音の連続が見られる。しかも、a→i、i→aの律動は次の母音順列と転調のタイミングをも準備している。そして詞は母音律のリズムに規定されて、しかも日常生活の身辺に存在する事物から選ばれている。

こうして、母音律のリズムは、日常的な言葉の地平に戦慄をすら導入し、次の句への期待を導く。母音律からみたとき、この詩について、「いつつぎの言葉を紡ぎ出せなくなるかも知れない」と論評し、言葉の導出が不安定であることで詩人の不安と孤独を喚起するとした吉本とは正反対の結論が導かれるだろう。これは日常の裏にあるもうひとつの、異様な日常の光景である。

岡井の短詩型文学論をまとめておこう。母音律を有する短歌が短歌固有の構成をとるのは、そこに短歌定型の根幹をなす「約束性」と「短さ」という決定的な条件があるからだと結論づけられる。

> 比喩的にいえば、短歌のような短詩型の場合、「期待とその充足」という説明を、しいてあてはめようとするなら、三十一音全体が、一音節に相当する形で、そこにまず空白があり、その空白が、あっというまに、埋められるのである。（…）短歌における定型意識は、短歌の外にある。あるいは、前にある。（岡井、八五－八六頁、傍点原文）

短歌の律数による約束はせいぜい一〇秒程度のあいだに次の句を期待させる。それは西欧詩の一音節に該当するが、短歌の定型意識を構成する約束である。

こうして、岡井は歌人としての実感から得た見通しを論証した。これによって、論争において「奴隷の韻律論」や「短歌失効論」に等しかった吉本の批判を覆したことになる。短歌の秩序は五・七律のみに還元されないこと、むしろ母音律が重要であること、そして母音律は非定型の現代詩をも規定していることが論証されたからである。さらに岡井は、この定型詩のはらむ構造をひとつの思想として展開した。短歌あるいは定型詩とは、定型を選び取る「個の決断」を前提とした「契約の思想」であるというのである。

> われわれは、現代社会において、定型の思想に支配されて生きている、とさえいえるであろう。われわれのもっている自由の観念は、おそらくここから生まれる。定型にぶつかる瞬間に放電する思想なのである。
>
> 定型詩の衰弱は、現代人のもっている「自由の観念」が「定型の思想」とあい容れないことから来ている、とわたしはおもう。「表現の自由度」がそのまま「表現形式の自由度」と等値されるところに錯覚があるのだ。（岡井、一一七頁）

「契約の思想」としてまとめられた定型詩の構造において、約束が招く期待は、時に思いを宙づりにし、出会いと喪失のドラマを現出させる。それは意識的に〈他者〉の現前と不在を経験する修練ですらある。しかも、岡井のいう「契約の思想」は定型詩のみならず非定型詩の底流にも存在している。吉本が戦後詩における「修辞的な現在」を確認しながら、そこから離れて「現在」そのものの祖述に飛躍した理由には、吉本の言語表現論そのものが有していた瑕疵がかかわっている。詩的な修辞とはいいつつも、実際には意志の次元で思想的な切実さを求めたため、戦後詩の意志が「現在」に埋没したことばかりが強調されたのである。だが、母音律の水準から見たとき、はたして詩的言語は切実さを失ったといえるかどうか。戦後詩そのものが詩的感性の後退を招いていたとしたら、それは詩的言語の内的な規準である「契約の思想」——母音律による規定——の見極めができなくなったことにあったからではないだろうか。「契約の思想」の水準において、詩的言語は不断に出会いと喪失という切実さを経験しているのではないか。したがって、「修辞的な現在」が示した詩的感性の後退とは、定型詩と非定型詩とのあいだの距離が招いたことなのかもしれない。それによって、皮肉にも、定型詩の側では詩的言語の大衆化がすすみ、不断に「契約の思想」が実践される。他方、非定型の側では大衆化に背を向けていく。それは詩的解放からの後退ではなかったか。だがこれは推測でしかない。

3　おわりに——大道寺将司全句集に寄せて

これまで見てきたように、母音律の律動に身をゆだねることが日本語で書かれた詩の基本的な条件を構成する。そこでは母音律という「契約の思想」が働いてるだろう。しかしその情動の惰性のうちで転調をつくりだし、異和や不和を表現する言葉を選ぶためには、メタ言語的な情動に身を任せる主体と、それに異和をもつもうひとりの主体が必要になる。その意味では、日本の後進性に規定された関係性に抵抗する契機を、言語表現論にもちこんだ吉本の基本的な戦略はまちがってはいない。しかし、関係性への抵抗は、関係性に対して無関係な関係をつくることによっても遂行される。そこでは読み手としての私たちが、詩的言語の共同性の共有を拒絶される。関係性への異和が、詩あるいは詩人そのものが異和と化す地点にまで徹底される可能性。いいかえれば、自らの異化がどこまで可能かという点に、詩的感性が賭けられるような水準。もちろんここでは『猪飼野詩集』から『光州詩片』にいたる金時鐘の一九七〇年代の詩作が想起される。金時鐘の詩作はそもそも日本社会の戦後を享受してきた日本人が出会おうとしない〈現実〉の現前と不在を表現するものとして、詩的感性を異化の徹底として遂行することであったからだ。同時にそうした自己異化がありえるという実感を私が持つのは、大道寺将司によって、戦後七〇年近くを隔てて、戦後社会そのものからの異化が、獄中において名実ともに孤独に遂行されていたことをあらためて痛感したことにもよる。[*13] 大道寺将司全句集の表題でもある「棺一基四顧茫々と霞みけり」は、「四顧茫々と」において働く母音律が起伏を与えているが、用いられている言葉において、母音の調べは滑らかではない。その意味で音楽的要素が弱い。観念が強く、他人の鑑賞を意識したものからほど遠い。対話もなく、観念的につきつめられて採られた言葉である。だが、この心象風景は、自己を「棺」として景物化していることで際立っている。意識してなされた関係性への抵抗でも、無関係の関係の選択でもなく、制限された環境のもとで、内省によってそこに至った自己異化である。出会いが喪失であり、現前が不在であるような〈現実〉。この間隙は科学知によっても、電子化によっても埋まらない。そこに残るのはおびただしく書き込まれた文字の跡でもあり、しかしいっさいの文字が消えてしまう空白でもある。その空白によって、〈現実〉のリアリティが私たちの胸に迫る。

　吉本隆明の言語表現論の批判的検討を軸にすることで、本稿では詩的言語のメタ言語的分析の可能性を強調してきたが、問題は再び意志の次元に回帰し

---

*13 大道寺将司『棺一基』太田出版、二〇一二年。

たようである。意志に抵抗する意志が吉本の親鸞論やイエス論の核心であったが、その遂行は思いもかけないところで、しかしやはり吉本がもっとも固執した詩的言語のうちにおいて実践されていたと言える。

痛みの「称《しょう》」

――正岡子規の歴史主義と「写生」

本論は正岡子規の『墨汁一滴』『病牀六尺』を支えている国民主義的歴史主義を示すと同時に、それらのテキストのなかで、〈痛み〉の経験を通じて子規が展開していた言語表現上の挑戦に注目した。〈痛み〉を人称化するその表現は、日本語の言語表現の伝統に根ざしながら、写生の方法論をよく伝える実践であると考える。

0　はじめに

一九世紀の帝国主義と国民主義的共同性に対して、対照的なアプローチをとった子規と漱石の文学実践は、歴史研究の観点からいってとても興味深い。しかも子規の場合にはその国民主義的性格に随伴しながら、文学における同時代の最先端を切り開く言語実践を展開した。それは第一次大戦後西洋に出現した、帰還兵たちの傷病やトラウマをめぐる文学実践に通底している。その一方で、子規の政治的立場である国民主義は、やがて総力戦期の「草の根のファシズム」を準備していくことになる。ここには、文学と歴史、政治と表現が生み出すもつれあいがある。そのような二つの側面を丹念に描きだすことは今後の課題として、ここではその論点について素描してみたい。

　こうした目的にもとづいて、本稿では、新聞『日本』に連載された正岡子規の二つのテキスト『墨汁一滴』『病牀六尺』を通して、子規が――実際にはこれらのテキストは虚子によって口述筆記されていたとはいえ――記述しようとした病苦の「痛み」と「写生」の方法論を検討し、それが日本の中近世文学を傍らに置きながら、日本語の文法構造を踏まえた叙法の実践であったことを述べたい。俳句がそうであるように、詩歌の文法においては、作者の主観は確かに存在し、締めくくりの助詞・助動詞によって、すなわち時枝誠記がいう「ゼロ記号」において作者の主観はそれぞれの詩歌作品を支えている。*1 しかし詩歌で作者そのものが作品の表面にあらわれることはほとんどない。詩歌作品では、多くの場合、主題のみならず主格が自然物であり、人間でないことは珍しくない。それは子規が実践した「写生」という方法論の出発点でもあった。「写生」は一九世紀西洋のモダニズム文学の写実主義に同時代性を有してはいたが――そのことを子規も指摘しているが――日本語の文法構造に由来しながら、無限に対象を擬人称化（＝personified、なお「称」はここではname、title の意で用いる）していく叙法であった。しかもそれは、国民主義的歴史主義を担保としながら、それが保証する共同性から逸脱した、文学エリート男性たちのホモ・ソーシャルな読者共同体を不断に結び合わせながら展開された。「痛み」に注目しながら本稿で述べてみたいのは、連句の座を巻くことで形成される共同性に類似した、「称」を介して形成されるその共同性の特異性である。

1　子規における国民主義的歴史主義

まず、子規の文学革命とは、国民主義的歴史主義というイデオロギーなしには成立しなかったことを示しておきたい。ヘイドン・ホワイトは、一九世紀に創出された「文学」が国民主義的な歴史主義を背景のイデオロギーとして、先行する文学表現を支えていたプロットを解体し、「写実主義」がそうであるような、新たな形式と内容をつくりだしたことを次のように論じている。

> しかし——アウエルバッハや他の人々が示したように——、一九世紀に洗練されていった「文学」という概念は、新しい「形式」のみならず、新しい「内容」をも引き受けることになった。その内容とは、「写実主義」の教説に定式化されているように、「歴史的な現実」と呼ばれることになるものにほかならなかった——しかも、もはやそれは「過去」にすら限定されず、「現在」にまで拡張されていく。アウエルバッハが正しいとすると、時間を越えた価値や基準によって過去を一般化したり判断したりする衝動が一切なく、過去のあらゆる側面を《それ自体の観点で》《それ自体のために》見るように主張したのが「歴史主義」であり、この歴史主義的態度こそが、文学的写実主義というイデオロギーを形成し生み出し、また、フランスとアメリカでの革命の勃発、資本主義の到来、偉大なるヨーロッパ帝国の始まりの時代において登場しつつあった新たなる社会階層に対して、（写実主義的な）小説が提供できると思われていた特殊な種類の知識の基礎を構成したのである。*2

一九世紀の歴史主義は、民話や寓話、叙事的な物語というそれまでの文学のプロットを破壊し、その

*1　時枝誠記『国語学史』（岩波書店、一九四〇年）の「ゼロ人称」のこうした理解については、藤井貞和『文法的詩学』（笠間書院、二〇一二年）とりわけ「二十章　語り手人称、自然称」の議論にもとづく。なおこれについては後述する。

*2　ヘイドン・ホワイト『実用的な過去』上村忠男監訳、岩波書店、二〇一七年、一五－一六頁、傍点原文。

代わりに「発見」された近代的主体が経験する時間の多層性を文学的な栄養分とした。[*3] しかも歴史主義の観点は《それ自体の観点で》《それ自体のために》という点にあり——ここで柄谷行人『日本近代文学の起源』（とりわけ「内面の発見」）を参照してもよい——文学史や文化史の多様な経験をその観点のもとで統括して見ることを可能にしたのである。子規もまた、「写生」という方法論を対置するために、「月並」（＝月次）という美学的基準から、中近世文学のプロットに依拠したレトリックや装飾の技法を大胆に取捨選択した。それは子規の文学革命の破壊と創造をよく表している。

子規の時代の文学者にとって、こうした歴史主義とは、近代日本の国民主義イデオロギーと不可分であった。国民主義的歴史主義を背景に、進歩と啓蒙が基準的な観点として機能し、それが日常の身体の問題から社会的な論点へと拡張することを可能にしたのである。痛みの記述から始まって病人の介抱のあり方を論じ、それが女子教育へと引き上げられている議論（『病牀六尺』六五節・六六節）や、闘病を「戦」に譬える記事（六九節）はその好例である。ここでは歴史的進歩主義が文化的文学的革命に敷衍されていく議論（三七節）を参照しておこう。

○明治維新の改革を成就したものは二十歳前後の田舎の青年であつて幕府の老人ではなかつた。日本の医界を刷新したものも後進の少年であつて漢法医は之れに与らない。日本の漢詩界を振はしたも矢張り後進の青年であつて天保臭気の老詩人ではない。俳句界の改良せられたのも同じく後進の青年の力であつて昔風の宗匠は寧ろ其の進歩を妨げやうとした事はあつたけれど少しも之れに力を与へた事は無い。何事によらず革命又は改良といふ事は必ず新たに世の中に出て来た青年の仕事であつて、従来世の中に立つて居つた所の老人が中途で説を翻した為めに革命又は改良が行はれたといふ事は殆んど其の例がない。[*4]

文化的文学的革命の正統性は明治維新と明治期国

民国家の建設という政治革命によってその根拠を与えられていた。国民主義と同伴的関係を形成したこの歴史主義が、子規が構築しようとした「写生」という観点にゆるぎない基盤を与えたのである。

2 痛みへの同化

「写生」による革命は、病床の境涯を綴る『墨汁一滴』から『病牀六尺』にいたる随筆のプロットの変化においても、伝統に対する破壊として進められていたことが跡付けられる。まず『墨汁一滴』において、伝統的な随筆の様式にしたがって表明される「痛み」である。

年頃苦みつる局部の痛の外に左横腹の痛去年より強くなりて今ははや筆取りて物書く能はざる程になりしかば思ふ事腹にたまりて心さへ苦しくなりぬ。斯くては生けるかひもなし。はた如何にして病の牀のつれ〴〵を慰めてんや。思ひくし居る程にふと考へ得たるところありて終に墨汁一滴といふものを書かましと思ひだちぬ。[*5]（…）（一月二十四日）

「明治三四年一月二十四日」の日付のある、日用の「つれづれ」を記述する随筆体の叙法のなかで表出されるこの「痛」という経験の描写は、まだ乏しい。これに対して、同年四月一九日にはすでに「痛み」の内容そのものに寄り添おうとする観点から記述される。

をかしければ笑ふ。悲しければ泣く。併し痛の烈しい時には仕様がないから、うめくか、叫ぶか、泣くか、又は黙つてこらへて居るかする。

*3　同前、一二六頁。
*4　正岡子規『病牀六尺』、『正岡子規全集11』講談社、一九七五年、二八一―二八二頁。なお以下、全集からの引用は、「全集一一、頁数」のように略記する。また旧字は新字に改めた。
*5　全集一一、九六頁。

其中で黙つてこらへて居るのが一番苦しい。盛んにうめき、盛んに叫び、盛んに泣くと少しく痛が減ずる。[*6]（四月十九日）

さらに身動きや筆記が困難であるという表現の内容は「一月二十四日」の記述と同じであっても、次にしめす『病牀六尺』三八・三九節においては、「病」と「痛み」それ自体の観点からの記述に転換している。まずそれは、語り手が「病人」の観点に同化することによって記述される。

三十八
○爰に病人あり。体痛み且つ弱りて身動き殆ど出来ず。頭脳乱れ易く、目くるめきて書籍新聞など読むに由なし。まして筆を採つてものを書く事は到底出来得可くもあらず。而して傍に看護の人無く談話の客無からんか。如何にして日を暮すべきか。如何にして日を暮すべきか。[*7]

三十九
○病床に寝て、身動きの出来る間は、敢て病気を辛しとも思はず、平気で寝転んで居つたが、此頃のやうに、身動きが出来なくなつては、精神の煩悩を起して、殆ど毎日気違のやうな苦しみをする。此苦しみを受けまいと思ふて、色々に工夫して、或は動かぬ体を無理に動かして見る。愈〻煩悶する。頭がムシャ〱となる。もはやたまらんので、こらへにこらへた袋の緒は切れて、遂に破裂する。もうかうなると駄目である。絶叫。号泣。益〻絶叫する、益〻号泣する。（…）若し死ぬることが出来ればそれは何よりも望むところである、併し死ぬることも出来ねば殺して呉れるものもない。（…）誰かこの苦を助けて呉れるものはあるまいか、誰かこの苦を助けて呉れるものはあるまいか。[*8]（六月二十日）

三八節と三九節を通して、「つれづれ」の様式にしたがった叙法は完全に解体され、書き手は「絶叫。号泣」という〈声〉そのものに跳躍する。三八節では自己言及的な叫びと、「病人」を記述する語り手の観点が同化する。そして、「如何にして日を暮すべきか。如何にして日を暮すべきか」という自己言及的な、しかし不特定の他者にも向けられた呼びかけとなる。続く三九節では、「病人」はもはや痛苦に支配されている。そしてこの観点から一挙に救いを求める「誰か」への呼びかけとなる。もとより「誰かこの苦を助けて呉れるものはあるまいか」の「誰か」は、国民的共同性とは異なる共同性への訴えかけである。ここで表出されているのは、「病」と痛苦そのものの観点にもとづく内容と形式の文体である。しかもそれは共同性の形成と同時におこなわれている。

3　痛みの称化

前記の六月二〇日の記事（三九節）のあと、子規は「本郷の某氏」からの手紙を受け取る。子規の「煩悶」に対して宗教的救済を説き、しかしまたその不可能性と絶望を共有しながら心の平安を促す手紙であったが、今度はこうした応答を交えた関係性のなかで対話が生まれる。ここで先に問いかけられていた「誰か」は、ここでは書き手と読み手という読者共同体の関係性のうちに落ち着きを見いだす。このような読者との手紙のやりとりを通して、語り手の心境は「畢竟自分と自分の周囲と調和することが甚だ困難になつて来た」（四〇節）ことに目を向けるものとなる。この心理がより詳しく辿られる。[*9]

四十二

（…）唯余に在つては精神の煩悶といふのも、生死出離の大問題ではない、病気が身体を衰弱せしめた丶めであるか、脊髄系を侵されて居る為めであるか、とにかく生理的に精神の煩悶を来すのであつて、苦しい時には、何とも彼とも

*6　同前、一六六頁。
*7　同前、二八二頁、傍点原文。
*8　同前、二八三頁、傍点原文。
*9　同前、二八四頁。

致し様の無いわけである。併し生理的に煩悶するとても、其の煩悶を免れる手段は固より『現状の進行に任せる』より外は無いのである、号叫し煩悶して死に至るより外に仕方の無いのである。たとへ他人の苦が八分で自分の苦が十分であるとしても、他人も自分も一様にあきらめるといふより外にあきらめ方はない。此の十分の苦が更に進んで十二分の苦痛を受くるやうになつたとしても矢張りあきらめるより外はないのである。*10

作者の「十分」の煩悶が読者に「八分」の苦痛を招き、それによって読者や周囲が迷惑や被害を被ったとしても、それは事態の「進行に任せる」ほかはない。加害と被害の双方に損得があると考えても仕方がない。語り手は「痛苦」に内転した観点に存在しており、読者や周囲にその観点を共有することを求めている。作者の語りは痛みそのものになりきることが強いられる。それが不可能であるとしても、痛みそのものが言葉をもって語るように語らせているのである。言い換えれば痛みそのものが、痛みの〈称化〉を必死に求めている。痛みの感覚とは別に、痛みの称化を強いられることは、被害でも迷惑でもなく、痛みが促す、そうせざるをえない表出の機能というしかない。痛みは身体内部から発しているが、外部から主観に働きかける何かである。外部の対象が自らの言葉をもって語るとき、言語表現は擬人称となる。そしてこの擬人称化は、俳句の革命において子規が確立しようとした「写生」の方法論に重なっている。

4 「写生」

四十五
○写生といふ事は、画を画くにも、記事文を書く上にも極めて必要なもので、此の手段によらなくては、画も記事文も全たく出来ないといふてもよい位である。これは早くより西洋では、用ひられて居つた手段であるが、併し昔の写生は不完全な写生であつた為めに、此頃は更らに進歩して一層精密な手段を取るやうになつて居る。然るに日本では昔から写生といふ事を甚だおろそかに見て居つた為めに、画の発達を妨げ、又た文章も歌も総ての事が皆な進歩しなかつたのである。（…）写生といふ事は、天然を写すのであるから、天然の趣味が変化して居るだけ其れだけ、写生文写生画の趣味も変化し得るのである。*11

　余命を限られた病床にあって、子規の俳句および選句は、例えば富田木歩や村上鬼城のように自らの障害や困難、困苦を主題とすることがなかった。痛みや病はむしろ日記風に連載された地の文に激しく表記されていた。だがそのことは、地の文が主観を担い、俳句・短歌作品が客観を担ったということではない。地の文における病や痛みの記述で、「写生」の条件についての理論的な考察とその実践は十分に追求されていた。そして当然にも子規は、「天然の趣味が変化して居るだけ其れだけ、写生文写生画の趣味も変化し得るのである」というように、天然の対象、すなわち無情のものも有情のものも、それに合わせた写生がありうると主張する。

　ここで、「写生」のこうした方法論が、詩歌作品の対象を無限に「称」化していく展開を伴うものであることを、藤井貞和の人称論を参照することで確認しておきたい。

紀貫之の屏風歌である、

　思ひかね、妹がり行けば、冬の夜の、河風寒み、千鳥鳴くなり

の、「河風が寒い」というのはどういう「人称」だろうか。否、これが人称であろうか。ここで非人称などというのは本末転倒である。非人称は person でない事柄なのに、人称 the person を

*10　同前、二八六－二八七頁、傍線引用者。
*11　同前、二八九－二九〇頁、傍線引用者。

前提にしてのみ成り立たせる言い回しであるから、ちょっと避けたい。従来の人称概念に対比させるなら、自然称 the nature などというべきだろう。それと同様で、千鳥が鳴くのは「鳥称」であり、あるいは擬人称 personified である。

(…)

「It rains.」式に、欧米的文法学説の人間主義は人称を前提とする。自然や生物、無生物を「非人称」impersonal と称するのは、自然に引きつける「称」に対してみたいとふと思われる。[*12]

藤井は欧米の文法用語である「非人称」という規定が日本語の表現にはなじまないことに注意を促しながら、名詞の位置を定める「格」を有する対象物それぞれが「称」としてあらわれることを指摘している。その場合、「人称」が常に主格や主語となるという先入観は捨てなければならない。「写生」についていえば、それが天然の対象にあわせて無限の形容を可能にしているのであれば、藤井が論じる意味で無限に「称」が展開していくことを意味している。「称」「人称」が相対性なものであることについて子規が自覚的であったことは、滑稽話に仕立てられた一〇四節の記事(八月二四日)によく表れている。「あなたにお目にかかりたい」といって子規のところにやってきて宿泊までしていった、子規の「理想」を備えた「渡辺のお嬢さん」の正体が、最後の最後に、「南岳草花画巻」であることが明かされる。「お嬢さん」という女性の三人称代名詞を用いて作文されたところにこのエッセイの妙味がある。

5　終わりにかえて

痛みに観点を設定して記述する試みは、『病牀六尺』の最後まで続けられた。結核性脊椎炎によって腫れあがった足についてのよく知られた記述は死の五日前、「九月十四日」の日付である。

○足あり、仁王の足の如し。足あり、他人の足の如し。足あり、大磐石の如し。僅に指頭を以てこの脚頭に触るれば天地震動、草木号叫、女

嫋氏未だこの足を断じ去つて、五色の石を作らず。[*13]（九月十四日）

痛みに「称」を与えようとした試みは、ここで簡潔な表現におさまっている。三ヶ月前に「爰に病人あり」と記された観点は「足」に移動している。これは足が語ろうとするところの「足－称」である。こうして、すでに指摘されてきたとおり、子規の最後の数日間はその文学革命の集大成でもあった。

同じ含意から、『病牀六尺』連載最後の一二七節では、連載を読んで子規の安否を案じる芳菲山人からの来書を紹介し、山人の短歌「俳病の夢みるならんほとゝぎす拷問などに誰がかけたか」を掲げて終わることにも留意しよう。「肺病」に掛けた「俳病」、「夢」「ほととぎす」そして「拷問」などの主題は、それぞれ連載で子規が触れたトピックであり、あるいは子規の代名詞となった言葉である。いささか無遠慮に子規の生涯を総括しているこの歌には、新聞『日本』に連載された子規の思想・思案が読者との共同性のもとで形成された累積が、簡略かつ凝縮されて物語られている。しかもまた連句から出発した俳句が句会的な共同性を有していることの特性をよく示している。それは女性を排した文学エリートたちのホモ・ソーシャルな共同性であるが、同時に、国民主義とは区別される開かれた共同性が存在したことを証し立てている。

さらにまた、九月一八日に書かれた絶筆三句のうちの第一句「糸瓜咲て痰のつまりし佛かな」もまた、「天然の趣味」を生かす「写生」が、「称」に対して相応の位置を与える作法であることをよく示している。「糸瓜咲て」「痰のつまりし佛」はいずれもそれぞれが擬人称化した「称」としての位置にある。しかもそれぞれのつながりには統合や序列がない。そして「かな」というゼロ記号によって、主観の感情もまた強く自己主張することなく全体を締めくくる。これを子規の文学革命の集大成とする評価に誇張は

*12　藤井貞和『文法的詩学』笠間書房、二〇一二年、三四〇－三四一頁。
*13　全集一一、三七九頁。

ないと考える。

本稿では、国民主義から備給される表現の欲望を、時代の最先端を切り開く文学実践へと開いた子規の言語表現を中心に論じた。それが冒頭に記したような、第一次大戦後の帰還兵たちの傷病やトラウマをめぐる文学実践にどう重ね合わせることができるのかは、今後の課題としておきたい。そしてこれもまた冒頭で述べたように、この課題は同時に、そうした実践が、文学における国民主義と総力戦期の「草の根のファシズム」とどうかかわっていくのかという論点をはらんでもいる。文学と歴史、政治と表現のもつれあった関係がもたらす革命性と反革命性という周知の課題がここに横たわっていることを、あらためて確認しておきたい。

あとがき

本書に収録したテキストは、二〇一二年から本年（二〇一九年）までのあいだに書かれた。既発表論文は、基本的に、明らかな誤字脱字を訂正した以外は刊行時のままである。ただし「狂気の輸出、沈黙の連帯」「部落解放運動の現在とこれから」のようにかなり加筆修正を加えたものもある。いずれにせよ、本書をもって決定版としたい。

二〇一二年に河出書房新社から『戦後部落解放運動史　永続革命の行方』を出版したとき、その終章で、私は以下のようなことを書いた。資本制社会を相対化するために、さまざまなマイノリティと底辺労働者との出会いをこちらからつくる必要があると。そのとき念頭にあったのが寄せ場の労働運動であり、アンダークラスの闘争であった。本書に収録したテキストのテーマはそれぞれ異なっているが、そのなかで私が追求してきたのは、上記のことに尽きる。

本書にかかわる一切の責任は私に帰されるが、それでも多くの方々の援助やアドバイスがなければ、それぞれの論考は存在しなかった。ここに名前を記して謝意を表したい。

まず、河出書房新社の阿部晴政さん。さまざまな表現者たちについての論考は、阿部さんに機会を与えていただくことで可能になった。阿部さんとの共同作業はまだ継続中である。同様に、寄せ場資料の調査と討議でお世話になっているみなさん――リュウさん、上山純二さん、池内文平さん、原口剛さん、小美濃彰さん。さらに、部落史の共同研究者である廣岡浄進さん、『歴史評論』での論文執筆時にご苦労をおかけした戸邉秀明さん、いつも多くの示唆をいただいているマニュエル・ヤン、平野良子さん、そして太田昌国さん。また、英文チェックをいつもお願いしているイリス・ハウカンプ、ブルキッチ・スレイマン。『現代思想』での論文掲載時に、ずいぶんわがままを聞いてもらった押川淳さん。

ばらばらの主題からなる本書にひとつの方向性を与えるうえで、井上康・崎山政毅『マルクスと商品語』は理論的なよりどころとなった。同書をめぐって、二〇一八年六月に東京外国語大学で開催したシンポジウムにご参加いただいた著者のお二人と、報告者をお願いした浅川雅己、真島一郎、大橋完太郎、中村勝己の諸氏。

もうひとつの指針は、土地問題とグローバル資本批判を主題として、二〇一八年一月に東京外国語大学で開催された国際シンポジウム「日本‐アフリカ関係を通したグローバル資本主義の批判的検討――土地、空間、近代性」（東京外国語大学大学院国際日本学研究院・現代アフリカ地域研究センター・共催）で交わされた議論である（報告書は同大学HPから閲覧できる）。基調報告の武内進一先生、キャロル・グラック先生をはじめとする方々とは、またとない議論を共有できた。なおそこでの論点は、ロンドン大学ゴールドスミス・カレッジでのオリンピックのシンポジウム参加をきっかけとした、本書の巻頭論文につながっている。シンポジウムのオルガナイザーであり、論文の執筆を勧めていただいたのは玉利智子さんである。

また、現代史を見据えるための視座として、日航123便墜落事故を、アカデミアの審査文化とあわせて考える機会を与えていただいた、青山透子さん。青山さんには御巣鷹山のツアーにも同行させていただいた。

さらに、夏目漱石と正岡子規に関するシンポジウムで、子規について考える機会を与えていただいた柴田勝二先生。子規は大道寺将司がしばしば言及した俳人のひとりであった。

そして困難な出版状況のなかで、本書の刊行を引き受けていただいた航思社の大村智さんに心から感謝したい。真摯で妥協することのない編集者に付き合っていただけることは、たいへん心強かった。

最後に、多くの原稿の最初の読者であるパートナーの山本直美に心からのお礼を。そして葦月と葉日の二人の息子たちには、彼らと過ごしてきた時間の、これもひとつの証しであるという言葉を送っておきたい。

二〇一九年五月

友常 勉

初出一覧

はじめに

ヘテロな空間をつくりだせ……"Making Heterogeneous Space: Land Development and the Proletarianization of Urban Underclass in Post War Japan," *International Journal of Japanese Sociology*, 28(1), 1-16, 2019 を訳出して加筆

補論　アンダークラスと獄中者組合……書下ろし

流動的下層労働者

流動的－下層－労働者……『Hapax』2号、2014年

山谷暴動の研究……

……未発表論文、2016年（もともとは発刊されずに終わった『ヒドラ　批評と運動』第2号のために執筆された）

狂気の輸出、沈黙の連帯……『現代思想』2015年8月号

商品の反ラプソディックな実在論とラプソディックな革命論……書下ろし

東アジア反日武装戦線

武器を取れ……『Hapax』7号、2017年

解説　桐山襲『パルチザン伝説』……桐山襲『パルチザン伝説』河出書房新社、2017年

六朝美文とゲリラ……『高橋和巳　世界とたたかった文学』河出書房新社、2017年

ギギギ……『「はだしのゲン」を読む』河出書房新社、2014年

サバルタンと部落史

サバルタンと宗教……『現代宗教二〇一八』2018年

〈矢田教育差別事件〉再考……『歴史評論』２０１７年１月号

部落解放運動の現在とこれから……『社会運動』２０１５年５月号

〈党〉と部落問題……『大西巨人　抒情と革命』河出書房新社、２０１４年

アイヌ民族

日本が滅びたあとで……

岡和田晃／マーク・ウィンチェスター編『アイヌ民族否定論に抗する』河出書房新社、２０１５年

新谷行『アイヌ民族抵抗史』を読むために……

……新谷行『アイヌ民族抵抗史』（復刻）、河出書房新社、２０１５年

表現と革命

国家の暗黒と審査文化……“Examining Darkness of Audit/Policy/ Ethics in Investigations of the Incidents,”

JSN Journal, vol.7. no.2, 1-12, 2018 を訳出して加筆

マルスとヴィーナス……『石牟礼道子　魂の言葉、いのちの海』河出書房新社、２０１３年

キュニコスの勝利……『文藝別冊　大島渚』河出書房新社、２０１３年

〈キチガイ〉というサバルタン階級の時代……『文藝別冊　夢野久作』河出書房新社、２０１４年

『新カラマーゾフの兄弟』のメタ・クリティーク……

……『ドストエフスキー　カラマーゾフの預言』河出書房新社、２０１６年

私的短歌論ノート……『文藝別冊　さよなら吉本隆明』河出書房新社、２０１２年

〈現在〉と詩的言語……『現代思想』２０１２年７月臨時増刊号

痛みの「称」……『アジア遊学』２２１号（２０１８年７月）

友　常　勉
（ともつね・つとむ）

東京外国語大学大学院国際日本学研究院教授（地域研究、思想史）。

1964年生まれ。

著書に『戦後部落解放運動史』（河出書房新社、2012年）、『脱構成的叛乱』（以文社、2010年）、『始原と反復』（三元社、2007年）など。

カバー写真｜伊丹 豪
'this year's model'

夢《ゆめ》と爆弾《ばくだん》
サバルタンの表現と闘争

著　者｜友常　勉
発行者｜大村　智
発行所｜株式会社 航思社
〒113-0033 東京都文京区本郷1-25-28-201
TEL. 03（6801）6383 ／ FAX. 03（3818）1905
http://www.koshisha.co.jp
振替口座　00100-9-504724
装　丁｜前田晃伸
印刷・製本｜倉敷印刷株式会社

2019年5月31日　初版第1刷発行

ISBN978-4-906738-38-0　C0010